utb 6268

Eine Arbeitsgemeinschaft der Verlage

Brill | Schöningh – Fink · Paderborn
Brill | Vandenhoeck & Ruprecht · Göttingen – Böhlau · Wien · Köln
Verlag Barbara Budrich · Opladen · Toronto
facultas · Wien
Haupt Verlag · Bern
Verlag Julius Klinkhardt · Bad Heilbrunn
Mohr Siebeck · Tübingen
Narr Francke Attempto Verlag – expert verlag · Tübingen
Psychiatrie Verlag · Köln
Ernst Reinhardt Verlag · München
transcript Verlag · Bielefeld
Verlag Eugen Ulmer · Stuttgart
UVK Verlag · München
Waxmann · Münster · New York
wbv Publikation · Bielefeld
Wochenschau Verlag · Frankfurt am Main

Reihe „Aktuelle Perspektiven der Deutschdidaktik"

Die Reihe „Aktuelle Perspektiven der Deutschdidaktik" richtet sich an fortgeschrittene Studierende, Referendar*innen und Lehrkräfte, die sich gezielt und fachlich fundiert mit Themen beschäftigen wollen, die den gegenwärtigen deutschdidaktischen Forschungs- und Lehrdiskurs prägen. Die Bände der Reihe gehen dreischrittig vor: Sie stellen erstens den Forschungsdiskurs dar und verorten das Thema im Feld der Deutschdidaktik. Sie zeigen zweitens, wie und mit welchen (empirischen) Methoden Facetten des Gegenstands untersucht werden können. Sie schaffen drittens unterrichtliche Zugänge, indem sie das Potential ausgewählter Unterrichtsmaterialien und/oder Einstiege diskutieren. Die Bände sollen auf diese Weise einen Überblick über das jeweilige Forschungsfeld ermöglichen und zugleich dazu anregen, selbst eigene Forschung (z.B. in Studienprojekten, Masterarbeiten, Unterrichtsmodellen) zu initiieren und/oder das Thema im Unterricht aufzugreifen. Damit setzen die Bände sowohl Impulse für das Forschende Lernen und die deutschdidaktische Forschung als auch für die Praxis des Deutschunterrichts.

Reihenherausgebende:

Daniela Frickel, Akademische Oberrätin (Universität zu Köln, Institut für deutsche Sprache und Literatur II). Lehr- und Forschungsinteressen: Inklusionsorientierte Literaturdidaktik, Textkomplexität und Adaptivität im Literaturunterricht, Emotionen im Prozess sprachlich-literarischen Lernens, gendersensible Literaturanalyse/-didaktik.

Vivien Heller, Professorin für Sprachdidaktik (Bergische Universität Wuppertal, Germanistik), Lehr- und Forschungsinteressen: diskursive Praktiken und fachliches Lernen in Unterrichtsgesprächen, Erwerb von Diskurskompetenz (Erklären, Argumentieren) von Kindern mit heterogenen Lernvoraussetzungen, Adaptivität im inklusiven Deutschunterricht, fachdidaktische Professionalisierungsforschung

Matthias Knopp, Akademischer Rat (Universität zu Köln, Institut für deutsche Sprache und Literatur II). Lehr- und Forschungsinteressen: Sprache/Kommunikation in den digitalen Medien, Mediendidaktik/Medienkompetenz, Textproduktion und Textproduktionsprozesse in digitalen Medien

Kirsten Schindler, Professorin für Sprachdidaktik (Bergische Universität Wuppertal, Germanistik), Lehr- und Forschungsinteressen: digitales Schreiben, Schreiben in akademischen Kontexten, berufsbezogenes und kreatives Schreiben, geschlechterinklusive Deutschdidaktik

Marco Magirius, Daniel Scherf, Michael Steinmetz

Unterrichtsgespräche über Literatur

Gesprächsformen, Planungshilfen und Forschungsideen

2 Aktuelle Perspektiven der Deutschdidaktik

wbv

Gesamtherstellung:
wbv Media, Bielefeld,
Auf dem Esch 4, 33619 Bielefeld,
service@wbv.de
wbv.de

Einbandgestaltung:
siegel konzeption | gestaltung
Umschlagabbildung:
Christiane Zay

Bestellnummer: utb 6268
ISBN: 978-3-8252-6268-6
e-ISBN: 978-3-8385-6268-1

Online-Angebote oder elektronische Ausgaben sind erhältlich unter www.utb.de

Printed in Germany

Bibliografische Information der Deutschen Nationalbibliothek
Die Deutsche Nationalbibliothek verzeichnet diese Publikation in der Deutschen Nationalbibliografie;
detaillierte bibliografische Daten sind im Internet über http://dnb.d-nb.de abrufbar.

Inhalt

Vorwort

Wer sich mit Literaturunterricht beschäftigt – als Lehrkraft, Student:in oder Forscher:in –, kommt am Gespräch nicht vorbei. Miteinander über literarische Texte zu reden, stellt das wichtigste Verfahren im Unterricht dar; ohne das Besprechen unterschiedlicher Lektüreeindrücke, Verstehensentwürfe und Interpretationsansätze ist ein gehaltvoller, an den Schüler:innen orientierter Literaturunterricht nicht denkbar.

So unstrittig die zentrale Rolle des Gesprächs im Literaturunterricht ist, so strittig ist allerdings die Frage, was ein gutes Literaturgespräch ausmacht. Zu inkompatibel zueinander erscheinen die Ansätze und Positionen der Literaturdidaktik, zu unvollständig die Erkenntnisse der empirischen Forschung, zu unterschiedlich die konkreten Unterrichtssituationen und zu eigen die tradierten Routinen der Lehrpersonen.

Sichtet man die Fachliteratur zu Unterrichtsgesprächen über literarische Texte, findet man ein zerklüftetes Feld vor. Zwar gibt es klar konturierte Konzepte, einflussreiche Denkschulen und meinungsstarke Positionen. Diese verteilen sich jedoch auf viele pädagogische, fachdidaktische und schulpraktische Einzelpublikationen. Bände, die das Gespräch über Literatur systematisch für Lehrpersonen, Studierende und Forschende aufarbeiten, liegen nicht vor. Bei deutschsprachigen Monografien über Gespräche im Literaturunterricht handelt es sich meist um Forschungsliteratur, die in ihrer Ausrichtung und Darstellungsweise nicht auf die Einführung in das Themenfeld angelegt ist. Daneben finden sich Sammelbände, die das Gespräch zwar aus unterschiedlichen Perspektiven beleuchten, die unterschiedlichen konzeptionellen Fäden aber nicht so zusammenführen, dass Studierende und Lehrpersonen einen Überblick über vorliegende Konzepte gewinnen können.

Mit dem vorliegenden Band versuchen wir diese Lücken zu schließen. Wir legen hiermit eine Einführung in das Themenfeld *Unterrichtsgespräche über Literatur* für Studierende, Forschende und Lehrende vor. Wir blicken dabei

- auf **theoretische Positionen**, Argumente und Konzepte,
- auf die **praktische Umsetzung** der Verfahren im Literaturunterricht sowie
- auf **empirische Forschungsbefunde** und potenzielle eigene (kleine) Forschungsprojekte der Leser:innen des vorliegenden Bandes.

Unser Ziel war es, die verschiedenen Konzepte, Anwendungsmöglichkeiten und wissenschaftlichen Erkenntnisse zu Unterrichtsgesprächen über Literatur kompakt, strukturiert und verständlich darzustellen. Wir hoffen, dass uns das gelungen ist.

Marco Magirius, Daniel Scherf und Michael Steinmetz

1 Einleitung

1.1 Zielstellung des Bandes

Das Unterrichtsgespräch über Literatur gilt als wichtigstes und am häufigsten verwendetes Verfahren des Literaturunterrichts (vgl. Spinner 2010, 204). Vor diesem Hintergrund ist es erstaunlich, dass unter Lehrpersonen häufig Unsicherheit darüber herrscht, wie Gespräche über Literatur zu führen sind. Diese Unsicherheit hat allerdings gute Gründe. Wenn eine Lehrperson ein Gespräch über Literatur führen möchte, steht sie schließlich vor einem Dilemma.

Entweder sie bestimmt im Vorfeld, welche textseitigen Herausforderungen im Gespräch bewältigt und welche Verstehensziele erreicht werden sollen. Dies sichert zwar einen möglichen Lernertrag, kann im Unterricht aber zu einer Gesprächsformation führen, in der nur die Lehrperson Fragen oder Impulse äußert, die Schüler:innen hierzu antworten und die Lehrperson wiederum auf diese Antworten reagiert (vgl. Rosebrock & Scherf 2019, 127). Dabei lernen Schüler:innen eventuell, bestimmte Verstehensherausforderungen zu meistern. Am ehesten lernen sie jedoch, Antworten zu antizipieren, die die Lehrkraft von ihnen erwartet, anstatt sich eigenständig mit dem literarischen Text auseinanderzusetzen. Dies ist zumindest die gängige Kritik am sogenannten **fragend-entwickelnden Unterrichtsgespräch** über Literatur.

Oder – und damit zum entgegengesetzten Vorgehen – die Lehrperson verzichtet auf die skizzierte Steuerung und lässt sich auf ein **offenes Gespräch** ein, das von spontan geäußerten Schüler:innenbedürfnissen ausgeht. Dann wird das Gespräch zwar eher von den Gedanken und Assoziationen der Schüler:innen bestimmt. Es besteht allerdings die Gefahr, dass ein aus fachlicher Perspektive wünschenswerter Verstehens- oder Lernertrag ausbleibt.

In der Literaturdidaktik waren die Sympathien hinsichtlich dieses Dilemmas lange Zeit klar verteilt. Offene Formate galten gegenüber gelenkten Formaten als überlegen und auch dem Gesprächsgegenstand Literatur angemessener (vgl. z. B. Bräuer 2013). Erst in den letzten Jahren wurde vor dem Hintergrund von Erkenntnissen der Aufgabenforschung der Blick verstärkt auf das lenkende Gesprächshandeln der Lehrpersonen gerichtet. Durch die Konzentration auf das Potenzial lehrerseitiger Lenkung, Verstehensschritte von Schüler:innen unterstützend zu begleiten (vgl. z. B. Harwart & Scherf 2018), hat in der Tendenz eine **Aufwertung gelenkter Gesprächsformate** stattgefunden. Nicht zuletzt wurde der Blick dafür geschärft, dass eine Dichotomisierung von gelenkten und offenen Formaten zu kurz greift, um unangemessene von angemessen Gesprächsformen zu unterscheiden: Fachlich wünschenswerte Gesprächsverläufe und -resultate können schließlich sowohl in offenen als auch gelenkten Kommunikationssituationen zustande kommen (vgl. z. B. Brüggemann et al. 2017).

Mit dem vorliegenden Band möchten wir nicht Partei für eine spezifische literaturdidaktische Position ergreifen, sondern die Breite der konzeptionellen Ansätze für Gespräche über Literatur abbilden. Der Band soll Studierenden ermöglichen, Konzepte des Gesprächs kennenzulernen, und Lehrenden helfen, Unterrichtsgespräche zu führen, die zu ihrer Lerngruppe, zum literarischen Gegenstand und zu den anvisierten Lernzielen passen. Hierzu gibt der vorliegende Band nach einer **Einleitung** (Kap. 1) einen strukturierten Einblick in **vorliegende literaturdidaktische Konzeptionen** (Kap. 2). Darüber hinaus bietet er **Anwendungsbeispiele**, die den eigenen Unterricht inspirieren können (Kap. 3). Basierend auf dem Stand der empirischen Forschung eröffnet er schließlich durch die Darstellung forschungsmethodisch unterschiedlicher Umgangsweisen mit Gesprächsdaten **Perspektiven für eigene (kleine) Forschungsprojekte**, die bspw. im Rahmen von Abschlussarbeiten durchgeführt werden können (Kap. 4).

Zunächst möchten wir allerdings den Rahmen für Unterrichtsgespräche über Literatur abstecken. Dazu widmen wir uns dem Deutschunterricht als Stätte des Lernens und des Kompetenzerwerbs, wie er administrativ modelliert wird (Kap. 1.2). Daraufhin betrachten wir die Objekte der Gespräche – literarische Texte – in ihrer Eigenschaft als ästhetische Gegenstände (Kap. 1.3). Wir nehmen, beide Aspekte beachtend, schließlich Ableitungen für das unterrichtliche Handeln vor (Kap. 1.4) und beenden das Kapitel mit drei Thesen zum gesprächsförmigen Umgang mit Literatur im Unterricht (Kap. 1.5).

1.2 Einordnung in die Lern- bzw. Kompetenzbereiche des Deutschunterrichts

Im Folgenden werden Gespräche über Literatur in die Lern- bzw. Kompetenzbereiche des Deutschunterrichts eingeordnet. Auf diese Weise soll deutlich werden, in welchem dieser Bereiche man sich als (angehende:r) Lehrer:in mit seiner Lerngruppe bewegt, wenn man Gespräche zu literarischen Texten führt, und in welchen Bereichen man insofern auch am ehesten einen Kompetenzerwerb erwarten kann.

Zur Benennung der **Lernbereiche** finden üblicherweise folgende Begriffe Verwendung: „Sprechen und Zuhören“, „Schreiben“, „Lesen – Umgang mit Texten und Medien“ sowie „Sprache und Sprachgebrauch untersuchen“ (Brand 2015, 39). Diese Ordnung, die bereits vor der Hinwendung der Bildungsadministration zur sogenannten Kompetenzorientierung bestand, rahmt und strukturiert bis heute (in leicht veränderter Form, s. u.) die zu erwerbenden Kompetenzen, die in den Bildungsstandards für die jeweiligen Schulstufen bzw. Bildungsabschlüsse der KMK festgelegt sind (vgl. z. B. KMK 2022, 12, s. Abbildung 1).

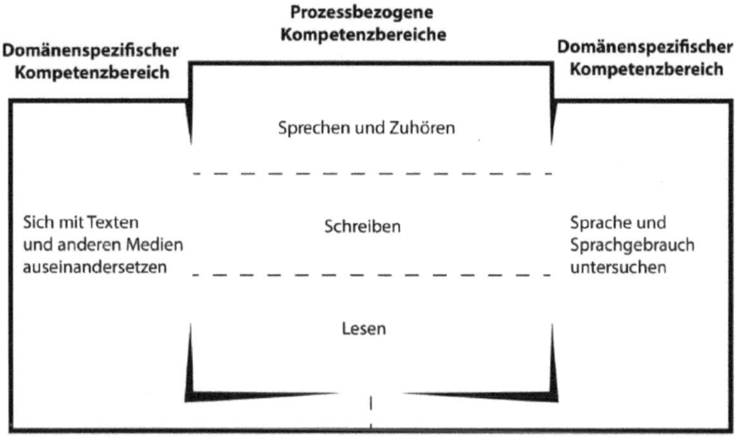

Abbildung 1: Kompetenzbereiche des Faches Deutsch und ihre Struktur (KMK 2022, 12)

Wie in Abbildung 1 ersichtlich wird, unterscheiden die **Bildungsstandards der KMK** für das Fach Deutsch prozessbezogene Kompetenzbereiche von domänenspezifischen Kompetenzbereichen. Mit dieser Aufteilung wird der Idee Rechnung getragen, dass es sich z. B. bei „Mit Texten und anderen Medien auseinandersetzen" um einen Kompetenzbereich handelt, der „in besonderer Weise die fachlichen Domänen des Deutschunterrichts" (ebd., 13) betrifft, während z. B. „Sprechen und Zuhören" ein Kompetenzbereich ist, den man für „fachbezogen wie überfachlich bedeutsam" hält (ebd., 11). In der gleichen Logik war zuvor von prozess- und inhaltsbezogenen Kompetenzbereichen die Rede.

Obschon diese Logik hinkt[1], gilt damit für Unterrichtsgespräche über Literatur, dass sie ausgehend von einem literarischen Gegenstand sowohl in inhalts- als auch prozessbezogene Kompetenzbereiche hineinragen. Das gilt für die Bereiche „Sich mit Texten und anderen Medien auseinandersetzen" und „Sprechen und Zuhören". Darüber hinaus kann eine Beschäftigung mit einem literarischen Text im Unterricht kaum stattfinden, ohne *jeden* der genannten Kompetenzbereiche zu berühren. Beim Lesen einer Ganzschrift – also z. B. eines Jugendbuchs – erfolgen „das Lesen des Buchs, das Sprechen und Zuhören über das Buch, das Schreiben zum Buch und das Untersuchen der Sprache und des Sprachgebrauchs im Buch" (Brand 2015, 39) kaum trennbar zusammen. Entsprechend dürfte es so sein, dass im Literaturunterricht die Forderung der Bildungsadministration erfüllt wird, nach der der Deutschunterricht **integrativ** erfolgen solle – schließlich sei „die Verknüpfung der unterschiedlichen Kompetenzbereiche Basis jeder gelingenden Unterrichtspraxis" (KM-BW 2016, 10).

Obwohl auch wir davon ausgehen, dass nahezu jeder Literaturunterricht alle Lernbereiche berührt, möchten wir die im vorliegenden Band thematisierten Unterrichtsge-

1 Auch wenn zu konstatieren ist, dass im Deutschunterricht spezielle Texte und Medien herangezogen werden, muss man schließlich auch jenseits des Deutschunterrichts mit Texten und Medien umgehen können.

spräche über Literatur im Besonderen den Ansprüchen der Bereiche „Sprechen und Zuhören" sowie „Sich mit Texten und Medien auseinandersetzen" zuordnen. Dass just diese Bereiche für diesen Band eine herausgehobene Stellung aufweisen, muss wohl nicht eigens erläutert werden. Den prozessbezogenen Kompetenzbereich „Lesen" klammern wir an dieser Stelle dagegen aus. Dieser ist in den Veröffentlichungen der Bildungsadministration betont textsortenfern modelliert. Die Besonderheiten literarischen Verstehens lassen sich ohnehin im domänenbezogenen Lernbereich „Sich mit Texten [...] auseinandersetzen" (KMK 2022, 12) wiederfinden.

Im Bereich **Sprechen und Zuhören** sind Lernerwartungen im Bereich der mündlichen Kommunikation zusammengefasst (vgl. Krelle & Neumann 2014, 13). In den Bildungsstandards wird der Kompetenzbereich in die Aspekte „zu anderen sprechen", „verstehend zuhören", „vor anderen sprechen" sowie „mit anderen sprechen" (KMK 2022, 14f.) unterschieden. Nach Überzeugung vieler Fachdidaktiker:innen steht im Zentrum des Unterrichts der Erwerb von **Gesprächskompetenz** (vgl. z. B. Baurmann 2017, 12), welche sowohl Teilkompetenzen umfasst, die eher im Bereich der thematischen Entfaltung von Gedanken liegen (d. h., etwas im Gespräch darstellen können), als auch solche, die eher im Bereich der kommunikativen Adressierung von Inhalten zu sehen sind (d. h., etwas einem Gegenüber verständlich machen können, vgl. ebd.).

Darüber hinaus muss man in einem Gespräch die Gedanken der anderen Teilnehmer:innen verstehen und für die eigenen Zwecke gelingend weiterprozessieren können. Dies gilt auch für Gespräche über Literatur: Die Gedanken, die sich auf den gelesenen literarischen Text beziehen, müssen schließlich gleichermaßen inhaltlich entfaltet wie in die jeweils realisierte Form der (literarischen) Gruppenkommunikation eingebracht werden können. Zusätzlich müssen die Teilnehmer:innen auf Beiträge der anderen gedanklich wie kommunikativ angemessen reagieren. Im Gespräch ist insofern etliches zu tun: Je nach Situation gilt es, einen Sachverhalt zu beschreiben oder zu erklären, bei Nachfragen zu argumentieren, dabei die Gesprächsbeiträge auf die Beiträge der anderen zu beziehen und nicht zuletzt nach Möglichkeit die verbalen Äußerungen stimmlich angemessen zu gestalten und durch Gesten zu unterstützen (vgl. Krelle & Neumann 2014, 21).

Was dies konkreter in Gesprächen über literarische Texte meinen könnte, wird hier nur angerissen und in den folgenden Kapiteln vertieft. Man kann sich bestimmte Phasen von Gesprächen über literarische Texte vor Augen führen, die jeweils bestimmte Gesprächsbeiträge und mit diesen verbundene Denkoperationen erfordern: So wird im Literaturunterricht häufig zunächst über das primäre Verstehen eines Textes oder Textabschnittes (d. h. dessen Handlung) sowie die handelnden Figuren gesprochen. Später werden sprachliche oder narrative Besonderheiten des Textes und deren (Be-)Deutung thematisiert. Irgendwann steht dann mitunter die Verhandlung übergreifender Deutungsansätze an (vgl. Scherf 2016, 100). Je nach Phase dürften jeweils etwas andere Sprechhandlungen im Vordergrund stehen. Primäres Textverstehen würde man eher (nach-)erzählend darlegen. Eine Deutung kann man erklären, um sie anschließend ggf. argumentierend gegen eine andere Deutung zu verteidigen. Durch gesprächsanalytische Zugriffsweisen konnte Heller (2021a) zeigen, dass die Schüler:innen in Unterrichtskommunikationen zu literarischen Gegenständen typische Sprachhandlungen vollziehen, die sich „gesellschaftlich etabliert“ haben (ebd., 55) und daher von den Lehrer:innen auch erwartet werden. Es dürfte folglich spezifische Kompetenzen erfordern, um an Gesprächen über Literatur im Unterricht teilnehmen zu können. Als gesprächsspezifische Ziele des Kompetenzerwerbs sind diese jedoch in keinem deutschsprachigen Bildungsplan hinterlegt.

Obschon in den Bildungsstandards „Sprechen und Zuhören“ als prozessbezogene Kompetenz primär als überfachlich bedeutsam modelliert ist, wird durch das zuletzt Skizzierte auch der fachbezogene Lerninhalt deutlich: Indem man Gespräche über literarische Texte führt, lernt man im Speziellen, über genau jene als ästhetische Gegenstände ins Gespräch zu kommen (Kap. 1.3). Hierbei gewinnt man Einblicke, wie literarische Texte analysiert und verstanden werden können. Beispielsweise kann das Stützen von Deutungen anhand von Textbeobachtungen im Gespräch erlernt werden. Solche Fähigkeiten lassen sich jenseits eines Gesprächs – z. B. in einem Interpretationsaufsatz – nutzen. Im Gespräch wird jedoch auch das Sprechen und Zuhören im Umgang mit anderen (Lern-)Gegenständen geschult. Etliche der Handlungen, die Gesprächsteilnehmer:innen vollziehen, sind auch fernab des besprochenen Gegenstands nützlich. Beispielsweise lernt man, sich den Adressat:innen gegenüber angemessen auszudrücken. „Sprechen und Zuhören“ im Literaturunterricht ist demgemäß sowohl eine Form des Kommunizierens, die man im Unterricht erlernt, als auch ein Medium, durch das gegenstandsbezogene Kompetenzen (aus dem Bereich „Sich mit Texten und Medien auseinandersetzen“) erworben werden (vgl. Kap. 1.3).

Um die Zielperspektiven eines Unterrichtsgesprächs über Literatur genauer beschreiben zu können, eignet sich das Begriffspaar *Lernform* versus *Lernmedium* von Zabka (2015a).

Infokasten

Fasst man ein (Unterrichts-)Gespräch über Literatur als *Lernform* auf, zielt man mit diesem darauf, die Fähigkeit zur medienbezogenen Konversation zu fördern. Fasst man ein Gespräch über Literatur dagegen als ein *Lernmedium* auf, dient es in erster Linie dem Lernen über literarische Gegenstände; im Gespräch soll dann insbesondere die Kompetenz zur literarischen Rezeption ausgebildet werden.

Reale Unterrichtsgespräche über Literatur sind immer beides – Lernmedium und Lernform. Sowohl in verschiedenen literaturdidaktischen Ansätzen als auch im rekonstruktiven Blick auf schulische Gespräche lassen sich allerdings unterschiedliche Schwerpunktsetzungen erkennen.

Ein Gespräch, in dem sich alle Beteiligten über ihre subjektiven Eindrücke zum literarischen Gegenstand austauschen und Aspekte wie ästhetischer Genuss und emotionale Beteiligung im Vordergrund stehen, würde man eher dem Begriff Lernform zuordnen. Einem solchen Austausch liegen andere Ziele zugrunde als einem Gespräch, in dem man bestimmte Lesarten des literarischen Gegenstands gegeneinander abwägt, schrittweise Deutungsansätze plausibilisiert oder verwirft und dabei Kontextwissen einbringt. In diesem Fall geht es zuvorderst um die Ausbildung von Rezeptionskompetenz, was sich eher dem Gespräch als Lernmedium zuordnen lässt.

Gespräche, die sich tendenziell eher einer Seite zuschlagen lassen, können jedoch nur dann gelingen,

> wenn die Handlungsweisen des [jeweils] anderen Feldes eingeübt sind und zur Verfügung stehen. Elaborierte Auslegungsdiskurse in der Wissenschaft, im Journalismus, unter Künstlern und anderen Experten, aber auch in Gesprächen von Liebhabern leben davon, dass die Teilnehmer/innen die Texte mit emotionaler Beteiligung in der eigenen, vom Alltagswissen geprägten Vorstellung inszenieren und auf die jeweilige historische und soziale Gegenwart anwenden können. Ein Expertendiskurs, dem dieses Substrat der zunächst erfolgten oder zumindest jederzeit möglichen immersiven und aktualisierenden Lektüre fehlt, kann als kunstfern und in einem schlechten Sinn akademisch gelten (vgl. Zabka 2015b). Umgekehrt muss ein expressiver und intersubjektiver Austausch missglücken, wenn die Konversation immer dann abbricht oder das Thema wechselt, wenn die Fähigkeit fehlt, die intersubjektiven Unterschiede geäußerter Emotionen, Vorstellungen, Wertungen und Bedeutungszuweisungen interpretativ zu klären. (Zabka 2015a, 172)

Obwohl gelingende Unterrichtsgespräche über Literatur folglich immer beides zugleich sind – und Schüler:innen „Fähigkeiten und Handlungsformen" (ebd.) zur Literaturrezeption und zur Konversation zunächst erwerben müssen –, halten wir das Begriffspaar für hilfreich, um zu erörtern, welche Zieldimension ein Gesprächskonzept oder ein konkret geplantes Gesprächsvorhaben eher fokussiert: Besteht das Ziel vor allem darin, das Sprechen über Literatur zu schulen, oder geht es eher darum, das literarische Verstehen des Gegenstandes zu fördern? Nicht zuletzt eignet sich das Begriffspaar als Hintergrundfolie, um über ein gehaltenes Unterrichtsgespräch im Hinblick auf die erreichten Ziele zu reflektieren oder sich einem Gespräch wissenschaftlich-analytisch, z. B. mit rekonstruktivem Anspruch, zuzuwenden (s. Kapitel 4).

Betrachtet man den Lernbereich **Sich mit Texten und Medien auseinandersetzen** mit einem Fokus auf den Umgang mit *literarischen Texten* (verschiedener Medialität) genauer, so fällt auf, dass die in den curricularen Vorgaben formulierten Denk- und Erkenntnisschritte auf gesellschaftlich etablierten Umgangsweisen mit poetischen, fiktionalen Texten basieren (vgl. Spinner 2017). Gelesen und geschrieben werden literarische Texte nach literarischen Konventionen (s. Kap. 1.3). Wir sind beim Lesen literarischer Texte z. B. dazu angehalten, die Realitätsprüfung auszusetzen und keine eindeutigen Positionierungen der Verfasser:innen zu erwarten. Stattdessen achten wir nicht nur auf den Plot, sondern auch darauf, wie literarische Gestaltungsmittel Sinnbildung evozieren (vgl. Rosebrock & Scherf 2019, 78 f.). Eine solche Lesehaltung findet sich als Bildungsziel in den Bildungsstandards wieder, die mit dem Ersten Schulabschluss (ESA) erreicht werden sollen (vgl. z. B. KMK 2022, 30 ff.).

Die Modellierungen literarischer Kompetenz, die in der Literaturdidaktik vorgelegt wurden, weisen sinnigerweise Schnittmengen mit dem auf, was in den Bildungsstandards gefasst ist. Als zu erwerbende typisch literarische mentale Handlungsfähigkeiten wird Folgendes angeführt: Handlungsverläufe, handelnde Figuren sowie deren Motivationen sind zu konkretisieren, auch wenn diesbezüglich im Text manches ungesagt bleibt. Die Gestaltung literarischer Texte ist als Gemachtheit zu bemerken und für die Sinnbildung zu nutzen. Ferner sind Deutungen vorzunehmen, die über unmittelbare Verstehensprozesse hinausgehen (vgl. z. B. Spinner 2006, Zabka 2006, Schilcher & Pissarek 2015). Schnittmengen zwischen der wissenschaftlichen Disziplin und der Bildungsadministration zeigen sich auch im Anspruch, der schulische Umgang mit poetischen Texten habe dazu beizutragen, die Persönlichkeit zu fördern. Das entspricht dem klassischen Ideal ästhetischer Bildung, welches bei der Beschreibung von Zieldimensionen des Literaturunterrichts bis heute Beachtung findet. Diese Zieldimension halten auch wir für bedeutsam. Ferner vertreten wir einen **breiten Literaturbegriff**, der literarische Gegenstände in verschiedenen medialen Formaten einschließt, sofern ihre angemessene Rezeption die eben erläuterten Lesehaltung erfordert. Mit diesem weiten Literaturbegriff befinden wir uns mit den geltenden Bildungsstandards (2022) im Einklang. Ein Spielfilm oder ein erzählendes Bilderbuch kann demnach ebenso Gegenstand eines Gesprächs über Literatur sein wie ein kanonisches Drama.

Wir halten fest: Gespräche über Literatur sind Unterrichtshandlungen, die gleichermaßen die Lernbereiche „Sprechen und Zuhören" sowie „Sich mit Texten und anderen Medien auseinandersetzen" berühren und daher auch in beiden Bereichen einen Kompetenzzuwachs ermöglichen sollen. Die in schulischen Gesprächen über Literatur zu erwerbenden Gesprächshandlungen umfassen dabei solche, die spezifisch an literarische Gegenstände gebunden sind, und solche, die als übertragbar auf Gespräche zu ganz anderen Inhalten modelliert werden können. Gespräche über Literatur ermöglichen außerdem den Erwerb von mentalen Handlungen, die sich auf das angemessene Verstehen und Weiterverarbeiten literarischer Medien beziehen.

1.3 Ästhetische Gegenstände

Gespräche über Literatur beziehen sich auf einen besonderen Gegenstand: Literarische Texte sind (anders als z. B. pragmatische Texte) *ästhetische Gegenstände*, die wir als Leser:innen i. d. R. auch in einem *ästhetischen Modus* rezipieren. Was das bedeutet, erkunden wir nachfolgend in einem kurzen Exkurs in die Ästhetik- und Literaturtheorie.

Wir verknüpfen bei unserer Darstellung zwei Diskurse, die weitgehend getrennt voneinander stattfinden: Zum einen beziehen wir uns auf einen eher *philologisch orientierten Bildungsdiskurs* zur Ästhetik, in dem seit der Aufklärung – also seit Jahrhunderten – das Verhältnis von Schönheit, Kunst und Mensch thematisiert wird. Andererseits beziehen wir uns auf den deutlich jüngeren, *kognitionswissenschaftlich orientierten Diskurs* zum (literarischen) Lesen, der sich mit den mentalen Prozessen und Strukturen der (ästhetischen) Textverarbeitung beschäftigt. Es ist uns wichtig, beide Diskurse gleichermaßen zu berücksichtigen, weil sie zu den wirkmächtigsten Impulsgebern der zeitgenössischen literaturdidaktischen Theoriebildung zählen.

Insbesondere zwei Aspekte werden in gängigen **Ästhetiktheorien** (etwa Seel 2019) häufig hervorgehoben: Während wir z. B. einen Lexikonartikel zu einem bestimmten Zweck nutzen (wir wollen mit ihm ein bestimmtes Wissen erhalten), lesen wir einen literarischen Text (auch) weitgehend frei „von jeglicher Art instrumentellen Kalküls“ (Thiel 2006, 38). Das Lesen des Textes selbst ist das Ziel, der Rezeptionsakt genügt einem **Selbstzweck**. Immanuel Kants berühmte Formulierung vom „interesselosen Wohlgefallen“ (Kant 1790, 49) beschreibt dies. Mit „Wohlgefallen“ ist neben der instrumentellen Zweckfreiheit das Folgende gemeint: Während wir den Lexikonartikel danach beurteilen, ob dessen Inhalt uns zutreffend informiert, also im Lichte eines Wahrheitskriteriums als wahr oder falsch zu qualifizieren ist, beurteilen wir einen literarischen Text ästhetisch: Ist er schön, bewegt er uns oder regt er uns an? Langweilt er uns oder versetzt er uns in Spannung? Angesprochen sind bei der Rezeption von Texten als ästhetischen Gegenständen nicht primär – so jedenfalls die traditionelle Vorstellung der Ästhetik – unsere rein kognitiven Kräfte und unser epistemisches Urteil, sondern auch unsere sinnliche „Wahrnehmungs- und Empfindungsfähigkeit“ (Zabka 2010, 471). Einen ästhetischen Gegenstand wahrzunehmen, heißt immer auch Fühlen und Erleben, **sinnliches Genießen** und daraus abgeleitetes Fällen von Geschmacksurteilen.

Die skizzierten Vorstellungen haben eine lange Tradition. Etymologisch geht der Begriff Ästhetik auf den Terminus *Aisthesis* – so bei Platon und Aristoteles – zurück, der sich als **Sinnes- und Wahrnehmungslehre** übersetzen lässt; das Ästhetische betrifft demnach grundsätzlich alles, was sinnlich wahrgenommen werden kann. Als philosophische und wissenschaftliche Disziplin wird die Ästhetik im 18. Jahrhundert durch Alexander Gottlieb Baumgarten jedoch mit einer etwas anderen Stoßrichtung begründet, nämlich als „Wissenschaft der sinnlichen Erkenntnis“ (Baumgarten 1750, 11). Mit Baumgartens Bestimmungen in seiner *Aesthetica* (1750) verfestigen sich in der Folgezeit zwei Gedanken, die für den ästhetischen Diskurs bis heute prägend sind:

Erstens fasst er **ästhetische Anschauung und logische Begriffe als Gegensätze** auf. Das Ästhetische sei keine Sache des Verstandes, der auf das begrifflich Allgemeine abhebt, sondern eher eine Sache des Erlebens, das auf das sinnlich Besondere zielt. Zwar redet Baumgarten dezidiert von der „sinnlichen Erkenntnis“ (ebd. 1750, 21), es geht ihm also durchaus um Einsichten in etwas, allerdings um die „unteren Erkenntnisvermögen“ (ebd. 1750, 405), nicht um die Verstandeserkenntnis. Die „unteren Erkenntnisvermögen“ ermöglichen nach Baumgarten die sinnliche Wahrnehmung, sind aber anders als die „oberen Erkenntnisvermögen“ (Mirbach 2007, LXVI) nicht imstande, logische Zusammenhänge zu erkennen oder abstrakte Ideen zu erfassen. In dieser Höhenmetaphorik – höhere und untere Kräfte – kommt auch eine normative Gewichtung zum Ausdruck, die das Ästhetische tendenziell abwertet. Diese Gegenüberstellung lässt sich als zentrale Denkfigur des Ästhetikdiskurses bis heute beobachten; und sie hat ihr Pendant in deutschdidaktischen Diskussionen, z. B. wenn im Lichte der Kompetenzorientierung subjektive, eher affektive Aspekte der Kunsterfahrung von mehr oder weniger operationalisierbaren kognitiven Aspekten literarischer Kompetenz unterschieden werden (vgl. z. B. Köster 2014, 218).

Zweitens ist Ästhetik laut Baumgarten eine Sache der **Schönheit**, insbesondere der *Kunstschönheit*. Zwar nimmt er diese Engführung nicht explizit vor, allerdings beschäftigt er sich systematisch mit dem Begriff der Schönheit und leitet u. a. poetische Regeln für das Schaffen von Kunst und Kunstschönem ab (vgl. Baumgarten 1750, 53 ff.). Der titelgebende Begriff *Äesthetica* (1750) soll seinem Verständnis nach die Disziplin *Philosophia Poetica* (vgl. Baumgarten 1735, 84) ablösen, womit seinerzeit regel- und anweisungspoetische Vorstellungen und Reflexionen gemeint sind, wie Kunst im Sinne und Dienste der Schönheit zu schaffen sei. Baumgartens Blick fokussiert also die schöne Kunst.

Obwohl beide Gedanken auf zeitgenössische Diskurse wirken, vertritt man sie heute nur noch selten in dieser Bestimmtheit. Die meisten zeitgenössischen ästhetischen Theorien sehen **keine Dichotomie** im Sinne einer Unvereinbarkeit **von Anschauung und Begriff**: Nach Kurbacher-Schönborn (2006) z. B. ist für ästhetisches Denken und Urteilen charakteristisch, dass es eine Mittlerstellung zwischen sinnlicher Wahrnehmung und begrifflichem Erfassen einnimmt (vgl. ebd., 38). Vermittlung leiste das ästhetische Denken und Urteilen, indem es

> als innere Wahrnehmung Teil an den kognitiven Prozessen hat und zugleich als sinnlich angeregtes Urteil in Verbindung mit den äußeren Gesichtssinnen und dem ästhetischen Erleben besteht. (Kurbacher-Schönborn 2006, 38)

Im ästhetischen Denken und Urteilen spielen dieser Vorstellung nach immer zwei Seiten zusammen: Ästhetisches Wahrnehmen und Erleben einerseits sowie Ästhetisches Erfassen und Erkennen andererseits. (Empirische) Anschauung und Begriff gehören somit untrennbar zusammen und sind stets aufeinander bezogen. Immanuel Kant fand hierfür folgende Worte: „Gedanken ohne Inhalt sind leer, Anschauungen ohne Begriffe sind blind." (Kant 1781, 130) Für die Rezeption eines ästhetischen Gegenstands ist demnach eine Haltung erforderlich, die sich der Wirkung des individuellen Gegenstands öffnet, und diese Wirkung für ein Verstehen der Wirkungsweise des Gegenstandes fruchtbar macht. Weder Wahrnehmen noch Verstehen reicht für sich genommen aus, um einem ästhetischen Gegenstand gerecht zu werden. „[G]edankliche[s] Festhalten" (Seel 2019, 90) durch Klassifizieren und Kategorisieren allein verfehlt den besonderen ästhetischen Charakter des Gegenstands ebenso wie eine bloße Hingabe, die auch im Nachgang gedanken- und damit reflexionslos bleibt. Stattdessen „verweilt [man bei der ästhetischen Rezeption] in einem sinnlichen Verfolgen" (ebd.), durch das auch „Unbestimmtheiten" (ebd., 95) in den Blick geraten (vgl. auch Magirius & Wiez 2023).

Neben diesen Neujustierungen des Verhältnisses von Sinnlichem und Begrifflichem erfährt der Gegenstandsbereich des Ästhetischen bereits seit Baumgarten im 18. Jh. und insbesondere im 20. Jh. eine Ausweitung. Für Welsch (2010) kann jede Form von sinnlicher Wahrnehmung als ästhetisch gelten. Das Ästhetische sei keine Sache von Kunstobjekten, ästhetisch könne auch ein Sonnenuntergang, ein Wintertag, eine Menschentraube oder der Kuss zweier Liebender sein. Hier verschwimmt die Grenze zwischen den Begriffen *Aisthesis* und *Ästhetik* (vgl. Zabka 2010, 471). Die **Ausweitung des Ästhetischen** betrifft auch dessen Qualitäten. So betont schon Volkelt (1927, 91) in seiner „Grundlegung der Ästhetik", dass das Ästhetische nicht ausschließlich vom Schönen handle, sondern vom „ästhetisch Wirksamen" (ebd., 91) überhaupt, und damit z. B. auch vom Hässlichen und Abgründigen – was insbesondere in der Kunst des 20. Jahrhunderts bedeutsam wird.

Das Verhältnis von Sinnlichem und Begrifflichem sowie die damit verbundene Rolle von Emotionen für die Rezeption literarischer Gegenstände wurde bereits empirisch untersucht (Magirius et al. 2023). Das gilt auch für die Frage, welches „relative Gewicht" (Christmann & Schreier 2003, 270) einerseits Text und andererseits Leser:innen bei der Bedeutungskonstitution literarischer Texte zukommt. Mit anderen Worten: Wie ist es um das **Verhältnis zwischen Heraus- und Hineinlesen** bestellt? Als kognitionswissenschaftlicher Konsens gilt anknüpfend an van Dijk und Kintsch (1983), dass Leser:innen Texte anreichern, indem sie Leer- und Unbestimmtheitsstellen füllen, Mehrdeutigkeiten auflösen, Schlussfolgerungen ziehen, Abschnitte begrifflich bündeln etc. Man kann sich diese mentalen Leser:innentätigkeiten anhand einer „klassischen" Krimi-Lektüre-Situation vorstellen. Leser:innen sind hierbei ständig damit beschäftigt, Erzähltes zusammenzudenken, sich das Nicht-Erzählte vorzustellen und versuchsweise Schlussfolgerungen zu ziehen, um hierdurch aus einem Kreis von Verdächtigen eine:n potenzielle:n Täter:in auszumachen.

Bei der empirischen Untersuchung von anreichernden Schlussfolgerungen zeigte sich, dass literarische Texte auf Seiten der Leser:innen tendenziell „qualitativ andere" Schlussfolgerungstypen auslösen als pragmatische Texte das tun (Christmann & Schreier 2003, 168) – zum Beispiel solche, die aus der zentralen Rolle von Figuren bei der Narration oder aus der Mehrdeutigkeit literarischer Texte resultieren. Aus diesem Grund spielen die Leser:innen mit ihrem individuellen Erfahrungsreservoir eine besondere Rolle bei der „Bedeutungskonstitution literarischer Texte" (ebd.). Diese Bedeutungskonstitution erfolgt laut der konstruktivistischen Literaturtheorie Siegfried J. Schmidts (1991, vgl. 116 f. und 133 f., vgl. auch Magirius 2019)

> nicht nach den Kriterien der Wahrheit und Nützlichkeit – [wie dies bei pragmatischen Texten der Fall ist, Erg. d. A., s. o.] –, sondern auf der Grundlage subjektiv-ästhetischer Bewertungen (Ästhetik-Konvention). Das führt dazu, dass einem Text im Rahmen des Kommunikationssystems Literatur nicht eine intersubjektiv übereinstimmende, eindeutige Bedeutung zugeordnet wird, sondern Rezipienten/innen entsprechend ihren subjektiven Bedürfnissen sowohl inter- als auch intraindividuell je unterschiedliche Bedeutungszuordnungen vornehmen (Polyvalenz-Konvention). (Christmann & Schreier 2003, 269)

Aus der Tatsache, dass verschiedene Leser:innen einen literarischen Text auf verschiedene Weisen verstehen können – in unserem Beispiel: während der Krimi-Lektüre unterschiedliche Personen als Täter:in verdächtigen –, folgt jedoch nicht, dass die literarische Bedeutungskonstitution allein von den Leser:innen und den **Konventionen** einer Rezeptionssituation abhängt. Stattdessen gehen wir mit Christmann und Schreier (2003, 270) von einer „Interaktion" aus, bei der „Text-, Leser-, und Situationsfaktoren gemeinsam die literarische Bedeutungskonstitution beeinflussen". Für unser Beispiel bedeutete dies: Auch wenn in einer Kriminalerzählung zuerst genretypisch zentrale Informationen über das Geschehen weggelassen werden – die Identität des Täters oder der Täterin – und folglich individuell von den Leser:innen imaginiert werden können, sind im Text dennoch Informationen zu finden, die unterschiedliche Schlussfolgerungen plausibel machen und andere ausschließen. Zum Ende der Lektüre können die Leser:innen ihre Konklusion zur Identität des Mörders bzw. der Mörderin mit den final preisgegeben Fakten über das Tatgeschehen abgleichen. Und in dem Moment, in dem Leser:innen bewusst zum Krimi greifen, lassen sie sich – oftmals gezielt – auf eine solche Rezeption ein.

Eine auf diese Weise vermittelnde Position nehmen wir auch bei der Frage ein, was literarische Texte eigentlich sind. Einerseits sind Texte literarisch, die den obigen (sowie weiteren) Konventionen gemäß als solche behandelt werden. Andererseits lassen sich **Eigenschaften literarischer Texte** bestimmen, die eine solche Behandlung erst nahelegen. Die besonderen Eigenschaften literarischer Texte rechtfertigen einen (konventionalisierten) **ästhetischen Rezeptionsmodus**. In diesem werden die literarischen Gegenstände als fiktionale Rede gelesen, d. h., Leser:innen nehmen literarische Texte nicht für bare Münze; sie suspendieren sie vom Wahrheitsanspruch. Während pragmatische Texte – z. B. Berichte oder Bedienungsanleitungen – tendenziell als wahrheitsfähig erachtet werden, lässt man sich in einem ästhetischen Rezeptionsmodus auf ein „Als-ob-Spiel" (Rosebrock & Scherf 2019, 79) ein. Man tut dann so, als würden die Texte etwas behaupten, obwohl man genau weiß – um es mit Aristoteles auszudrücken –, dass sie nicht den Anspruch erheben,

> mitzuteilen, was wirklich geschehen ist, sondern vielmehr, was geschehen könnte, d. h. das nach den Regeln der Wahrscheinlichkeit oder Notwendigkeit Mögliche. (Aristoteles Poetik, 1451a).

Im ästhetischen Rezeptionsmodus nehmen wir ferner wahr, dass Zeichen nicht nur als Bedeutungsträger fungieren, die auf etwas Außertextliches verweisen und uns so darüber informieren, sondern verstehen Zeichen als etwas,

> [d]as auf Autorentscheidungen über Bauform, Struktur und Stil beruht und im Gegenzug nur von Erwartungsnormen Lesender her wahrgenommen werden kann, d. h. von erwarteten (konventionellen) Bauformen, Strukturen und Stilformen aus. (Abraham & Kepser 2009, 97)

Im ästhetischen Rezeptionsmodus berücksichtigen wir bei Gedichten z. B. den Klang (Reim, Rhythmus, Versstruktur etc.) als Mittel, Stimmung zu erzeugen, und erwarten, dass diese Stimmung dem Inhalt des Gedichtes entspricht. Wenn das nicht der Fall ist, lassen wir uns produktiv irritieren und vermuten z. B. Ironie. Oder wir fragen uns bei einem Roman mit einem Ich-Erzähler (wie Thomas Manns *Bekenntnisse des Hochstaplers Felix Krull*), inwieweit er in seinen Auskünften über die erzählte Welt zuverlässig ist. Um einen unzuverlässigen Erzähler als solchen zu erkennen, hilft es, (der Ästhetik-Konvention gemäß) die Formsprache des literarischen Gegenstands zu betrachten. Für Bedeutungszuschreibungen dieser Art ist oft hilfreich, Analogie- und Oppositionsbeziehungen auf unterschiedlichen Ebenen zu erkennen – z. B. auf der klanglichen, grafischen, semantischen, motivischen oder rhetorischen Ebene (vgl. Grzesik 2005, 318). All dies tun kundige Leser:innen im Rahmen eines ästhetischen Rezeptionsmodus, weil sie darauf vertrauen, dass Autor:innen im Rahmen literarischer Kommunikation solchen Konventionen produktiv entsprechen und die literarischen Gegenstände entsprechend gestaltet sind. Kundige Leser:innen haben im Verlauf ihrer literarischen Sozialisation die Erfahrung gemacht, dass die literarischen Gegenstände bedeutungsvoller und interessanter werden, wenn man sie in einem solchen Modus rezipiert.

Durch die in diesem Abschnitt vorgestellten **vermittelnden Positionen** – zwischen Begriff und Anschauung, aber auch zwischen Text und Leser:innen als Faktoren der Bedeutungskonstitution – lässt sich eine den literarischen Gegenständen angemessene Gesprächsweise beschreiben.

1.4 Schlussfolgerungen für Gespräche im Literaturunterricht

Was folgt aus diesen wenigen Federstrichen zum Ästhetik- und zum Literaturbegriff für Gespräche im Literaturunterricht? Die Doppelperspektive von Anschauung und Begriff ist unmittelbar relevant, da das Ästhetische durch ein „Spannungsfeld zwischen Allgemeinem und Besonderem, zwischen begrifflicher Bestimmtheit und sinnlicher Unbestimmtheit" charakterisiert werden kann (Brandstätter 2011, 31, vgl. auch Seel 2019, 95). In der Literaturdidaktik wird einerseits die Überzeugung geteilt, dass individuelles „Staunen", „Irritation" (Freudenberg & Lessing-Sattari, 2020), „Stolpern" (Freudenberg 2014) und „Verstrickung" mit dem Gegenstand (Kreft 1977, 379, vgl. auch Zabka 2015, 137) eine zentrale Rolle spielen (vgl. auch Magirius & Wiez 2023). Andererseits zielen verschiedene Positionen der Literaturdidaktik auf einen Lesemodus, der es ermöglicht, „die Texte in ihrer spezifischen Funktionsweise als fiktionale, poetisch geformte und mehrdeutige Gebilde" (Steinmetz 2020) und damit in ihrer Literarizität zu erfassen. Entsprechend ist von einem „literarischen Lesemodus" (Scherf 2016, 99, Pieper 2016a, 132) oder einer „literarischen Lesehaltung" (Rosebrock 2018, 19) die Rede, die mit den spezifischen „Strategien des Textverstehens bei poetischer Sprache" (Rosebrock 2019, 33) verknüpft sind. Dazu gehören verschiedene (der Hoffnung nach lehr- und lernbare) Teilstrategien, z. B. die Oberflächenstruktur des Textes aufmerksam wahrzunehmen und potenziell bedeutungstragende Elemente zu identifizieren, unter Verwendung kulturellen Wissens Bedeutungen zuzuschreiben, verschiedene Sinnentwürfe provisorisch verfügbar zu halten sowie die Sinnsuche trotz eines hohen kognitiven Aufwands mit unbestimmtem Ausgang fortzusetzen (vgl. Rosebrock 2018, Carl et al. 2020, Strasen 2008; 2017). Eine literarische Lesehaltung schließt auch ein, dass „der Prozess der Bedeutungszuweisung selbst in den Fokus gerät" (Strasen 2008, 353). Zudem sind Leser:innen gefordert, den literarischen Text mit ihrem „Selbstkonzept zu verknüpfen und auf diese Weise textseitig Kohärenz und leser[:innen]seitig Relevanz zu generieren" (Rosebrock 2019, 35). Gespräche über Literatur sollten aus unserer Sicht dazu befähigen, eine **literarische Lesehaltung** einzunehmen.

Verstrickung und Analyse markieren auch im Kontext des Literaturunterrichts keine inkompatiblen Pole. Stattdessen verweisen sie in einem „unabschließbaren Wechselprozess" (Brandstätter 2011, 31) aufeinander. Sie können sich idealerweise „wechselseitig steigern", wie Spinner (2006, 8) zum „Wechselspiel" zwischen „subjektive[r] Involviertheit und aufmerksame[r] Textwahrnehmung" hervorhebt. Auch aus unserer Sicht ist gesprächsförmiger Literaturunterricht diesen geteilten Zielvorstellungen und Qualitätsmerkmalen verpflichtet. Literaturdidaktisch wünschenswert sind demnach Formen des Miteinanderredens, die Raum für das **subjektive sinnliche Erleben** lassen, aber auch auf inter- und damit **überindividuelle Verständigung** und Austausch auf der Grundlage geteilter Begriffe und Einsichten drängen. Damit das gelingen kann, müssen die Gesprächsteilnehmer:innen vor Augen haben, worüber sie sich unterhalten.

Nach Seel (2011, 15) heißt Reden über Kunst, „Dialoge der, mit der und über die Kunst" zu führen. Wer mit anderen einen Dialog über Kunst führt, müsse zunächst in einen Dialog mit der Kunst treten – d. h. die Kunstwerke von seiner Warte aus wahrnehmen, erfassen, interpretieren – und dabei auch Dialoge der Kunst – d. h. ihre Intertextualität – berücksichtigen. Die Dominanz des Dialogs über Wahrnehmungen und individuelle Bedeutungszuschreibungen führt im Literaturunterricht häufig zu dem Vorwurf, es würde sich lediglich um ein „Labern" handeln, weil die Dialoge (mit der Literatur) keinen erkennbaren Regeln folgen würden. Dieser Vorwurf resultiert auch aus einer Konfusion darüber, worüber man sich eigentlich austauscht, wenn man Gespräche über Literatur führt. Sprechen die Gesprächsteilnehmer:innen über ihre ästhetischen Wahrnehmungen oder über den ästhetischen Gegenstand? Sprechen sie also eher über sich – als wahrnehmende und **urteilende Subjekte** – oder eher über die Kunstwerke als wahrgenommene und **beurteilte Objekte**? Im akademischen Diskurs ist neben der skizzierten Vorstellung einer Dominanz des wahrnehmenden Subjekts und einem damit verbundenen „interpretatorischen Subjektivismus" (kritisch: Zabka 2005, 173, Zabka 1999) umgekehrt auch die essentialistische Vorstellung anzutreffen, „bei dem auf der Basis einer überhöhten Autorintention der Text als Manifestation eines ‚objektiven Sinns'" (kritisch: Hurrelmann & Groeben 2006, 34) erscheinen würde.

Entsprechend den in Kap. 1.3 umrissenen Theorien möchten wir auch hier eine vermittelnde Position einnehmen: Wenn sich in Gesprächen darüber ausgetauscht wird, welche Wirkung ein literarischer Gegenstand bei den Gesprächsteilnehmer:innen entfacht, ist zuerst nachrangig, wie gegenstandsangemessen die geäußerten Wirkungen sind – gerade wenn alle Gesprächsteilnehmer:innen wissen, dass sich das Gespräch in einer solchen Phase „subjektiver Borniertheit" (Kreft 1977, 379) befindet.[2] Wenn wir über Literatur reden, gehen wir – nicht nur im Unterricht! – aber über eine solche Phase üblicherweise hinaus. Dann tauschen wir uns nicht (nur) über empfundene Wirkungen und daraus abgeleitete Urteile aus, sondern erklären unsere Bedeutungszuschreibungen anhand des literarischen Gegenstandes. Spätestens dabei beachten wir idealerweise die „Spielregeln literarischer Kommunikation" (Kämper-van den Boogaart & Pieper 2008, 47), die zwar vielleicht nicht objektiver, aber immerhin doch intersubjektiver Natur sind. Es handelt sich um Konventionen, die sich anhand der Eigenschaften literarischer Gegenstände bereits bewährt haben, mit denen ihrerseits literarische Texte spielen und die stets auch erweitert und transzendiert werden können. In einem Gespräch über Literatur lassen sich verschiedene Lesarten dahin-

2 Äußerungen von Gesprächsteilnehmer:innen über die Wirkung des jeweiligen literarischen Gegenstandes *auf sie* lassen sich höchstens bezüglich ihrer „Wahrhaftigkeit" (Kreft, 1977, 82) anzweifeln – d. h. danach bewerten, ob der Text tatsächlich das Geäußerte auslöste.

gehend miteinander vergleichen, inwiefern sie zu den Spielregeln literarischer Kommunikation, zu einem ästhetischen Rezeptionsmodus und damit zum literarischen Gegenstand passen.[3] Auf diese Weise lässt sich gemeinsam nachzeichnen und elaborieren, wie Text, verschiedene Leser:innen und Situationsfaktoren bei der literarischen Bedeutungskonstitution zusammenwirken.

Eine abschließende Konsequenz des Ästhetikdiskurses für den vorliegenden Band betrifft den breiten Gegenstandsbereich der Ästhetik: Gespräche über Literatur sind keinesfalls eng auf kanonisierte (hoch-)literarische Werke in Schriftform beschränkt. In Unterrichtsgesprächen kann ein Austausch über sämtliche Gegenstände stattfinden, die eine ästhetische Wirkung hervorrufen: nicht nur über schöne Literatur, auch über hässliche oder schockierende, nicht nur über kanonisierte Werke, auch über zeitgenössische (Kinder- und Jugend-)Literatur verschiedener Medialität. Für die Auswahl von Werken für Gespräche über Literatur ist zuvorderst ihre Eignung entscheidend, „poetische Erfahrungen" zu ermöglichen (Rosebrock 2013, 36).

1.5 Zum Abschluss: Drei Thesen zu Unterrichtsgesprächen über Literatur

Zusammenfassend lassen sich mit Blick auf die curricularen Anforderungen des Deutschunterrichts drei Thesen für Unterrichtsgespräche über Literatur aufstellen:

Gespräche über Literatur berühren mehr oder weniger alle Kompetenzbereiche des Deutschunterrichts.

Wer ein Literaturgespräch führt, setzt sich *per definitionem* mit einem Text oder einem anderen Medium (Kompetenzbereich „Sich mit Texten und anderen Medien auseinandersetzen") in Form eines mündlichen Dialogs mit anderen Gesprächsteilnehmer:innen (Kompetenzbereich „Sprechen und Zuhören") auseinander. Typischerweise geht dem Gespräch das Lesen des Textes voraus (Kompetenzbereich „Lesen") und oft wird es durch das Anfertigen von Notizen (Kompetenzbereich „Schreiben") vorbereitet. Nicht selten ist der Blick im Literaturgespräch auch auf die Sprache des Textes gerichtet (Kompetenzbereich „Sprache und Sprachgebrauch untersuchen"). Insofern bieten sich Literaturgespräche an, um die curricular häufig erhobenen Ansprüche eines integrativen Deutschunterrichts zu erfüllen. Daraus folgt jedoch auch, dass Gesprächsteilnehmer:innen in unterschiedlichen Kompetenzbereichen kompetent sein müssen, um Gespräche über Literatur zu führen. Insofern muss sich die Lehrperson darüber im Klaren sein, welche Kompetenzen ihre Schüler:innen bereits mitbringen und auf welchen Ebenen Lernunterstützung erforderlich ist, damit ein Literaturgespräch gelingen kann. Außerdem sollte sich die Lehrperson vor Augen führen, in welchem Kompetenzbereich ein gezielter Lernprozess schwerpunktmäßig initiiert werden soll. Es macht schließlich

3 Ferner ist möglich, Lesarten dahingehend zu prüfen, ob sie „plausibel" sind, d. h. „in sich selbst und mit den Elementen des Textes kohärent" (Zabka 1999, 10), und ob sie sich als „angemessen" erweisen (ebd.), also mit den Entstehungsbedingungen des literarischen Textes kompatibel sind.

einen Unterschied, ob die Lehrperson mit den Schüler:innen Regeln der gemeinsamen Konversation einüben oder einen literarischen Gegenstand interpretatorisch erschließen möchte. Das führt uns zur zweiten These.

Gespräche über Literatur beziehen sich insbesondere auf den Kompetenzbereich „Sprechen und Zuhören".

Literaturgespräche erfordern (überfachliche) Kompetenzen für den dialogischen Austausch mit anderen Gesprächsteilnehmer:innen. In Gesprächen über Literatur müssen Schüler:innen in der Terminologie der Bildungsstandards „[z]u anderen [s]prechen" (KMK 2022, 15), also sich z. B. verständlich und situations- und adressatenadäquat ausdrücken können. Von ihnen wird aber auch verlangt, „[v]erstehend zu[zu]hören" (ebd., 16), also z. B. aufmerksam Gesprächsverläufe zu verfolgen und für die weitere Kommunikation zu nutzen, sowie „[m]it anderen [zu s]prechen" (ebd., 17), also sich z. B. mit konstruktiven Beiträgen zu beteiligen und dabei festgelegte Gesprächsregeln einzuhalten. Zuweilen müssen sie auch „[v]or anderen sprechen" (ebd., 18), also z. B. längere vorbereitete Redebeiträge leisten, um das Gespräch zu bereichern. Wenn Lehrpersonen diese „Komponenten der Gesprächsfähigkeit" (Zabka 2015, 173) in Gesprächen über Literatur als Kompetenzfokus anvisieren, setzen sie das Gespräch als eine „Lernform" (ebd.) ein, die auf „außerschulische Formen des Gesprächs über Kunst und Literatur" sowie „auf Gespräche über außerästhetische Gegenstände vorbereiten kann" (ebd.).

Gespräche über Literatur beziehen sich insbesondere auf den Kompetenzbereich „Sich mit Texten und anderen Medien auseinandersetzen".

In einem Gespräch über Literatur tauscht man sich über ästhetische Gegenstände aus. Ästhetische Gegenstände ermöglichen sinnliches Erleben und Genuss. Sie führen zu subjektiven Geschmacksurteilen. Daher sollte der Austausch über empfundene Wirkungen und daraus abgeleitete Geschmacksurteile ein wichtiges Anliegen von Gesprächen über Literatur sein. Über diese sinnlich-subjektive Dimension hinaus ist es allerdings nicht nur möglich, sondern im Sinne eines „verständigungsorientierten kommunikativen Handelns" (Zabka 2004a, 79) auch erforderlich, die subjektiven Urteile anhand der Gegenstände intersubjektiv verständlich zu machen (vgl. Biere 1989). Entsprechend lassen sich Formen des Gesprächs als wünschenswert bestimmen, die sowohl Raum für das subjektive sinnliche Erleben bieten als auch darauf abzielen, eine überindividuelle Verständigung auf Basis gemeinsamer Begriffe und mit dem Ziel geteilter Einsichten bezüglich des Gegenstands zu ermöglichen.

Wie über literarische Gegenstände geredet wird, hängt von ihren Eigenschaften und den damit verbundenen Spielregeln literarischer Kommunikation ab. Ausgehend von diesen haben sich Konventionen von Interpretationsgemeinschaften herausgebildet, die im Gespräch Beachtung finden sollten. Entsprechend ist für den Literaturunterricht zu fragen, wie sich eine entsprechende ästhetische Lesehaltung modellieren lässt. Als gesichert darf angenommen werden, dass kundige Leser:innen literarische Texte als fiktionale, ästhetisch geformte und mehrdeutige Gegenstände rezipieren. Anders als bei Sachtexten erwarten wir keine wahrheitsfähigen Aussagen, die sich außertextuell überprüfen lassen, sondern nehmen die Texte als „sprachliche Simulation von Lebenswelten" (Matuschek 2013, 68) wahr. Außerdem nehmen wir an, dass die ästhetische Formensprache literarischer Texte in größerem Maße eine bedeutungs- und sinnerzeugende Funktion erfüllt, als das bei Sachtexten der Fall ist. Und schließlich erachten wir Mehrdeutigkeit bei literarischen Texten nicht als Problem, sondern erwarten sie als „Effekt literarischer Darstellungsweisen" (Zabka 2024, 13). Unserer Auffassung nach sollten Gespräche über Literatur die Fähigkeit fördern, eine literarische Lesehaltung einzunehmen, die der Fiktionalität, Ästhetizität und Polyvalenz literarischer Gegenstände gerecht wird.

2 Vorliegende Konzepte

In diesem Kapitel werden wir nach einführenden Erläuterungen zur literaturdidaktischen Debatte verschiedene Konzepte von Literaturgesprächen vorstellen.

2.1 Einführung in das Kapitel

In der Literaturdidaktik wird seit mehr als 30 Jahren eine intensive Debatte über Literaturgespräche geführt. Ausgangspunkt der Debatte ist die Kritik am sogenannten **fragend-entwickelnden Gespräch**, das als die dominante Form der gesprächsförmigen Literaturerschließung im Literaturunterricht angenommen wird (vgl. Spinner 2010, 204). Diese Form ist dadurch gekennzeichnet, dass die Lehrperson ein Gesprächsziel vorbereitet und versucht, die Schüler:innen durch gezielte Fragen zu diesem Ziel zu lenken. Entsprechend ist auch vom *gelenkten Unterrichtsgespräch* die Rede (vgl. Spinner 2004, 292). Das fragend-entwickelnde Gespräch geht auf das *sokratische Lehrgespräch* zurück. Der Idee nach zielen die Lehrenden im sokratischen Lehrgespräch darauf ab,

> dem Lernenden durch Fragen zunächst sein Nichtwissen vor Augen zu führen, um ihm anschließend durch weitere Fragen zur selbständigen Erkenntnis zu verhelfen. Das setzt voraus, dass das erforderliche Wissen bereites vorhanden ist und durch richtiges Fragen lediglich ins Bewusstsein gebracht werden muss, es muss gleichsam entbunden werden. (Becker-Mrotzek 2009, 77 f.)

Diese sokratische Grundidee, auch **Mäeutik** (= Hebammenkunst) genannt, scheitert jedoch häufig in der Realität. Wieler (vgl. 1989) kann auf der Grundlage von empirischen Daten der Studie *Zur Psychologie des Literaturunterrichts* (Willenberg 1987) nachweisen, dass im fragend-entwickelnden Gespräch i. d. R. weder ein gemeinsames Problemlösen noch ein selbstständiges Erkennen stattfindet. Ihren Analysen zufolge ist die Interaktion zwischen Lehrenden und Lernenden auf das Handlungsmuster „Aufgabe-Stellen/Aufgabe-Lösen“ (Ehlich & Rehbein 1986, 14 ff.) beschränkt. In der angloamerikanischen Literatur ist analog dazu vom sogenannten *IRE-Muster* die Rede (vgl. Mehan 1979): Wiederkehrend finden sich im Literaturunterricht die drei aufeinanderfolgenden Elemente: Frage der Lehrperson (Initiation), Antwort der Schüler:innen (Response) und Bewertung des Gesagten durch die Lehrperson (Evaluation).

Problematisch daran ist die **Dominanz der Lehrperson**, die alleinig über Richtung und Verlauf des Gesprächs entscheidet, sowie die Passivität der Schüler:innen, die im ungünstigsten Fall nur die von der Lehrperson erwartete Antwort antizipieren, statt eigene Fragen zu stellen bzw. selbstgewählte Probleme zu verfolgen (vgl. Härle & Steinbrenner 2014, 4). Auch wenn die Lehrperson nicht doziere, steuere sie das Gespräch – „so, daß dasjenige Unterrichtsergebnis herauskommt, das sie geplant hat“

(Spinner 1992, 310). Dass die Schüler:innen selbst die „Problemzusammenhänge und das Ergebnis" literarischen Textverstehens entwickeln würden, sei in dieser Gesprächsform demnach „mehr Schein als Wirklichkeit" (ebd.); das „Grundproblem" dieses Gesprächstypus sei in seiner praktischen Durchführung stets präsent:

> Es täuscht eine Selbständigkeit in der Erarbeitung vor, dabei sind die Schüler am Gängelband des Lehrers, der mit mehr oder weniger subtilen Mitteln den Unterrichtsverlauf auf das erwünschte Ergebnis hinlenkt. (Ebd.)

Freilich steht der Literaturunterricht mit diesem Problem nicht alleine da. Dass das fragend-entwickelnde Gespräch als „gängelndes Verfahren" (ebd., 312) erlebt wird, betrifft dessen Einsatz in allen schulischen Zusammenhängen. Das ist insofern verwunderlich, als es in der Pädagogik der Aufklärung als Instrument erachtet wurde, „Raum zur Entfaltung, zur Selbsttätigkeit, zum eigenen Denken" zu gewähren und „die Entfaltung der Verstandeskräfte" (ebd.) voranzutreiben. Schließlich stehe nicht Belehrung im Vordergrund, sondern die Absicht, Schüler:innen durch Fragen zur Selbsterkenntnis und damit zu **Mündigkeit** zu führen.

Spinner (1992) betrachtet diese Problemlage als die „vielleicht deutlichste Ausdrucksform" (ebd., 314) der *Dialektik der Aufklärung*, wie sie als Denkfigur von den Sozialphilosophen Horkheimer und Adorno (1944) begründet wurde:

> Indem die Aufklärung zur Mündigkeit des Menschen erziehen will, muß sie den Menschen, den sie vorfindet, für unmündig erklären. Mit der Setzung des einen Begriffs, der Mündigkeit, ist zugleich sein Gegenteil gesetzt; und dies nicht nur im theoretisch-logischen Sinne, sondern ganz konkret im Verhalten zu den Heranwachsenden. Weil die aufklärerischen Erzieher die Heranwachsenden mündig machen wollen, behandeln sie sie wie Unmündige. Dieser dialektische Umschlag ist bis in die Feinstruktur des sokratischen Lehrverhaltens hinein zu beobachten: Dadurch daß der Lehrer zum Fragenden wird, tut er so, als sei er nicht der Besser-Wissende; er nimmt die untergeordnete Position des Auskunft-Heischenden ein, aber das ist nur Schein. Gerade mit der Frage übt er – oft ohne daß er es selbst will – seine subtile Herrschaft über den Geist des ihm Anvertrauten aus. (Spinner 1992, 314)

Jenseits dieser grundlegenden Problematik werden in der Literaturdidaktik Bedenken artikuliert, ob das gelenkte Gespräch überhaupt mit dem Gegenstand Literatur kompatibel sei. Es wird moniert, dass Schüler:innen fragend-entwickelnde Gespräche häufig als Situationen erfahren, in „denen es darum gehe, die ‚richtige Deutung' kennenzulernen" (Magirius, Scherf & Steinmetz 2022, 4). Damit ist der Vorwurf verknüpft, dass fragend-entwickelnde Gespräche **eindeutige Verstehens- und Deutungsresultate** nahelegen, was im **Widerspruch zur systematischen Mehrdeutigkeit und Deutungsoffenheit** literarischer Kunstwerke stehe (vgl. Härle & Steinbrenner 2014, 4, Baurmann et al. 2015, 80). Da gelenkte Gespräche außerdem häufig mit der **Dominanz inhaltsorientierter Fragen** auf Wort- und Satzebene einhergehen (vgl. Möbius 2019, 274), steht dessen Passung mit literarischen Verstehensprozessen, die mit textbezogenen Deutungsprozessen verbunden sind, generell infrage (vgl. Magirius, Scherf & Steinmetz 2024, 2 f.).

Ein weiterer Kritikpunkt bezieht sich auf die Gefahr, dass das eigentliche Ziel gelenkter Literaturgespräche, nämlich literarisches Lernen zu fördern, von anderen, didaktisch unerwünschten Lern(neben)wirkungen überlagert wird. Denn die Schüler:innen lernen, auf ein restriktives Gesprächsverhalten zu reagieren. Da die Lehrperson vorab festgelegte Aspekte im Sinn hat, lenkt sie die Schüler:innen – mal offen, mal verdeckt – mit gezielten Fragen und durch selektive Auswahl von passenden Antworten zu diesen hin. Fritzsche (1994) bringt die Wirkung eines solchen Vorgehens so auf den Punkt:

> Die Schüler lernen nicht nur, einen Text zu interpretieren, sondern sie lernen vor allem, die Äußerungen ihres Lehrers zu interpretieren! (Ebd., 182)

Im Zuge der kritischen Auseinandersetzung mit dem fragend-entwickelnden Unterrichtsgespräch, die wir hier nur skizzieren, wurden in der Literaturdidaktik **verschiedene Alternativen** begründet, um die Dominanz der Lehrperson abzuschwächen, die Beteiligung der Lernenden zu erhöhen und dem Gegenstand Literatur bestmöglich gerecht zu werden. Neben dem grundsätzlichen Plädoyer für mehr Offenheit (vgl. Abraham 2020, 43) und mehr Einbezug der Schüler:innen (vgl. Vogt 2002, 223 ff.) wurde insbesondere die **Funktion der Lehrperson** vielseitig reflektiert und neujustiert. Um die asymmetrische Kommunikationssituation des fragend-entwickelnden Gesprächs zu vermeiden, empfiehlt z. B. Merkelbach (1995a), dass sich die Lehrperson im literarischen Gespräch als Wissende:r oder (Be-)Lehrende:r zurücknimmt und auf die Moderation des Gesprächs beschränkt (s. Kap. 2.3). Härle und Steinbrenner (2014, 14) dagegen fordern im Rahmen des *Heidelberger Modells* (s. Kap. 2.5), dass sich Lehrende dem Prinzip der *partizipierenden Leitung* verschreiben, wonach „sich die Lehrperson nicht nur in seiner [sic] Funktion als Gesprächsleitung, sondern auch als Teilnehmende in das Gespräch einbringt“ (Steinbrenner & Wiprächtiger-Geppert 2010, 3).

Neben der Rolle der Lehrenden war auch die **Rolle der Lernenden** Gegenstand der Diskussion. Viele neuere Vorschläge zum literarischen Unterrichtsgespräch beruhen auf der lerntheoretischen Annahme, „dass ein Austausch über Imaginationen, emotionale Wirkung und persönliche Verstehensansätze einen erweiterten Blick auf den Text eröffnen kann“ (Baurmann et al. 2015, 80). Entsprechend legen viele Autor:innen, die sich mit dem literarischen Gespräch beschäftigen, großen Wert auf den „lebendigen Austausch“ (vgl. Hofer-Krucker Valderrama & Weber 2020, 133) von subjektiven Texteindrücken, spontanen Assoziationen, Gedanken und individuellen Lesarten. Alle modernen Vorschläge zum literarischen Gespräch beruhen zudem auf der Überzeugung, der „grundsätzlichen Offenheit ästhetischer Gegenstände“ (Schmidt 2020, 238) verpflichtet zu sein.

Die bisherigen Ausführungen legen nahe, dass die „in der Schule vorherrschenden lehrergelenkten Gesprächsformen“ (Baurmann et al. 2015, 80) fachlich und didaktisch unangemessene Lernsituationen erzeugen und offenere Formate des literarischen Unterrichtsgesprächs im Vergleich dazu angemessener wären. Und tatsächlich präferierte die Literaturdidaktik – vor dem Hintergrund der skizzierten Kritik an fragend-entwickelnden Gesprächen – offene Formate (vgl. Möbius 2019, 280). Erst in der jüngeren Vergangenheit wurde der Blick dafür geschärft, dass die vorbehaltlose Wertschätzung offener Formate bei gleichzeitiger Abwertung lenkender Formate zu kurz greift. Drei Impulse seien hier skizziert:

1. Brüggemann et al. (2015, 224 f.) argumentieren, dass eine normative Dichotomisierung von lenkenden und offenen Formaten auf Verkürzungsfiguren beruht. Weder führen offene Gesprächsformate grundsätzlich zu offenen Gesprächsverläufen oder Gesprächsresultaten, die der systematischen Mehrdeutigkeit literarischer Texte entsprechen, noch führen gelenkte Gesprächsformate notwendigerweise zu vordefinierten Gesprächsverläufen oder eindeutigen Interpretationsresultaten. Die Angemessenheit im Umgang mit der Mehrdeutigkeit und der Grad der Lenkung im Gespräch lassen sich als unabhängige Kategorien auffassen (vgl. ebd., vgl. auch Magirus, Scherf & Steinmetz 2022, 5 f.). Auf ähnliche Weise macht auch Zabka (2015, 169) darauf aufmerksam, dass sowohl „eine zu enge Lenkung als auch eine zu große Offenheit […] Lernprozesse behindern“ kann.
2. Zabka (2010) begründet theoretisch, dass die Verfehlung der mäeutischen Grundfunktion des fragend-entwickelnden Gesprächs, Schüler:innen zu eigenständigen textbezogenen Erkenntnissen zu verhelfen, kein naturgegebenes Schicksal ist, sondern aus der Nichterfüllung zentraler Gelingensbedingungen resultiert. Ein Großteil der oben skizzierten Kritik betreffe nicht das fragend-entwickelnde Gespräch *per se*, sondern das *pseudo-mäeutische Gespräch*, das „nur zum Schein auf die argumentative Verständigung“ (ebd., 80) ziele. Im gelingenden *mäeutischen Gespräch* dagegen

   > erfolgt eine Verständigung über einen Text auf der dreifachen Grundlage (1) eines begrenzten und für alle Teilnehmer transparenten Bestands an Wissen über den interpretierten Text und seine Kontexte, (2) eines für alle Teilnehmer transparenten Repertoires intersubjektiv anerkannter Interpretationskonventionen und (3) eines bei allen Teilnehmern vorhandenen und von allen ausdrückbaren subjektiven Textverstehens. Das Ziel des mäeutischen Interpretationsgesprächs besteht darin, dass die Teilnehmer auf dieser dreifachen transparenten Basis zu argumentativ begründeten Interpretationsentscheidungen gelangen. (Ebd., 79)

   Dieses Ideal scheitere in der Realität häufig am vorhandenen Wissen der Schüler:innen oder am Gesprächsverhalten der Lehrpersonen. Das Gespräch drohe dann ins *pseudo-mäeutische Gespräch* umzuschlagen, in welchem die Lehrperson die Lernenden *erniedrigt*, indem sie „peu a peu das unbekannte Wissen souffliert“ (ebd., 77), sie *überwältigt*, indem sie nur die „eigene Deutung stützt“ (ebd.), oder sie *diskriminiert*, indem sie darüber befindet, welche Deutungen oder Wissensbestände der Schüler:innen unpassend sind (vgl. ebd.). Um diese Gefahren abzuwenden, hält Zabka dem *pseudo-mäeutischen* Gespräch das *reflexiv-mäeutische Gespräch* entgegen, in dem

   > eine Verständigung darüber statt[findet], dass die Basis des gemeinsamen Wissens, der anerkannten Interpretationskonventionen und/oder des artikulierten Verstehens nicht ausreicht (ebd., 80),

was bestenfalls zur Folge hat, dass die Basis des gemeinsamen Wissens durch die Intervention der Lehrperson gesichert wird (vgl. ebd.). Zabkas Ausführungen sind deshalb so aufschlussreich, weil sie deutlich machen, dass ein Großteil der Kritik am fragend-entwickelnden Gespräch nur auf dessen misslingende Form zutrifft. Gute gelenkte Gespräche im Sinne des „verständigungsorientierten kommunikativen Handelns“ (ebd., 79) sind nach Zabka zwar anspruchsvoll, aber möglich.

3. In den letzten Jahren wird in der Literaturdidaktik verstärkt der Frage nachgegangen, über welches „Repertoire an Gesprächsimpulsen und Kategorien zur situativen Einschätzung von deren Lernförderlichkeit“ (Zabka 2015, 169) Lehrpersonen verfügen müssen, um fachlich und didaktisch wünschenswerte Gespräche zu führen. In Rückgriff auf Erkenntnisse aus der Aufgabenforschung (vgl. Winkler 2011, Köster 2016, Heins 2017, Steinmetz 2020) geraten dabei Aspekte der Gesprächssteuerung und Lernunterstützung durch konkrete Impulse und Fragen der Lehrperson in den Blick.

Infokasten

Nach Zabka et al. 2022 (155 f.) lassen sich Impulse funktional nach *Initiierung, Steuerung* und *Reflexion* unterscheiden:

Mit *initiierenden Impulsen* wird „die Beschäftigung mit einem bestimmten Aspekt der Textbetrachtung überhaupt erst in Gang“ (ebd.) gesetzt, z. B.: „Wie habt ihr diese Stelle verstanden?“ oder „Ich finde diese Aussage der Figur nicht nachvollziehbar, wie seht ihr das?“ Sinnvoll sind solche Impulse vor allem dann, wenn sie auf das Evozieren von Differenzen oder Problemen im Verstehen hinauslaufen (vgl. Zabka 2020, 9).

Mit *steuernden Impulsen* veranlasst die Lehrperson die Lernenden dazu, „sich mit Äußerungen anderer auseinanderzusetzen oder eigene Äußerungen zu verdeutlichen und dabei auf den Gesprächsgegenstand einzugehen“ (Zabka et al. 2022, 155 f.). Hierbei geht es insbesondere um Unterstützung beim gemeinsamen „Herantasten an nicht sicher verifizierbare Interpretationsmöglichkeiten“ (Zabka 2020, 10), z. B. „Passt diese Deutung zum Schluss der Kurzgeschichte?“ oder „Begründe deine Vermutung am Text.“

Reflexionsimpulse sollen ein „Innehalten bewirken, bei dem über den Verlauf und die Ergebnisse nachgedacht wird, um weitere Wegentscheidungen zu ermöglichen“ (Zabka et al. 2022, 156), z. B. „Wir können festhalten, dass ...“ oder „Lasst uns überlegen, ob wir die anfangs gestellte Frage schon zufriedenstellend beantwortet haben.“

Mittlerweile setzt sich mehr und mehr die Erkenntnis durch, dass sowohl gelenkte als auch offene Gesprächsformate ihren berechtigten Platz im Unterrichtsgeschehen haben (vgl. Brüggemann et al. 2015, Albrecht 2022, 483 ff.). Um die Frage zu beantworten, an welcher Stelle mehr Offenheit und an welcher mehr Lenkung sinnvoll ist, lässt sich die Unterscheidung der grundsätzlichen Funktion des Gesprächs nutzen (s. Kap. 1.2): Soll das Gespräch geführt werden, um den literarischen Gegenstand zu erschließen?

Oder geht es darum, Praktiken des Austauschs über einen Gegenstand einzuüben? Mit Zabka (2015) lässt sich einerseits vom Gespräch als *Lernmedium* sprechen, wenn die „Klärung von Verstehensproblemen und der Falsifikation des Missverstehens" (ebd., 173) im Zentrum steht. In diesem Fall hat das Gespräch vor allem das Ziel, „den Bereich plausibler Deutungen positiv abzustecken" (vgl. ebd., 174), was – je nach Lerngruppe – Lenkung durch „[i]nterpretationsfördernde Gesprächsimpulse" (ebd., 180) erforderlich macht. Auf der anderen Seite steht das Gespräch als *Lernform*, das auf die Aus- und Einübung von Formen der „Konversation über Literatur und andere Medien" (ebd., 176) zielt. Dabei steht ein Lernen im Zentrum, „das die Gesprächskompetenz in realen Zusammenhängen gesellschaftlicher Teilhabe fördert" (ebd., 176). Offenheit im Sinne von geringer Lenkung entspricht dem Ziel des Gesprächs als Lernform, wobei Gesprächshandlungen der Lehrkraft, die das Deutungs- und Konversationshandeln der Schüler:innen unterstützen, zur Anbahnung dieses Ziels durchaus eine Rolle spielen können (vgl. Ohlsen 2014, 338 f.).

Versteht man Lernform und Lernmedium als diametral entgegengesetzte Pole, so lassen sich die fünf Konzepte literarischer Unterrichtsgespräche, die wir im Folgenden vorstellen (s. Kap. 2.2–2.6), in unterschiedlicher Entfernung zu den Polen anordnen. Am nächsten zum Lernform-Pol sehen wir das Konzept Literarischer Gespräche i. S. der Frankfurter Arbeitsgruppe um Valentin Merkelbach (s. Kap. 2.3). Am nächsten zum Extrempol Lernmedium sehen wir das Konzept des Lernunterstützenden Gesprächs (s. Kap. 2.6). Während sich sowohl das Vorlesegespräch (s. Kap. 2.2) als auch das Forschende Literaturgespräch (s. Kap. 2.5) je nach Verlauf bzw. Phase in der Praxis vermutlich zwischen den Polen bewegen dürften, rückt das literarische Unterrichtsgespräch nach dem Heidelberger Modell (s. Kap. 2.4) in seiner praktischen Durchführung, so unsere Beobachtung, oftmals eher in Richtung Lernform – obschon dies in seiner Konzeption u. E. nicht eindeutig angelegt ist.

2.2 Das Vorlesegespräch und das Sehgespräch

Die Konzepte Vorlesegespräch (Spinner 2004) und Sehgespräch (Möbius 2008, 2019) beruhen auf der Idee, dass die Schüler:innen und die Lehrkraft nicht erst nach der Rezeption des literarischen oder filmischen Kunstwerks miteinander ins Gespräch kommen, sondern schon **während der Rezeption**. Die Lehrkraft präsentiert das Kunstwerk (vorlesend oder vorzeigend) sukzessive und unterbricht die Präsentation an geeigneten Stellen mit Gesprächsimpulsen, um den Rezeptionsprozess durch sich daraus ergebende Kurzgespräche unterstützend zu begleiten und ein interaktionales Verstehen zu ermöglichen. Insbesondere das Vorlesegespräch wurde in unterschiedlichen (Fall-)Studien vor allem mit Blick auf die Bilderbuchrezeption im familiären Kontext und in der Grundschule erforscht und erprobt (vgl. z. B. Wieler 1997, Merklinger 2015, Fuhrmann & Merklinger 2015, Jooß 2019, Mempel 2023, Wieler 2023, Porps 2023).

2.2.1 Theoretische Grundlagen

Petra Wieler legte 1997 eine viel beachtete Studie zur **familialen Vorlesepraxis** im Vorschulalter vor. Sie zeigt an Vorlesesituationen mit Vierjährigen im familialen Kontext, dass es sich als günstig erweist, wenn Mütter die **unmittelbaren Kommentare und Nachfragen** ihrer Kinder während des Rezeptionsprozesses aufgreifen und dialogisch für die Sinnkonstruktion nutzen. Nach Wieler entscheidet insbesondere „die dialogische Struktur des Vorlesens" und die damit verbundene Möglichkeit, „Verstehensfragen und Verstehensprobleme zur Sprache zu bringen und einer Lösung zuzuführen" (ebd., S. 319), darüber,

> in welchem Ausmaß es den Vierjährigen gelingt, sich bei der Bilderbuch-Rezeption eine Vorstellung von der fiktiven Wirklichkeit der Bilderbuch-Geschichte in ihrer Differenz zur alltäglichen Realität zu erarbeiten. (Ebd., 315)

Entsprechend plädiert sie dafür, „die gemeinschaftliche Bilderbuch-Rezeption in der Familie verstärkt auch als Anlaß für den kommunikativen Austausch mit dem Kind wahrzunehmen" (ebd.). Sie empfiehlt den Einsatz von „metanarrativen Kommentaren", die auf die „Initiierung eines dialogischen Austauschs mit dem Kind" (ebd., 313) ausgerichtet sind.

Spinner (2004) greift Wielers Erkenntnisse auf und transferiert sie auf Unterrichtsgespräche zu literarischen Texten. Mit Verweis auf die Untersuchungen von Waldt (2003), die die Relevanz von Vorlesegesprächen als wichtige Methode zur Erschließung ästhetisch anspruchsvoller Literatur für die Grundschule hervorhebt, erarbeitet Spinner ein didaktisches Konzept, das – als konkrete Anregung für literarisches Lernen – direkt an Lehrpersonen des Literaturunterrichts adressiert ist. Der Grundgedanke ist, dass die Lehrpersonen den Text nicht vollständig am Stück vorlesen, sondern die **Textpräsentation** durch Gesprächsimpulse **an geeigneten Stellen unterbrechen** und jeweils vor dem Weiterlesen kurze Gespräche initiieren. „Innerhalb solcher Gespräche", so beschreibt es Pieper (2016b, 78), wird dann „das Textverständnis sukzessive und über weite Teile dialogisch entwickelt".

Drei Prinzipien sind für Spinners Konzept des Vorlesegesprächs leitend: die „Zentrierung auf den gehörten Text", „das Primat der Imagination" und „die Durchführung im Sitzkreis" (Spinner 2004, 295). Als eine Art praxistaugliche Operationalisierung seiner Überlegungen stellt Spinner einerseits eine Typologie von Gesprächsimpulsen mit insgesamt fünf Impulstypen vor. Andererseits formuliert er einen didaktischen Fragenkatalog als Anregung für die Lehrerausbildung (siehe ausführlicher unten).

Möbius (2008, 2019) wiederum greift Spinners Ideen auf und adaptiert sie für „multimediale ästhetische Konstrukte" (2008, 145), insbesondere Filme. Als wichtiges Argument für die Blickverschiebung auf das „Sehgespräch" führt Möbius die regelmäßig erhobenen und gut erforschten Medienpräferenzen von Kindern und Jugendlichen ins Feld; es zeigt sich, dass bilddominierte Medien, insbesondere Filme, fortwährend ganz oben auf der Präferenzliste stehen (vgl. ebd., 141). Außerdem hebt Möbius hervor, dass „Mediennutzung stets eine soziale, eine *kommunikative* Komponente hat“ (ebd., 141, Herv. i. Orig.) und dass Kinder sich häufig spontan zu solchen Medienangeboten äußern (vgl. ebd., 146). Deshalb sei es naheliegend, „auf spontane Schülerkommentare zu vorgestellten Motivationen, Plänen, Gedanken der Figuren während der Filmpräsentation“ (ebd.) einzugehen. Möbius versteht das Sehgespräch demnach als „mündliche Aushandlung von Verstehensprozessen spontan oder mittels Impulsen innerhalb einer Schülergruppe und während der Präsentation“ (Möbius 2019, 275).

Als das wichtigste Prinzip des Sehgesprächs gilt bei Möbius „genaues und verzögertes Lesen“ (Möbius 2008, 146), insbesondere von anspruchsvollen und rätselhaften Filmen (vgl. ebd.). Möbius übernimmt weitgehend Spinners Typologie von Gesprächsimpulsen, modifiziert und erweitert sie aber medienspezifisch (s. ausführlicher unten).

2.2.2 Rolle der Lehrkraft

Spinner macht deutlich, dass es ihm nicht um die Beschränkung der Lehrkraft auf eine bestimmte Rolle geht, sondern darum,

> die Möglichkeiten und Grenzen der unterschiedlichen Gesprächsformen differenziert wahrzunehmen und diese im Unterricht flexibel einzusetzen (also beispielsweise fragend entwickelnde Gespräche, moderierte Gespräche im Sinne der Frankfurter Gruppe und geleitete literarische Gespräch im Sinne des Heidelberger Projektes). (Spinner 2004, 294)

Das heißt, die Lehrkraft hat gleichermaßen Verstehensschritte entwickelnde, moderierende und gesprächsleitende Aufgaben zu bewältigen. Gleiches gilt für das Sehgespräch.

Vorlesegespräche und Sehgespräche sind „gelenkter Unterricht“ (vgl. Spinner 2004, 306). Für Lehrpersonen ist sowohl beim Vorlesegespräch als auch beim Sehgespräch die Frage nach den richtigen Impulsen an den richtigen Stellen der Präsentation zentral. Demnach ist eine sorgfältige und gegenstandsnahe Vorbereitung hinsichtlich der **Antizipation geeigneter Unterbrechungen und geeigneter Impulse** erforderlich (vgl. Möbius 2008, 151 f.). Folglich spielt die Kompetenz zur didaktischen Analyse sowie die damit verbundene literarische Kompetenz der Lehrperson eine zentrale Rolle. Die Lehrperson muss geeignete Texte oder Filme auswählen und sinnvoll segmentieren. Sie muss darüber hinaus geeignete Impulse formulieren und durch diese ein Wechselspiel „von Aktivierung individueller Vorstellungen und Erfahrungen auf der einen Seite und genauer Textwahrnehmung auf der anderen Seite“ (Spinner 2004, 297) anregen. Wichtig ist, dass die gründliche Vorbereitung am Gegenstand nicht spontane Schüleräußerungen, die sich nicht ohne Weiteres antizipieren lassen, verhindert.

2.2.3 Praktische Umsetzung

Bei der **Vorbereitung** auf das Vorlesegespräch bzw. Sehgespräch steht die Lehrperson vor der Aufgabe, einen geeigneten Gegenstand zu wählen, den Gegenstand zu segmentieren und Gesprächsimpulse zu formulieren.

- *Gegenstandsauswahl*: Für das Vorlesegespräch eignen sich Spinner zufolge vor allem erzählende Texte. Für das Sehgespräch eignen sich Möbius zufolge vor allem Filme mit einem hohen Grad an Rätselhaftigkeit und mit etlichen Unbestimmtheiten.
- *Gegenstandssegmentierung*: Wo die Präsentation des Gegenstands unterbrochen werden soll, gilt als zentrale methodische Frage, die allerdings nicht pauschal ohne eine didaktische Analyse des Gegenstands beantwortet werden kann. Um geeignete Textstellen zu antizipieren, kann es sinnvoll sein, von den Impulstypen auszugehen.
- *Impulstypen*: Fasst man die Überlegungen von Spinner (2004) und Möbius (2008) zusammen, so lassen sich sechs Impulstypen unterscheiden, die an geeignete Stellen des Textes oder Films zu platzieren sind. Es ist sinnvoll, sich Fragen und Impulse im Vorfeld der Gespräche zu überlegen:
  a) *Aktivierung eigener Erfahrungen*: Es geht darum, Anknüpfungspunkte zu schaffen, damit die Schüler:innen das Gelesene bzw. Gesehene mit Vorwissen oder Vorerfahrungen verknüpfen können, z. B.: „Wart ihr schon einmal in einer ähnlichen Situation?".
  b) *Antizipationen*: Mit solchen Impulsen lässt man die Schüler:innen antizipieren, wie es weitergehen könnte. Das Rezipieren von Erzähltexten oder Spielfilmen ist unter anderem dadurch charakterisiert, dass man gespannt ist, was als Nächstes passiert. Spannung entsteht, wenn wir wissen wollen, wie es weitergeht, und wenn wir eine Präferenz haben, auf die wir hoffen, und eine Befürchtung, deren Ausbleiben wir ersehnen (vgl. Köppe & Kindt 2014, 69). Impulse zu Antizipationen wie z. B. „Wie könnte es jetzt weitergehen?" eignen sich also vor allem „bei Höhepunkten einer Geschichte oder bei Situationen, in denen eine Figur in einer Dilemmasituation steckt" (Spinner 2004, 296). Vor allem bei Texten, die mit einem Erwartungsbruch operieren, können Antizipationen wirksam eingesetzt werden, weil so didaktisch Differenzerfahrungen hervorgerufen werden können.
  c) *Vergegenwärtigung*: Die genaue Wahrnehmung des Dargestellten soll durch Impulse wie „Wie fühlt sich die Figur und woran erkennt man das?" oder „Welche Gegenstände spielen eine Rolle?" angeregt werden (vgl. Möbius 2008, 147). Hierbei geht es um die Förderung der Vorstellungsbildung, aber auch um die Sicherung relevanter Aspekte.
  d) *Perspektivübernahme*: Impulse zur Anregung von Perspektivübernahme versuchen das zu fördern, was literarische Texte ohnehin verlangen: Das Dargestellte von anderen figuralen Standpunkten und Blickwinkeln zu betrachten. Impulse wie „Wie fühlt sich die Figur wohl?", „Verstehst du, warum die Figur das macht?" oder „Was halten die Figuren voneinander?" (vgl. Spinner 2004, 296) regen an, das Perspektivgeschehen nachzuvollziehen.
  e) *Reflexion von Figurenverhalten*: Impulse wie „In seiner Situation würde ich ..." (vgl. Spinner 2004, 297) regen dazu an, einen Zusammenhang von

eigenen Haltungen und dem Verhalten der Figuren herzustellen bzw. sich reflexiv mit dem Verhalten der Figuren auseinanderzusetzen.

f) *Interpretationsfragen*: Hierbei geht es um die „deutende Herstellung von Bezügen im Text und damit verbunden die Erschließung nicht ausdrücklich benannter Sinnbezüge" (ebd.). Dabei ist laut Spinner zu beachten, dass Fragen, die bloße Vermutungen auslösen, für deren Prüfung es keine Hinweise im Text gibt, nicht zu Interpretationsfragen gehören (vgl. ebd.).

Für die **Durchführung** des Vorlesegesprächs bzw. des Sehgesprächs lassen sich folgende Hinweise geben. Für Spinner (2004, 295) sind drei Prinzipien wesentlich, an denen sich die Lehrkraft bei der Durchführung orientieren sollte. Es geht um

- die „Zentrierung auf den gehörten Text"; Ziel sei die akustische Inszenierung und das damit verbundene Hörerlebnis, entsprechend sei es sinnvoll, die Gesprächseinlagen kurz zu halten,
- „das Primat der Imagination", d. h., das Vorlesen und die Gesprächseinlagen haben die Funktion, die Vorstellungsbildung zu unterstützen, mithin einen „imaginären Raum [zu] schaffen, in dem man das eigene Hier und Jetzt gleichsam vergisst" (ebd., 295) und
- die „Durchführung im Sitzkreis", d. h., die Teilnehmenden können sich gegenseitig sehen, sind nicht durch Tische getrennt und können so besser aufeinander Bezug nehmen.

Lehrpersonen sollten im Vorlesegespräch darauf achten, dass die Schüler:innen und der Text gleichermaßen zu Wort kommen und in einen fruchtbaren Austausch geraten. Außerdem plädiert Spinner für „Sparsamkeit in den Lehreräußerungen" (2004, 306). Ähnlich spricht Möbius davon, dass Lehrpersonen „wohldosierte Impulse" (2008, 152) geben sollten. Darüber hinaus betont er, dass „Begründungen für formulierte Stellungnahmen" (ebd.) eingefordert werden und dass die Lehrperson „offensichtlich falsche Wahrnehmungen, die nicht im Aushandlungsprozess korrigiert werden, richtig stellt" (ebd., 152).

Als Beobachtungsfragen, die bei der **Nachbereitung** (z. B. in der Lehrerausbildung) genutzt werden können, bietet Spinner den folgenden Katalog an, den wir hier vollständig zitieren (Spinner 2004, 305):

1. Sind die Fragen/Impulse kindgerecht formuliert?
2. Verführen Entscheidungsfragen zu ja/nein-Antworten, also zu keiner thematischen Entfaltung [...]?
3. Wie verteilt sich die Beteiligung der Kinder?
4. Wie wirkt das verbale und nonverbale Feedback des Gesprächsleiters auf die Kinder?
5. Was verraten Körperhaltung und Mimik der Kinder während des Zuhörens?
6. Gibt es Nebenkommunikation? Hängt sie mit der Thematik zusammen? Wie ist sie zu beurteilen?

7. Stören die Gesprächseinlagen die imaginative Verstrickung in den Text (und damit auch das Spannungserleben) oder fördern sie sie? Aufgrund welcher Indizien lässt sich dies vermuten/beurteilen?
8. Fördern die Gesprächseinlagen das genaue Textverstehen oder lenken sie davon ab? Aufgrund welcher Indizien lässt sich dies vermuten/beurteilen?
9. Sind die Stellen für die Unterbrechungen sinnvoll (bezogen auf den Text und die Kinder als Rezipienten) gewählt?
10. Gäbe es noch andere sinnvolle Impulse?

2.2.4 Problematisierung

Vorlese- und Sehgespräche gelten als „mehr oder weniger **stark gelenkte Methoden** des literarischen Unterrichtsgesprächs" (Möbius 2008, 153). Insofern lässt sich an ihnen bemängeln, dass sie als lehrer:innenzentrierte Formen Gefahr laufen, an den Bedürfnissen der Schüler:innen vorbeizugehen. Das ist vor allem dann der Fall, wenn in der Durchführung an den zuvor geplanten Unterbrechungen und Impulsen festgehalten wird, obschon das Ziel, die imaginative Verstrickung der Schüler:innen mit dem Text zu intensivieren, verfehlt wird. Die Lehrperson steht folglich vor der Aufgabe, die eigene Vorbereitung zu den Gesprächseinlagen und das spontane Äußerungsbedürfnis der Schüler:innen *ad hoc* aufeinander abzustimmen, was wohl vor allem für Noviz:innen eine besondere Herausforderung darstellt.

Aus unserer Sicht eignen sich Vorlese- bzw. Sehgespräche, um in inklusiven Lernsettings (auch) Kindern und Jugendlichen mit Lernbeeinträchtigungen oder mit geistiger Behinderung „Textzugänge" (Thäle/Riegert 2014, 196) zu ermöglichen. Neben differenzierten Impulsen, die auf die verschiedenen sprachlichen Lernvoraussetzungen der Lernenden abgestimmt sind (vgl. Vach et al. 2023, 176), können Lehrpersonen auch solche gestalten, die ein Erfahren der Textbedeutung über kurze Phasen der Verkörperung und/oder in einem elementaren Sinne ermöglichen (vgl. Thäle & Riegert 2014). Konkrete Vorschläge für eine solcherart erweiterte Verwendung des Konzepts liegen u. W. bislang vonseiten der Didaktik aber nicht vor.

Gelingt es, durch Vorlesegespräche bzw. Sehgespräche die Bedürfnisse der Schüler:innen und die Verstehensanforderungen des Gegenstandes auszubalancieren, stellt diese Form eine geeignete Gesprächsform für kürzere Texte, Kurzfilme oder Auszüge aus längeren Texten oder Filmen dar, um literarisches Lernen schüler:innenorientiert und zugleich gegenstandsorientiert zu initiieren. Vor allem die Notwendigkeit, sich mit dem Text (qua didaktischer Analyse) im Vorhinein gründlich auseinanderzusetzen, kann davor schützen, einerseits textunangemessene Verstehensansätze von Schüler:innen zu stützen und andererseits den Gegenstand schon bei der Rezeption zu zerreden. Wie allerdings Vorlesegespräche und Sehgespräche tatsächlich wirken, ist eine empirische Frage, die sich mittels der wenigen (deutschsprachigen) Publikationen, die bislang vorliegen, nicht zufriedenstellend beantworten lässt. Zwar liegen einige Fallstudien und Unterrichtsmodelle zum Vorlesegespräch vor, die nachvollziehbar zeigen, wie vertiefende und gegenstandsangemessene Auseinandersetzungen mit literarischen Texten (insbesondere Bilderbüchern) durch eine geschickte Gesprächsleitung initiiert (vgl. z. B. Fuhrmann & Merklinger 2015, Jooß 2019, Wieler 2023) und wie Gesprächsformen nach dem didaktisch unerwünschten IRE-Schema vermieden werden können (vgl. Lingnau & Preußer 2021). Allerdings liegen den Publikationen zumeist Einzelfallbeispiele mit erfahrenen oder geschulten Gesprächsleiter:innen, also *Best-Practice-Beispiele*, zugrunde, deren Übertragbarkeit auf andere Vorlesesituationen fraglich ist. Kruse (2016, 116) kommt infolge ihrer Beobachtungsstudie im Anfangsunterricht zu dem Schluss, dass aus literaturdidaktischer Perspektive (auch) das gesprächsförmige Handeln von Grundschullehrkräften beim Vorlesen als „dringend verbesserungsbedürftig" einzuschätzen ist.

2.2.5 Zum Weiterlesen

Lingnau, Beate & Preußer, Ulrike. (Hg.) (2023). *Anschluss- und Begleitkommunikation zu literarischen Texten*, SLLD-B Sprachlich-literarisches Lernen und Deutschdidaktik. Bd. 10. doi: 10.46586/SLLD.263.

Dieser Band versammelt – insbesondere in den ersten beiden Teilen, die sich auf die Vor- und Grundschule beziehen – verschiedene für die Praxis anregende Forschungsbeiträge zum Vorlesegespräch, welche die Herausforderungen und Potenziale des Vorlesegesprächs auf der Grundlage empirischer Fallstudien veranschaulichen.

2.3 „Literarische Gespräche" der Frankfurter Arbeitsgruppe um Valentin Merkelbach

„Literarische Gespräche" (Christ et al. 1995) sind – in der Weise, wie sie von der Frankfurter Arbeitsgruppe um Valentin Merkelbach zu Beginn der 1990er-Jahre entwickelt wurden – dem „freien Austausch von Leseerfahrungen" (ebd., 9) verpflichtet und verfolgen neben auf Literaturverstehen bezogenen Zielen auch solche der Demokratieerziehung (vgl. ebd.).

In einem literarischen Gespräch sollen zuvorderst die Erfahrungen der Teilnehmer:innen mit einem literarischen Text thematisiert werden; das Gespräch hat gegenüber den Themenwünschen und Erörterungsbedürfnissen seiner Teilnehmer:innen demgemäß offen zu sein. Die Vermittlung literarischen Wissens zielt es hingegen explizit nicht an (vgl. ebd.).

Das Verfahren stellt damit einen Gegenentwurf zum gelenkten „lernzielorientierten Interpretationsgespräch" dar, in dem es laut der Frankfurter Arbeitsgruppe darum gehe, eine von der Lehrperson vorbereitete Textinterpretation nur nachzuvollziehen (Merkelbach 1995b, 135). In einem literarischen Gespräch ist die Lehrperson der Zurückhaltung verpflichtet – im Generellen und im Besonderen im Hinblick auf eigene interpretative Beiträge (vgl. ebd.). So soll verhindert werden, dass Schüler:innen in eine Verstehensrichtung gelenkt und/oder in ihren eigenen Verstehensansätzen eingeschränkt werden.

2.3.1 Theoretische Grundlagen

Entstanden ist das Konzept im Rahmen eines universitären Kolloquiums „mit LehrerInnen zusammen, die (...) ein Aufbaustudium im Fach Deutsch absolvierten" (Christ et al. 1995, 10). Statt also ein Konzept innerhalb der universitären Literaturdidaktik zu entwickeln und an Schulen zu propagieren, hat eine aus Forscher:innen und Lehrer:innen bestehende Gruppe das Verfahren gemeinsam hervorgerbacht. In Kolloquiumssitzungen wurden die Rahmungen des kommunikativen Handelns vereinbart und den skizzierten Prinzipien entsprechend literarische Gespräche geführt. Diese Gespräche wurden gemeinsam geplant und nach deren Durchführung in der Gruppe reflektiert.

Bei der Genese des Konzepts wurde viel Wert auf Gleichberechtigung gelegt. Das Konzept beruht auf Vereinbarungen der Gruppe, nicht auf Vorgaben eines Mitglieds. Entsprechend nennt Merkelbach die sogenannte „Gesprächserziehung" (Merkelbach 1995a, 20) als einen bedeutenden theoretischen Bezugspunkt des Konzepts; deren zentrales Ziel sei die Förderung von **Demokratiefähigkeit** (vgl. Christ et al. 1995, 9). Prägend erscheinen zwei Arbeiten: Rössners Untersuchung von vier Unterrichtsgesprächen zu literarischen Texten (1967) sowie Ritz-Fröhlichs Untersuchung mehrerer Unterrichtsgespräche in der Grundschule (1977). Gemäß dem Zeitgeist der 60er- und 70er-Jahre sind bereits die Studien dem Ideal der Schüler:innenorientierung verpflichtet; darüber hinaus bezieht sich Merkelbach v. a. auf Erkenntnisaspekte der Studien, die die Forderung der Arbeitsgruppe nach einer zurückhaltenden Rolle der Lehrer:innen stützen. Merkelbach kommt angesichts der genannten Arbeiten zu dem Schluss, dass man in einem schüler:innenorientierten sowie thematisch offenen „Miteinander-Sprechen über Literatur" in der Schule weit kommen kann – insbesondere mit „gesprächserzieherisch sensiblen und informierten LehrerInnen" (ebd., 23).

Die theoretischen Bezüge, die Merkelbach (1995a) im Weiteren darlegt, sind vielfältig. Nicht für alle dieser Bezüge ist für uns erkennbar, wie sie das von der Arbeitsgruppe entworfene Gesprächskonzept beeinflussten. Die argumentative Herleitung dessen, was im genannten Band als Konzept präsentiert wird, beginnt mit einer **Kritik an der literaturwissenschaftlichen Interpretationspraxis**, die als „ausschließlich schriftliche Kommunikation unter Fachleuten" (ebd., 17) markiert ist. Dadurch bekomme die unmittelbare subjektive „Betroffenheit" (ebd., 16) der Interpret:innen nicht den Raum, den sie benötige. Dies gelte nicht zuletzt für die Ausbildung von Literaturstudierenden: „Auch im germanistischen Pro- und Hauptseminar lernen Studierende Interpretieren als einsamen, über Sekundärliteratur vermittelten Lese-Akt" kennen, das, was nicht vorkomme, sei der „unmittelbare Ausdruck und Austausch von Leseerfahrungen" (ebd., 16). Mit dem Konzept des „literarischen Gesprächs" wende er sich, so Merkelbach, bewusst gegen diese Schwäche des Literaturstudiums – in der Hoffnung, dass die „rezeptionsästhetisch und didaktisch interessierte Literaturwissenschaft an dem bisherigen Ausbildungsbetrieb etwas ändern wird." (Ebd., 17)

Zur Begründung des vorgeschlagenen Gesprächsverfahrens werden Arbeiten herangezogen, die in der – damals noch recht jungen – empirischen Rezeptionsforschung verortet sind (u. a. Frank & Stephan 1979, Hurrelmann 1987). Nach unserem Eindruck werden deren Erkenntnisse durchaus tendenziös bewertet, um als Stütze der Konzeption Verwendung zu finden; z. B., wenn behauptet wird, dass die erste Gesprächsphase nach Frank & Stephan (1979) – nämlich die „freie Aussprache", der laut den Autoren die Phase der vertieften Textarbeit zu folgen habe – „die entscheidende produktive Phase des Interpretierens" (Merkelbach 1995a, 32) sei, an der „die Lehrkraft moderierend, informierend und mitinterpretierend teilnimmt, und zwar insgesamt möglichst zurückhaltend, um den SchülerInnen den nötigen Spielraum für eine gemeinsame Sinnkonstituierung zu lassen" (ebd.).

2.3.2 Rolle der Lehrkraft

Im Band von Christ et al. (1995), in dem das Verfahren begründet wird, finden sich neben insgesamt sechs „Einzelanalysen" (ebd., 5) literarischer Gespräche auch Beiträge, die „Folgerungen" (ebd., 6) enthalten. Doch an keiner Stelle wird eine Zusammenführung der konzeptionellen Überlegungen zu einer umfassenden Darstellung des Gesamtkonzepts vorgenommen. Genauso findet sich an keiner Stelle ein Abschnitt, in dem im Sinne einer Handlungsfolge beschrieben ist, wie eine Lehrperson ein literarisches Gespräch vorzubereiten und zu führen hat. Merkelbach (1995b) beginnt die Analyse eines Gesprächs zu *Nachts schlafen die Ratten doch* von Borchert allerdings damit, eine zentrale Frage des Kolloquiums zu benennen und deren Beantwortung darzulegen:

> Kann unter den Bedingungen von Schule aus dem gelenkten, lernzielorientierten Interpretationsgespräch ein tendenziell offenes werden? Wie müssen LehrerInnen sich verhalten, wenn sie nicht mehr eine vorher erarbeitete Textinterpretation nur nachvollziehen lassen, sondern die Verständigung der SchülerInnen über ihre Leseerfahrungen leiten wollen? (Ebd., 135)

Auf der Basis eigener Unterrichtserfahrungen sowie gesprächstheoretischer Erkenntnisse habe man vereinbart, dass sich die Lehrperson in Gesprächen zu literarischen Texten auf **Moderationstätigkeiten zu begrenzen** und sich mit eigenen **interpretativen Beiträgen zurückzuhalten** habe; sie habe darüber hinaus auch abwegig erscheinende Interpretationsansätze zuzulassen. Sollte sie „Struktur- und Kontextwissen" (ebd.) vermitteln müssen, sei dies deutlich zu markieren – damit dieses nicht als Interpretationsansatz missverstanden werde.

Damit ist die Rolle der Lehrer:innen umrissen. Eine Struktur bzw. Phasenabfolge für literarische Gespräche wird hingegen nicht vorgegeben. Tatsächlich ist den Analysen zu entnehmen, dass die meisten untersuchten Gespräche mit einem offenen Impuls beginnen (z. B. „Fangt doch mal irgendwo an" [Fischer 1995, 179]) und die Bearbeitung von Aufgaben an die Gespräche anschließt (z. B. das Spielen einer Szene aus dem literarischen Text [vgl. ebd., 187]).

In den meisten der im Band zusammengeführten Gesprächsanalysen wird die „Gesprächsrolle" (Fuchs 1995, 81) der Lehrperson herausgearbeitet und in einem eigenen Abschnitt dargestellt. Positiv wird von Seiten der Forscher:innen hervorgehoben, wenn „ein deutliches Bemühen, das in Gang befindliche Gespräch der SchülerInnen zu fördern" erkennbar ist, statt „die eigene Textinterpretation durchzusetzen" (Merkelbach 1995b, 141), oder wenn die Lehrperson sich „wesentlich auf das Moderieren des Gesprächs" beschränke und sich als „Expertin für Literatur und als Mitinterpretin" (ebd., 143) zurückhalte. Weniger wertschätzend wird kommentiert, dass eine Lehrperson eigene Beiträge „massiv" (Fischer 1995, 199) äußere und im Hinblick auf die Schüler:innen anerkennend bemerkt, dass dies „den Gesprächsverlauf nicht zu sehr beeinflußt" (ebd.) habe.

Es lässt sich zusammenfassen: Der Lehrperson kommt in der skizzierten Konzeption die Aufgabe der Moderation zu. Sie hält sich mit eigenen Interpretationsansätzen weitestgehend, mit Kontextinformationen weitgehend zurück. Die genannte Rolle wird vom Kollektiv der Forscher:innen im folgenden Sinne als Übergangsverhalten konstruiert:

> Ziel eines solchen Gesprächskonzepts ist [...], daß die Lehrperson allmählich als gleichberechtigte Mitinterpretin akzeptiert wird, deren Beiträge zwar ernst, aber keineswegs dogmatisch genommen werden [...]. (Merkelbach 1995b, 135)

2.3.3 Praktische Umsetzung

Wie bereits skizziert wurde, wird für literarische Gespräche weder ein Muster noch eine Phasenabfolge vorgeschlagen. Bereits deutlich geworden sein dürfte, dass ein solches Gespräch thematisch schüler:innenorientiert sein sollte und der Lehrperson möglichst wenige Redeanteile zukommen.[4]

2.3.4 Problematisierung

Sowohl das Modell als auch die Gesprächsanalysen durch das Forscher:innenteam wurden in der Disziplin deutlich kritisiert (vgl. z. B. Ivo 1996, Paefgen 1996, Wieler 1998). Die Kritik entzündete sich v. a. an der zurückhaltenden Position der Lehrenden. Wieler (1998) bemerkt diesbezüglich:

> Den institutionellen Zwängen und strategischen Verzerrungen des Gesprächs im Literaturunterricht können LehrerInnen offenbar am besten dann entgehen, wenn sie ‚möglichst gar nicht mehr' mit den Schülern reden. (Ebd., 29)

In der Reanalyse eines Gesprächs zu *Nachts schlafen die Ratten doch*, das Fischer (1995) zum erwähnten Band beiträgt, zeigt Wieler die Folgen eines solchen Handelns eindrücklich. Ohne über verstehensrelevante Kontextinformationen zu verfügen, verortet ein Schüler die Handlung der (im zweiten Weltkrieg situierten) Kurzgeschichte in der „Zeit von Rittern" (Fischer 1995, 183) – und dies „von der Lehrerin weitgehend ungehindert" (Wieler 1998, 30). Ein solches Handeln habe, so Wieler, mit privaten Literaturgesprächen von Erwachsenen mit Kindern, an denen man sich offenbar orientiere, nichts zu tun (vgl. ebd.).

Wir sehen es als verdienstvolle Tätigkeit der beteiligten Forscher:innen und Lehrer:innen an, ein solchermaßen schüler:innenorientiertes wie in seinem Anspruch demokratieförderliches Verfahren entwickelt sowie analytisch betrachtet zu haben. Kri-

4 Es zeigt sich auch in den von der Arbeitsgruppe vorbereiteten Gesprächen, dass das nicht immer verwirklicht werden kann.

tisch möchten wir anmerken, dass weder die Zielsetzungen noch das Handeln der Lehrpersonen bei der Vorbereitung und Durchführung literarischer Gespräche so dargelegt sind, dass sie von Interessierten eindeutig nachvollzogen werden können. Dies mag damit zusammenhängen, dass die Forschenden sich einerseits der Idee einer *Einsozialisation* in diese Form des Gesprächs im Studium verpflichtet sahen (vgl. Merkelbach 1995a, 16), andererseits bewusst kein Handeln vorgeben, sondern Handlungsoptionen aufzeigen wollten.

2.3.5 Zum Weiterlesen

Christ, Hannelore, Fischer, Eva, Fuchs, Claudia, Merkelbach, Valentin & Reuschling, Gisela (Hg.) (1995). *„Ja aber es kann doch sein..." In der Schule literarische Gespräche führen.* Frankfurt am Main u. a.: Peter Lang.

In dem Band versammelt die Arbeitsgruppe nach einer Einleitung insgesamt sechs Einzelfallanalysen. Aus diesen leiten die Mitglieder Folgerungen für den Literaturunterricht ab, die in sechs Beiträgen entfaltet werden.

2.4 Das Heidelberger Modell des literarischen Unterrichtsgesprächs

Das Heidelberger Modell bezeichnet einen wirkmächtigen Ansatz der literaturdidaktischen Gesprächsforschung, der an der Pädagogischen Hochschule Heidelberg entwickelt worden ist. Neben der „Ausdifferenzierung der von Hurrelmann und Ivo angebahnten hermeneutischen Begründung des Literarischen Unterrichtsgesprächs" (Mayer 2017, 46) liefert der Ansatz kommunikations- und sozialisationstheoretische Begründungen für eine Gesprächshaltung, die sich am Ideal der „freien Geselligkeit" (Härle 2004b, 148) orientiert. Bei einem solchen Gespräch begegnen sich alle **Teilnehmer:innen auf Augenhöhe.** Ein literarisches Gespräch nach dem Heidelberger Modell zielt nicht auf die „Erarbeitung einer fixierten oder fixierbaren Interpretation", sondern auf einen der **Dialogizität und der Unerschöpflichkeit von Literatur** gemäßen Umgang, der „Suchbewegungen des Verstehensprozesses einbezieht und die Irritationen und Brüche des Verstehens und Nicht-Verstehens [...] berücksichtigt" (ebd., 149). Hierzu ist erforderlich, dass „alle [am Gespräch] Beteiligten zu Partizipanten werden" (Härle & Steinbrenner 2003, 15), wozu auch gehört, dass sich die Gesprächsleitung mit „[i]ndividuelle[n] authentischen Beiträge[n]" (Härle 2014, 117) einbringt.

2.4.1 Theoretische Grundlagen

Die mit dem Heidelberger Modell assoziierten Positionen werden mit dem Anspruch vertreten, dass ein dieserart gestaltetes literarisches Gespräch nicht nur „eine methodische Variante neben anderen", sondern vielmehr „didaktisch notwendig[...]" ist (Mayer 2017, 46). Dieser Anspruch wird mit Bezugnahme auf verschiedene Theorien begründet und durch rekonstruktiv-empirische Arbeiten (vgl. Heizmann 2018, Mayer 2017,

Wiprächtiger-Geppert 2009) elaboriert. Im Folgenden stehen die literaturtheoretischen Begründungen im Fokus.[5]

Eine besonders zentrale Rolle kommt der Literaturtheorie Franks (1987) zu, der „die tiefe innere Verwandtschaft von [Schleiermachers, Erg. d. Aut.] Hermeneutik und Dekonstruktivismus vor allem bezüglich der Würdigung des Textes als lebendigem [sic] Organismus“ betont (Härle & Steinbrenner 2003, 3). Ausgehend von einem Literaturbegriff der Romantik, nach dem Dichtung „verzehrende Sehnsucht und ewiges Streben“ ist (ebd., 2), wird auch das Verstehen literarischer Texte im Heidelberger Modell als „ewiges und unendliches Streben“ (ebd.) aufgefasst. Dies steht konträr zu einer interpretatorischen Absicht, einen einzelnen, objektiven Textsinn – beispielsweise die zu entschlüsselnde Intention des Autors bzw. der Autorin – fixieren zu wollen, und ist in diesem Aspekt kompatibel mit Derridas Dekonstruktivismus und den von ihm beschriebenen stets gleitenden Bedeutungen literarischer Texte.

Mit einem solchen Verstehensprozess ziele man weniger darauf ab, richtiges von falschem Verstehen zu unterscheiden. Stattdessen heißt „[b]esser verstehen [...] hier in erster Linie[,] anders und reicher im Sinne von differenzierter [zu] verstehen“ (ebd., 4). Dazu ist es nötig, „Grenzen des Vertrauten“ zu überschreiten (ebd.). Dieses Überschreiten wird wiederum mit Bezug auf Manfred Frank durch den Begriff der *Divination* – via Aktualisierung Schleiermachers Hermeneutik – erläutert und von Härle und Steinbrenner (2003, 5) als diametral entgegengesetzt zu „argumentative[n] Sachaussagen“ oder „Schema-Abgleich[en]“ gedacht. Ein Überschreiten der Grenzen des Vertrauten bedeutet jedoch explizit nicht, in ein grenzenloses Deuten abzugleiten. Härle und Steinbrenner wenden sich schließlich nicht nur gegen (starken) Intentionalismus, sondern auch gegen einen „wildgewordenen Subjektivismus“, der lediglich in der „lauwarmen Plörre des Beliebigen“ (ebd., 10) badet und/oder Erstverstehen verabsolutiert.

Laut Steinbrenner und Wiprächtiger-Geppert (2010, 2) lässt sich „literarisches Verstehen" als „gesprächsförmiger Prozess“ beschreiben, wenn man die genannten Literaturtheorien wie beschrieben miteinander verbindet. Deshalb liegt es nahe, solche Prozesse in einem Gespräch zu vollziehen. Dabei handle es sich nicht um ein Gespräch „über Literatur“, sondern „mit Literatur“ (Härle & Steinbrenner 2003, 17), das in „Irritationen, Differenzen und Nicht-Verstehen“ münden kann (Mayer 2017, 47). Einerseits führen die Äußerungen der Gesprächsteilnehmer:innen zur Überschreitung der je eigenen Grenzen und folglich zur Divination in obigem Sinne. Andererseits grenzen sie gemeinsam mit dem Text auch Deutungsspielräume ein. Idealerweise realisieren sich dadurch im Gespräch verschiedene Balancen, unter anderem zwischen einer „Disziplin des Textbezugs“ und einer Disziplin, die aus der „Achtsamkeit“ gegenüber den Gesprächsteilnehmer:innen und ihrer Interaktion untereinander „erwächst“ (Ivo 1994, 262 f., für weitere Balancen vgl. auch Mayer 2017, 45).

5 Lesesoziologisch und psychoanalytisch fundierte Bezüge auf „erfolgreiche [...] familiäre Lesesozialisation“ findet man bei Härle (2004a, 112). Andernorts behauptet er (2004b, 143) mit Blick auf ein Gespräch mit Studierenden, „dass das gelingende literarische Gruppengespräch offenbar die frühkindliche Gesprächssituation (nachvollziehend und kompensatorisch) zu re-aktivieren in der Lage ist, wobei die Gruppe selbst eine mütterliche Funktion einnimmt, in der das Sprechen und Hören bzw. Gehörtwerden archaische Sehnsüchte befriedigt.“

2.4.2 Rolle der Lehrkraft

Die Rolle der Lehrkraft in literarischen Gesprächen wird unter anderem mit dem „systemischen gesprächspädagogischen Bezugsrahmen das Vier-Faktoren-Modell der Themenzentrierten Interaktion (TZI)" beschrieben (Härle & Steinbrenner 2003, 19). Auch hier ist eine Balance angestrebt – in diesem Fall zwischen 1) den einzelnen Individuen, 2) der gesamten Gesprächsgruppe, 3) dem Verstehen des literarischen Textes sowie 4) den „institutionellen Rahmenbedingungen" (ebd.). Wie wird diese Balance gewährleistet? Die Person, welche die Gesprächsleitung übernimmt, ist typischerweise die Lehrkraft. Sie sorgt für eine wertschätzende Atmosphäre, in der auch Schweigen und Rückzug erlaubt sind. Ferner beteiligt sie sich am Gespräch mit „authentischen Beiträgen" (ebd). „Authentisch" heißt, dass Verstehen, Nicht-Verstehen, Irritation, Interesse, offene Fragen, Affiziertheit etc. in wahrhaftiger Weise kundgetan werden. Die Äußerungen resultieren also aus der tatsächlichen Wirkung des literarischen Textes (vgl. Härle 2014, 45). In ihrer Authentizität ist die leitende Person Vorbild für alle Gesprächsteilnehmer:innen. Diese Rolle wird mit Bezug auf die Theorie der TZI als **partizipierende Leitung** bezeichnet (vgl. Härle & Steinbrenner 2003, 20).

Die Schule ist selten ein Ort freier Geselligkeit – das ist den Forschenden bewusst, die das Heidelberger Modell entworfen haben. Die Lehrkraft ist in der Praxis nicht auf Augenhöhe mit den Lernenden. Die Gleichwertigkeit aller Gesprächsteilnehmer:innen wird demgemäß „als Ziel entworfen, nicht als Bedingung vorausgesetzt, muss aber doch als generativer Kern bereits der unerfahrensten Gruppe zugesprochen werden" (ebd.). Die institutionellen Rahmenbedingungen sollten ebenso wie die individuellen und geteilten (institutionellen) Vorprägungen im Gespräch für den Verstehensprozess fruchtbar werden, anstatt sie zu leugnen oder zu übergehen (vgl. Mayer 2017, 50). Die Aufgaben der Lehrkraft sind demnach äußerst anspruchsvoll. Sie trägt die „Verantwortung für den Lernweg und die Lernperspektiven" (Härle 2014, 49). Ferner gestaltet sie den Gesprächsverlauf auch durch „gesprächsfördernde und gesprächsorganisierende Impulse" (Steinbrenner & Wiprächtiger-Geppert 2010, 7). Ihre Funktion ist nicht die Mitteilung oder Überprüfung einer richtigen Interpretation: „[Die Lehrkraft] ist nicht Anwalt der Interpretation, sondern des Verstehensprozesses" (Härle 2014, 51).

2.4.3 Praktische Umsetzung

Obwohl sich durchaus zentrale Schritte der Vorbereitung und der Durchführung benennen lassen (s. Kap. 3.3.5), liefert das Heidelberger Modell keinen Algorithmus, den man einfach abarbeiten könnte; **kein Rezept**, das gelingende Gespräche garantieren würde. Das Modell „steht vielmehr für eine bestimmte Haltung [...] den Schüler:innen, dem Text und dem Gespräch gegenüber" (Steinbrenner & Wiprächtiger-Geppert 2009, 6).

Diese Haltung müsse zu der obigen theoretischen Position passen, um die anvisierten Ziele zu erreichen, und sich schon in der Textauswahl durch die Lehrkraft zeigen. Der Text und mögliche Verstehenspotenziale sollten reizvoll für alle Beteiligten des Gesprächs sein – auch für die Lehrkraft (vgl. ebd., 7). Als besonders vorteilhaft haben sich „Gedichte und kurze Prosa-Texte" erwiesen, die durch irreduzible Ambiguitäten gemeinsame, unabschließbare Suchbewegungen anregen, ohne den Text bloß als Anlass für Gespräche über die „von ihm angesprochenen Themen“ zu gebrauchen (vgl. ebd.).

Zur **Vorbereitung** des Gesprächs können insbesondere in der Primarstufe **Vorübungen** nötig sein, die von Ohlsen (2014) im Überblick dargestellt werden. Die Vorübungen stärken die Gesprächskompetenzen der Lernenden und stimmen auf die „Offenheit des Literarischen Unterrichtsgesprächs“ ein (ebd., 338). Beispielsweise bietet sich eine „Übung zum aufeinander Eingehen“ in Kleingruppen an, bei der Lernende die Aussagen ihrer Mitschüler:innen „wiederholen und mit der eigenen Aussage [...] verknüpfen“ (ebd.). Ein „Bilddiktat“, bei dem die Lernenden zu einem Text ein Bild malen und diese Bilder anschließend verglichen werden, soll zur Einsicht verhelfen, dass ein Text auf jede:n Lesende:n anders wirkt (ebd.).

Das Gespräch findet üblicherweise im **Stuhlkreis** statt und beginnt mit einem **Einstieg**, in dem „der Rahmen und die Regeln auf einer Metaebene“ (Steinbrenner & Wiprächtiger-Geppert 2009, 7) durch die Lehrkraft expliziert werden. Darüber hinaus sorgt die Lehrkraft für eine ruhige und einer möglichst freien Geselligkeit zuträglichen Atmosphäre.[6] Die einzelnen Phasen des Gesprächs stellen Heizmann (2018) sowie Steinbrenner und Wiprächtiger-Geppert (2009, 11) ausführlich dar und sind in Kapitel 3.3.5 dieses Bandes zu finden. Im Zentrum steht ein **offenes Gespräch**, in dem „ein möglichst freier Dialog“ geführt wird – „mit Bezugnahmen auf den Text und auf eigene Erfahrungen“ (ebd., 8). Der **Abschluss** sollte nach etwa 30 Minuten erfolgen, um den Rahmen einer Schulstunde nicht zu sprengen (vgl. Steinbrenner & Wiprächtiger-Geppert 2009, 7). Das Gespräch darf jedoch nicht abrupt oder vorschnell beendet werden. Um es von einer lehrer:innenzentrierten Unterrichtstunde abzugrenzen, sollte auf ein Melden und Aufrufen verzichtet werden. Das kann bei Gesprächen mit vielen Teilnehmer:innen schwierig sein. Ferner erschweren große Gesprächsgruppen das Aufeinander-Eingehen. Heizmann (vgl. 2018, 64) hält für Klassengespräche in der Primarstufe am Melden fest und schlägt vor, das Rederecht mit minimalinvasiven Gesten zu erteilen. Es kann auch von Vorteil sein, nur einen kleinen Teil der Lernenden in einen inneren Stuhlkreis zu bitten. In einem von Härle (2014, 117) geleiteten literarischen Gespräch an der Hochschule nahmen nur sieben von insgesamt 28 Studierenden des Seminars teil, während die anderen das Gespräch von außen beobachteten. Nach dem literarischen Gespräch können die Beobachter:innen auf einer Metaebene zur **Reflexion der Geschehnisse** beitragen. Eine solche Aufteilung eignet sich insbesondere dann, wenn die Spezifika des literarischen Gesprächs nach dem Heidelberger Modell und der damit verbundene Verstehensprozess selbst zum Thema werden sollen. Dieses Vorgehen ist insbesondere für die Ausbildung von Lehrkräften sinnvoll.

6 Heizmann (2018, 63) empfiehlt, die Lernenden – in seinem Fall ebenfalls Schüler:innen der Primarstufe – mit der Beschreibung des Gesprächs als „Spurensuche“ und „Entdeckungsreise“ auf eine Tätigkeit als „Textforscher[:innen]“ einzustimmen.

2.4.4 Problematisierung

Die eben erfolgten Erläuterungen zur Praxis des literarischen Gesprächs nach dem Heidelberger Modell verweisen bereits auf Schwierigkeiten und Grenzen. So ist es nicht nur für Noviz:innen der partizipierenden Leitung äußerst herausfordernd bis kaum möglich, die institutionellen Gegebenheiten für den Verstehensprozess wie oben beschrieben zu nutzen. Ferner sind viele Lernende durch den bisher von ihnen erlebten Literaturunterricht in einer Weise geprägt, die ein plötzliches Umstellen auf eine freie und zwanglose Kommunikationssituation massiv erschwert. Wenn man dieser Prägung wie Ohlsen (2014, 340) entgegenarbeitet, indem man den Lernenden vermittelt, dass „ihre Meinung genauso richtig und wichtig ist" wie die der anderen Mitschüler:innen, wird eventuell über das eigentliche Ziel des Verfahrens hinausgeschossen. Gewiss ist allen Gesprächsteilnehmer:innen Wertschätzung entgegenzubringen – erstens aus zwischenmenschlichen Gründen, zweitens weil eine auf den ersten Blick abwegige Deutung den gemeinsamen Verstehensprozess anregen kann. Wenn jedoch **alle Äußerungen gleich richtig** sind, wird das **Problematisieren von Überinterpretationen** erschwert und das Falsifizieren von mit dem Text unvereinbaren Bedeutungszuschreibungen unterbunden. Dann kippt die Balance zwischen Text- und Schülerorientierung zu Ungunsten der oben genannten „Disziplin des Textbezugs" (Ivo 1994, 262 f.).

Diese Gefahr wird in den theoretischen Begründungen und praktischen Hinweisen mitgedacht. Beispielsweise empfehlen Steinbrenner und Wiprächtiger-Geppert (2010, 8) „Impulse vorzubereiten, die eher auf den Text und seine genauere Wahrnehmung zielen". Härle und Steinbrenner (2003) unterscheiden zwischen „Gesprächsanteilen" und „Lehranteilen", wobei erstere manchmal textanalytische Defizite aufdecken, die dann vornehmlich mit Letzteren behoben werden können. Dennoch erscheint uns die vom Text wegführende Imbalance im Konzept der partizipierenden Leitung in Kombination mit der „gewissen Wärme" (Frank 1987, 92) angelegt, die Härle (vgl. auch 2004b, 149) für literarische Gespräche als geboten erachtet. In dieser Situation würden Leiter:innen, die geäußerte Deutungen falsifizieren, wohl aus der Rolle fallen. Die anderen Gesprächsteilnehmer:innen verfügen jedoch häufig nicht über die nötigen textanalytischen Fähigkeiten.[7] Dieses Problem verschärft sich, wenn man wie Härle (2014, 61) das Einfordern von Textbelegen durch die Lehrkraft als „sachlich sinnlos und pädagogisch kontraproduktiv" beschreibt und betont, dass „sanktionsfrei[es] [Z]u[...]lassen" jeglicher „Äußerungen" eine „[u]nverzichtbare Voraussetzung" für jedes literarische Gespräch wäre.

Ein verkürztes Verständnis der Rolle von Lehrpersonen, nach dem sie sich ausschließlich mit abstinenter Moderation und authentischen Beiträgen am Gespräch be-

7 Wiprächtiger-Geppert (2009, 279) betont, dass es gerade „Förder- und vermutlich auch Hauptschüler[n]" nicht ausschließlich an den kognitiven Voraussetzungen mangelt, um textangemessen mit literarischen Texten umzugehen, sondern „institutionelle Faktoren hier eine Rolle spielen". Wenn „beispielsweise" Unterricht lediglich auf die „Nacherzählung" literarischer Texte zielt, kann „die Idee einer symbolischen oder allegorischen Textinterpretation [...] nur selten realisier[t]" werden (ebd.). In solchen Kontexten verändert sich auch die Rolle der Lehrpersonen. Diese sind in verstärktem Maße gefordert, „Weltwissen ein[zu]bringen [...], das für einen Zugang zum Text wichtig ist, wenn die Schülerinnen und Schüler nicht darüber verfügen. Dazu gehört auch, dass sie entsprechende Fragen beantworten und korrigierend eingreifen, wenn einzelne Schülerinnen oder Schüler Annahmen zum Weltwissen oder zum Text einbringen, die irreführend sind oder sich eindeutig zu weit außerhalb des Textdeutungsrahmens bewegen." (Ebd., 285)

teiligen, beobachten wir darüber hinaus bei Studierenden in der ersten Ausbildungsphase, wenn sie das Heidelberger Modell ausprobieren. Aus dem Bestreben heraus, für keinen Moment in den Modus des fragend-entwickelnden Unterrichtsgesprächs zu verfallen, ziehen sie eine **Beliebigkeit des Verstehens** vor, die oft weit hinter den Potenzialen des literarischen Textes zurückbleibt. Das Nicht-Verstehen wird dann nicht nur in den Verstehensprozess integriert, sondern bis zum Ende der Beschäftigung mit dem literarischen Text dem Verstehen gleichgestellt.

2.4.5 Zum Weiterlesen

Heizmann, Felix, Mayer, Johannes, Steinbrenner, Marcus (Hg.) (2020). *Das Literarische Unterrichtsgespräch. Didaktische Reflexionen und empirische Rekonstruktionen.* Baltmannsweiler: Schneider.

Der Band versammelt konzeptionelle und empirische Beiträge zu Literarischen Unterrichtsgesprächen, die nicht (alle) auf das Heidelberger Modell beschränkt sind, jedoch zu dessen Weiterentwicklung beitragen.

Heizmann, Felix (2023). Sprachbildung und literarisches Lernen in der Grundschule am Beispiel von Textgesprächen. Eine Spurensuche. In Beate Lingnau & Ulrike Preußer (Hg.), *Sprachliches und literarisches Lernen in verschiedenen Gesprächsformen*, SLLD(B) 10, 56–78. https://omp.ub.rub.de/index.php/SLLD/catalog/view/263/240/1314

In diesem Beitrag werden analog zu Heizmann (2018, 56) anhand von Literarischen Gesprächen in der Grundschule „alters- und entwicklungsspezifischen Denk-, Handlungs- und Sprachmuster [...] rekonstruier[t] und [...] typisier[t]".

2.5 Das Forschende Literaturgespräch

Das Konzept des „Forschende(n) Literaturgespräch(s)" wurde von Hans Lösener gemeinsam mit Ulrike Siebauer (2016) begründet. Lösener widmete sich in der Folge mit mehreren Kolleg:innen der Weiterentwicklung des Konzepts (vgl. Frank & Lösener 2020, Lösener 2022, Lösener & Vellusig i. E.). Dem Konzept liegen zwei miteinander verbundene Überzeugungen zugrunde: Zum einen bedarf es einer **Fragehaltung** der Leser:innen gegenüber einem literarischen Text, um diesem einen Sinn zuweisen zu können; zum anderen ist ein solcher **Sinn zwischen Text und Leser:innen** anzusiedeln.

Demgemäß modellieren Lösener und Siebauer (2016, 187) Literaturverstehen einerseits als subjektiven Akt der Leser:innen. Für ein angemessenes Verstehen literarischer Texte müsse andererseits die im Text auffindbare (und somit objektiv vorliegende) „wirksame Sinntätigkeit" (ebd., 189) des Texts in den Blick der Leser:innen geraten. Forschende Literaturgespräche zielen darauf, eine Entwicklung von einer „primären subjektiven Texterfahrung" hin zu deren „Präzisierung" (ebd., 193) durch genauere Textwahrnehmung zu ermöglichen (vgl. auch Lösener & Vellusig i. E.).

2.5.1 Theoretische Grundlagen

Dem Forschenden Literaturgespräch liegt der Gedanke zugrunde, dass im Akt des Literaturverstehens zwei Arten von **Subjektivität** aufeinandertreffen: die „Subjektivität des Verstehens [der Leser:innen, Erg. d. Aut.]" und die „Subjektivität des Textes" (Lösener & Siebauer 2016, 187). Leser:innen näheren sich einem literarischen Text „mit de[r ihnen ...] eigenen Subjektivität, [... ihren] individuellen Vorerfahrungen und [... ihrem] jeweiligen Weltwissen"; sie tragen ihre „eigenen Motive und Interessen in den Verstehensprozess hinein" (ebd.). Die Haltung, dass auch *im Text* eine Subjektivität aufscheint, führen die Autor:innen bereits an anderer Stelle, also unabhängig vom Konzept des Forschenden Literaturgesprächs, aus (vgl. Lösener 2006, Lösener & Siebauer 2011). Bezugnehmend auf Arbeiten des Sprachphilosophen Henri Meschonnic schlagen sie vor, das Lesen von Literatur als **Hörendes Lesen** zu begreifen (vgl. Lösener & Siebauer 2011, 14). Im literarischen Text werde die Rede eines (erzählenden) Subjekts hörbar, sofern man diesen (laut oder leise) reartikuliere:

> Denn in der im Text gestalteten Rede [...] artikuliert sich ein anderes Ich und mit ihm eine andere Art und Weise zu sprechen, zu denken, zu fühlen, die Welt wahrzunehmen und zu erleben, mit anderen Worten eine andere Subjektivität. (Ebd., 12)

Die Subjektivität *des Textes* wahrzunehmen, bedeute für Leser:innen zunächst, sich der *Wirkung* des Textes bewusst zu werden. Anschließend müsse man die *Wirkungsweise* des Textes erkennen (vgl. ebd., 24):

> Wie stark die Subjektivität eines Textes hervortritt, hängt davon ab, in welchem Maße bestimmte Aspekte seiner Wirkungsweise (...) wahrnehmbar werden. Dazu gehören insbesondere der Rhythmus (Welche Sprechbewegung trägt den Text?), der Gestus (Welche Haltungen werden im Text gestaltet?), die Perspektivität (Welche Sichtweisen eröffnet der Text?), die Thematizität (Welchen Lebensbezug schafft er?) und die Dramaturgie (Wie wird das sprachliche Geschehen gegliedert?) (Lösener & Siebauer 2016, 191 f.).

Die Wirkung ist dabei an die lesenden Subjekte gebunden modelliert. Die Wirkungsweise gilt hingegen als (nahezu) objektiv bestimmbar, da sie sich in Textelementen dokumentiert. Entscheidend sei für Leser:innen zu erkennen, *wie* etwas gesagt werde: „Eine Äußerung macht Sinn durch die Art und Weise, *wie* sie sprachlich gestaltet ist." (Ebd., 189, Hervorhebung im Original). Folglich steht das „Erkennen und Realisieren von Sprechgestaltungen" (Lösener & Siebauer 2011, 14) im Zentrum des Verstehensprozesses. Dieses wirke auf die Wahrnehmung von Subjektivität in einem doppelten Sinne präzisierend:

> Zum einen schärft sich in dem Maße, wie man die Sinntätigkeit des Textes wahrnimmt, die Sicht auf das eigene Selbst. Und zum anderen kann man, indem man sich nachvollziehend und distanzierend, miterlebend und reflektierend auf den Text einlässt, das, was in der Sinnaktivität des Textes hervortritt, differenzierter und präziser erleben, erkennen und beschreiben. (Lösener & Siebauer 2016, 190)

Die zweite Grundüberzeugung – die sich aus den bislang dargelegten sprachtheoretischen Überlegungen nicht herleitet – lautet, dass **Fragen** für gelingende Forschende Literaturgespräche das entscheidende Element darstellen. Mit Fragen könne „das Nicht-Verstandene lokalisiert und präzisiert werden“; wer frage, zeige,

> dass er um sein Nicht-Verstehen weiß und dass er eine erste Vorstellung davon hat, wie es aufgelöst werden könnte; das Noch-Nicht-Verstandene gewinnt in der sprachlichen Formulierung der Frage eine fassbare, denkbare und damit bearbeitbare Gestalt und Richtung. (Frank & Lösener 2020, 71)

Dabei habe das Prinzip „Schülerfrage vor Lehrerfrage“ (Lösener 2022, 2) zu gelten. Diese erklärt sich aus der Haltung, Menschen grundsätzlich als sprachmündig zu begreifen – „unabhängig davon, über welche sprachlichen Kompetenzen sie verfügen“ (Frank & Lösener 2020, 72). Für literarische Gesprächssituationen im Unterricht habe das zur Folge, dass den Schüler:innen „die Fähigkeit zu selbständigen Erkenntnis- und Verstehensprozessen bereits zugestanden werden muss, wenn sie erlernt werden sollen“ (ebd.).

Der Ablauf Forschender Literaturgespräche (s. u.) erklärt sich aus der bereits skizzierten Idee, dass im Gespräch eine Entwicklung vom unmittelbaren, ungesteuerten Verstehen eines Textes zu seinem präziseren Verstehen stattfinden sollte. Das Gespräch beginnt im Anschluss an die Textpräsentation mit einer Phase, in der erste Texteindrücke formuliert werden – „ungesteuert und spontan“ (Lösener & Vellusig i. E.). Hierdurch ergeben sich „Fragen zum gehörten oder gelesenen Text mehr oder weniger von selbst“ (ebd.). Im weiteren Verlauf werden dann einige der von Schüler:innen formulierten Fragen erörtert.

Während zu Beginn eines solchen Gesprächs von der Lehrperson größtmögliche Offenheit gefordert ist, wird von ihr in den späteren Gesprächsphasen durchaus verlangt, lenkend in die Erörterungen einzugreifen. Diesen Anspruch begründet Lösener auf zwei Weisen: Zum einen ziele der Eingriff der Lehrperson darauf, Schüler:innen bestimmte Wirkungsweisen erfahrbar zu machen (vgl. Lösener 2022, 3), sofern dies ohne die Expertise der Lehrperson nicht gelingen würde. Zum anderen habe die Lehrperson die Aufgabe, „ein besseres Gesamtverständnis des Textes für alle“ zu gewähren, indem sie angemessenere von weniger angemesseneren Deutungen unterscheiden helfe (Lösener & Vellusig i. E.).

2.5.2 Rolle der Lehrkraft

Der Lehrkraft hat im Laufe des Gesprächs unterschiedliche Aufgaben. Wie schon deutlich geworden sein dürfte, zielt ein Forschendes Literaturgespräch zunächst darauf, subjektive – damit zwingend: individuelle und folglich unterschiedliche – Leseerfahrungen zum Gesprächsthema werden zu lassen. Von der Lehrperson fordert ein solches Vorgehen **maximale Offenheit** (vgl. Lösener 2022, 3) – sowohl was die Impulse („Welche Eindrücke habt ihr von dem Text?“ [Ebd.]) als auch die Annahme und Wertschätzung von Beiträgen der Schüler:innen angeht. Im weiteren Gesprächsverlauf sollen allerdings jene Erfahrungen vertieft und präzisiert werden. Die Frage zu beantworten, „[w]arum [...] ich den Text so erlebt [habe], wie ich ihn erlebt[e]“ (ebd.), erfordert nach Lösener dann ein anderes Handeln der Lehrperson: Um bestimmte Wirkungsweisen für Schüler:innen erfahrbar zu machen, bedarf es der **Hilfestellung**, mithin **Fokussierung auf bestimmte Aspekte** durch die Lehrperson. Sie habe z. B. Fragen zu stellen, die ermöglichen die Wirkungsweise des Textes zu erkunden und ihn besser zu verstehen (vgl. ebd., 4):

> Die Lehrkraft moderiert eben nicht nur ein Gespräch, das ansonsten selbstgesteuert ist, sondern hat auch eine lenkende Funktion: Sie muss darauf achten, dass die Bearbeitung der Fragen zu einem Besserverstehen beitragen (...). (Ebd., 5)

Um sowohl individuelle Texterfahrungen zu Beginn eines solchen Gesprächs einordnen zu können als auch im weiteren Verlauf verstehensunterstützende Impulse zu geben, bedarf es einer **gewissenhaften Vorbereitung** des Gesprächs. Lösener (2022) schlägt hierfür – auf den in Lösener und Siebauer (2016) geäußerten Vorschlägen aufbauend – eine Art Dreischritt vor: Zunächst einmal haben sich die Lehrpersonen einem literarischen Text als Leser:innen zuzuwenden und – genauso wie später die Schüler:innen – subjektive Leseerfahrungen zu machen. Diese sind zu reflektieren; aus ihnen heraus werden dann mögliche Leseerfahrungen der Schüler:innen antizipiert. Dieser Schritt ermöglicht, „sich klar zu werden, wo die gemeinsamen Gesprächspotentiale liegen und welche Stolpersteine und Entdeckungen der Text bereithält“ (Lösener 2022, 4). Erst danach soll die Wirkungsweise des Textes (z. B. in Bezug auf Gestus und Rhythmus) in den Blick genommen und bestimmt werden, welche Aspekte davon besonders bedeutsam, prägnant und/oder für Schüler:innen von besonderem Interesse sind.

2.5.3 Praktische Umsetzung

Um ein Forschendes Literaturgespräch durchführen zu können, muss die Lehrperson also zunächst eine Leseerfahrung machen. Daraufhin muss sie die sachanalytischen sowie didaktisch-analytischen Überlegungen anstellen, die zuletzt skizziert wurden.

Für das von der Lehrkraft vorbereite Forschende Literaturgespräch empfehlen Lösener und Vellusig (i. E.) die folgende Phasenabfolge (und modifizieren damit die zuvor vorgeschlagenen Phasenabfolgen leicht):

- Erfahrungsphase: den Text zweimal vorlesen oder gemeinsam lesen,
- Spontanphase: erste Eindrücke im Plenum formulieren,
- Sammelphase: Fragen auf Zettel notieren,
- Auswahlphase: Auslegen der Zettel auf Tischen oder an der Tafel,
- Gruppenphase: ausgewählte Fragen in Gruppen diskutieren,
- Reflexionsphase: Austausch über die bearbeiteten Fragen im Plenum,
- Abschlussphase: durch die Lehrperson/Gesprächsleitung.

Erkennbar ist, dass nur ein Teil des Forschenden Literaturgesprächs tatsächlich im Plenum und damit unter Mitwirkung der Lehrperson stattfinden soll. Bereits verdeutlicht wurde andererseits auch, dass sich die Rolle der Lehrperson in verschiedenen

Phasen unterschiedlich darstellt: Während in der Spontanphase ein offener Impuls zu stellen („Welche Eindrücke habt ihr vom Text?“) und Offenheit gegenüber jeder Wortmeldung angezeigt ist, sollte die Lehrperson in der Reflexionsphase stärker eingreifen und die zielorientierte Erörterung von Fragen unterstützen, die zu einem „Besserverstehen“ (ebd.) des Textes beitragen.

Die Schüler:innen und die Lehrperson können sich auch bereits im Anschluss an die Sammelphase darüber verständigen, welche der Fragen in Kleingruppen erörtert werden. Hier käme der Lehrperson ebenso eine steuernde Rolle zu – hat sie doch einen Erfahrungsvorsprung und kann so ggf. eher als Schüler:innen einschätzen, welche Fragen zu erörtern gehaltvoll sein kann. Frank und Lösener (2020) schlagen vor, dass von den in der Sammelphase entstehenden Fragen vor allem sogenannte *Forschungsfragen* in der Gruppen- und folgend in der Reflexionsphase im Plenum zu diskutieren seien. Daneben gibt es nach Frank und Lösener (2020) noch *unbeantwortbare* sowie *Klärungsfragen*: Erstere könnten nicht beantwortet werden, weil das hierzu erforderliche Wissen fehle (z. B.: „Wie geht die Geschichte weiter?“). Klärungsfragen hingegen seien schnell zu beantworten – indem man Weltwissen heranziehe resp. verfügbar mache (bspw. im Hinblick auf eine Fabel, in der die Gottheit Zeus eine handelnde Figur ist, die Frage: „Wer ist Zeus?“). Forschungsfragen hingegen könnten im Besonderen „zu einem differenzierten und erweiterten Verständnis des Textes beitragen, indem sie zu einer intensiven Auseinandersetzung mit ihm herausfordern“ (ebd., 81).

Lösener und Vellusig (i. E.) benennen als Fragetypus, dessen Erörterung im Besonderen ein Besserverstehen des Textes ermöglichte, die *elaborierende* Frage. Solche Fragen gingen von Deutungsentwürfen im Hinblick auf den Text oder Textelemente aus. Im Rahmen einer Erörterung von Deutungsentwürfen könne dann darüber entschieden werden, ob eine Deutung zum textuellen Zusammenhang und/oder zum extratextuellen Wissen passe – z. B. zu persönlichem Erfahrungswissen, Wissen der Lerngruppe über die Gesellschaft und die (Literatur-)Geschichte oder Wissen über die Spielregeln spezifischer Gattungen (vgl. ebd.).

2.5.4 Problematisierung

Das Verfahren gründet auf nachvollziehbaren Modellierungen und bietet aus unserer Sicht eine gute Möglichkeit, eine durch Schüler:innen initiierte Auseinandersetzung mit literarischen Texten anzuregen; ihre Fragen an den Text bestimmen schließlich, was im Gespräch thematisch wird. Dass der Text mit seinen Verstehensherausforderungen und -möglichkeiten in einem solchen Gespräch aus dem Blick gerät, ist kaum zu befürchten: Der Lehrperson kommt – durch den Anspruch, dass sie für Erkenntnisse im Hinblick auf die Wirkungsweise eines Textes im Laufe des Gesprächs mehr und mehr Verantwortung zu übernehmen hat – schließlich die Rolle der Expert:in zu.

Kritisch anzumerken ist, dass wir in den gesichteten Beiträgen von Lösener und seinen Kolleg:innen kein Instrumentarium ausmachen können, das es Lehrer:innen ermöglicht, Fragen recht einfach resp. eindeutig als Forschungs- bzw. elaborierende Fragen zu bestimmen und von anderen Fragen zu unterscheiden. Hierzu bedarf es wohl Unterrichtserfahrung auf der einen Seite – um zu erahnen, welche Deutungsfragen und -hypothesen im Fokus der Schüler:innen liegen. Auf der anderen Seite bedarf es der Fähigkeit zur didaktischen Analyse der Deutbarkeit bestimmter literarischer Texte im Rahmen ihrer literarischen Spielregeln (u. a. gattungsbezogen, vgl. Lösener & Vellusig i. E.). Den Fragen, die Schüler:innen anhand der Textbegegnung formulieren, kommt im Rahmen eines solchen Vorgehens eine große Bedeutung zu. Wie Schüler:innen mit Beeinträchtigungen in inklusiven Unterrichtssettings dabei unterstützt werden können, solche zu formulieren und zu erörtern, ist u. W. bislang nicht modelliert worden.

2.5.5 Zum Weiterlesen

Frank, Jessika & Lösener, Hans (2020). Staunen als Methode. Zur Funktion der Frage in forschenden Literaturgesprächen. In Ricarda Freudenberg und Marie Lessing-Sattari (Hg.), *Zur Rolle von Irritation und Staunen im Rahmen literarästhetischer Erfahrung. Theoretische Perspektiven, empiriebasierte Beobachtungen und praktische Implikationen*, 71–90. Berlin: Peter Lang.

Die Autorin und der Autor entfalten im Beitrag am Beispiel eines Gesprächs in einer Grundschulklasse die Ziele und den Verlauf eines Forschenden Literaturgesprächs.

Lösener, Hans & Vellusig, Robert (i. E.) (2024). *Literarische Erfahrung*. Stuttgart: Reclam. erscheint im Herbst 2024. (Manuskriptfassung, Zugriff im Mai 2024).

Im Abschnitt zu Gesprächen im Literaturunterricht werden – ausgehend von der weit verbreiteten Überzeugung, dass es „im Gespräch über Literatur kein ‚Richtig' und kein ‚Falsch'" (ebd.) geben dürfe – Prinzipien des Lehrer:innenhandelns in den einzelnen Phasen eines Forschenden Literaturgesprächs vorgestellt. Darüber hinaus werden unterschiedliche Fragequalitäten an Beispielen erörtert.

2.6 Das Lernunterstützende Literaturgespräch

Die Forschungsgruppe Magirius, Scherf und Steinmetz (2021; 2022; 2023a; 2023b; 2024) entwickelte das Lernunterstützende Literaturgespräch durch Anwendung von Resultaten der Aufgabenforschung (Köster 2003, Winkler 2011, Heins 2017, Steinmetz 2020, Zabka 2015; 2020) auf Unterrichtsmitschnitte. Das Konzept bezieht sich auf Plenumsgespräche, die auf ein gemeinsames Nachdenken über den literarischen Gegenstand und auf das Überwinden von Verstehenshürden abzielen.

Lernunterstützende Gespräche fungieren stärker als Lernmedium und sind weniger als Lernform aufzufassen (s. Kapitel 1.2). Grundlegend ist die Idee, dass Gespräche im Literaturunterricht dann zu einem Besser-Verstehen der Texte führen, wenn – mit Zabka (2015, 174) gesprochen – der Ansatz verfolgt wird, „gemeinsam Fehl- und Überinterpretationen zu falsifizieren und den Bereich plausibler Deutungen positiv abzustecken". Die Forschungsgruppe betont, dass dies einer Erkundung der Unabschließbarkeit literarischer Sinnbildung nicht im Wege stehe (vgl. Magirius, Scherf & Steinmetz 2024). Darüber hinaus seien Lernunterstützende Gespräche nicht mit Fehlformen des fragend-entwickelnden Unterrichtsgesprächs zu verwechseln, bei denen „eine Reduktion von Textkomplexität“, eine „Entproblematisierung von Textproblemen“, eine „Vereindeutigung von literarischer Polyvalenz“ oder eine „Beschneidung individueller Verstehenswege“ erfolgt (Magirius, Scherf & Steinmetz 2021, 2).

2.6.1 Theoretische Grundlagen

Literarische Texte stellen an ihre Leser:innen Verstehensanforderungen. Aus der Aufgabenforschung ist bekannt, dass die Gefahr einer „wilde[n] Komplexitätsreduktion“ (Köster & Lindauer 2008, 153) besteht, wenn Leser:innen diesen Anforderungen nicht gewachsen sind. Eine solche Reduktion liegt vor, wenn die Texte bei der Deutung auf eine Weise vereinfacht werden, die sich mit dem jeweiligen (mehrdeutigen) literarischen Gegenstand kaum vereinbaren lässt. Was ist darunter zu verstehen?

Anhand von empirischen Unterrichtsdaten, die im Rahmen der GeföLit-Studien (Harwart & Scherf 2018, Harwart, Sander & Scherf 2020) zur Erforschung von Qualitätsdimensionen gesprächsförmigen Literaturunterrichts entstanden, beobachteten Magirius, Scherf und Steinmetz (2021, 2022, 2023a, 2024), dass Schüler:innen der Sekundarstufe I häufig Zusatzgeschichten erfinden, um kohärente mentale Modelle der Texte bzw. der Textwelt herzustellen. Wenn sie dabei zu ihrer Lesart im Widerspruch stehende Textelemente ignorieren oder die zu verstehende Geschichte überdecken, gehen sie zwar kreativ über den Text hinaus. Sie bleiben aber letztlich hinter dessen Verstehenspotenzialen zurück (vgl. dazu auch Kreft 1977, 378, Zabka 2004b, Frank & Lösener 2020). Die jeweiligen Verstehenshürden des Textes werden in diesen Fällen nicht überwunden, sondern eingeebnet. Die Grenze zum textfernen Spekulieren oder Missverstehen des Textes wird dann oftmals überschritten.

Die Forschungsgruppe möchte dazu anregen, einer typischen Problemsituation des Literaturunterrichts (vgl. Heins 2018, 35) aus dem Weg zu gehen, bei der Plenumsgespräche in textfernes „Spekulieren“ abdriften und dort verbleiben. Das ist insbesondere in Unterrichtsphasen kontraproduktiv, die dem gemeinsamen Prüfen und Begründen von Deutungsweisen dienen. Für diese Unterrichtsphasen empfehlen Magirius, Scherf und Steinmetz (2021) das Verfolgen sogenannter **klärungswürdiger Fragen**, die man an literarische Texte stellen kann. Ob eine Frage klärungswürdig ist, hängt von drei Kriterien ab: 1) Überprüfbarkeit, 2) Strittigkeit und 3) Klärungsbedarf.

Das wichtigste Kriterium ist die **Überprüfbarkeit**: Wenn keine Überprüfbarkeit vorliegt, kann die Frage nicht klärungswürdig sein. Magirius, Scherf und Steinmetz (2021) sprechen genau dann von Überprüfbarkeit, wenn die Möglichkeit besteht, potenzielle Antworten anhand des Textes zu stützen, anzufechten oder gar eindeutig zu verifizieren oder zu widerlegen. Überprüfbarkeit ist damit eine Eigenschaft von Antworten auf eine Frage. Beispielsweise könnte man in Bezug auf Goethes *Erlkönig* fragen, was sich vor dem Ritt ereignete, oder wo sich im Text nicht genannte Figuren – Mutter, etwaige Geschwister etc. – während der Handlung aufhalten. Die Antworten auf diese Fragen sind nicht überprüfbar (vgl. ebd., 4). Ob der Knabe den Ritt überlebt, lässt sich dagegen anhand des Textes überprüfen. Eine darauf gerichtete Frage erfüllt folglich das Kriterium der Überprüfbarkeit.

Mit diesem Kriterium soll sichergestellt werden, dass der Text nicht nur Anlass, sondern Gegenstand des Gesprächs ist, und auf diese Weise etwas über ihn gelernt werden kann. Das Kriterium der Überprüfbarkeit verlangt nicht, dass Antworten auf Fragen mithilfe des jeweiligen literarischen Textes eindeutig zu beantworten sind. Gerade bei literarischen Texten wird oftmals nur eingeschränkte Überprüfbarkeit vorliegen. Dann dienen Elemente des Textes als Indizien, die eine bestimmte Hypothese stützen können. Mit Blick auf den *Erlkönig* ließe sich fragen, ob der Erlkönig real ist. Einige Indizien, wie zum Beispiel der Umstand, dass der Vater ihn nicht sieht, sprechen gegen eine Bejahung dieser Frage. Dennoch kann man sie nicht eindeutig verneinen. Auch in einem solchen Fall eingeschränkter Überprüfbarkeit gilt das Kriterium der Überprüfbarkeit als erfüllt.

Das zweite Kriterium lautet **Strittigkeit**. Eine Frage erfüllt genau dann das Kriterium der Strittigkeit, wenn sie konkurrierende Antworten zulässt, „die sich nicht als eindeutig richtig oder eindeutig falsch qualifizieren lassen" (ebd., 2). Zwei oder mehrere Antworten können voneinander abweichen und im Gespräch in einen interpretativen Wettstreit zueinander treten. Das kann zum Beispiel passieren, wenn zwei Interpret:innen unterschiedliche Bereiche des Weltwissens mit dem Text in Verbindung bringen, oder wenn sie verschiedene Textelemente zur Beantwortung der Fragen zu Rate ziehen. Bezogen auf den Erlkönig wäre folgende Frage strittig: Warum sieht nur der Knabe den Erlkönig? (Vgl. ebd., 3) Diese Frage kann man auf verschiedene Weisen beantworten. Erscheint der Erlkönig nur dem Knaben, weil er, wie der letzte Vers nahelegt, Vorbote des Todes ist? Oder sieht nur das Kind den Erlkönig, weil es im Fieber halluziniert? Besitzt nur das Kind die Empfindsamkeit, „die numinosen Mächte des Waldes" (ebd.) wahrzunehmen – all diese Begründungen sind denkbar, auch wenn sie sich in ihrer Textangemessenheit unterscheiden.

Um strittige und überprüfbare Fragen zu beantworten, muss man oft **zwischen den Zeilen lesen**. Dabei ist es erforderlich, „die literalen Bedeutungspotenziale des Textes" (ebd., 3) zu überschreiten und **Deutungsarbeit** zu leisten. Eine Frage, die sowohl das Kriterium der Überprüfbarkeit als auch das der Strittigkeit erfüllt, ist klärungswürdig. Da die Strittigkeit einer Frage aus der irreduziblen Ambiguität des Textes resultiert, ist mit Klären nicht gemeint, eine letztgültige Antwort zu finden, da es eine solche ja per Definition nicht gibt. Ein Gespräch kann dennoch zu einem Verstehensfortschritt bzw. zu einem Besser-Verstehen führen. Dies kann auch bedeuten, dass den Gesprächsteilnehmer:innen die Mehrdeutigkeit eines Textes oder einer Textstelle erst im Prozess der vertiefenden Auseinandersetzung mit dem literarischen Gegenstand gewahr wird.

Da die bisherigen zwei Kriterien im Wesentlichen von der Beschaffenheit des literarischen Gegenstandes abhängen, wird ein drittes Kriterium benötigt, dass die Lernenden in den Blick nimmt – **Klärungsbedarf**. Eine textbezogene Frage erfüllt genau dann das Kriterium des Klärungsbedarfs, wenn der Drang, diese zu klären, von den Schüler:innen ausgeht oder die Klärung der Frage für das Textverständnis der Schüler:innen unerlässlich ist. Neben den Fragen, die von den Schüler:innen gestellt werden, gibt es also zusätzlich (möglicherweise unstrittige) Fragen, die zwar von den Lernenden nicht formuliert werden, deren Beantwortung aus Sicht der Lehrkraft aber wesentlich ist, um ein grundlegenden Verständnis zu sichern. Ein solches (oftmals eindeutig behebbares) Informationsdefizit auf Seiten der Lernenden verweist also ebenfalls auf Klärungsbedarf. Wenn eine Frage das Kriterium der Überprüfbarkeit und das des Klärungsbedarfs erfüllt, ist sie klärungswürdig.

Die Klärungswürdigkeit einer textbezogenen Frage resultiert aus den genannten Kriterien wie folgt: Eine Frage ist dann und nur dann klärungswürdig, wenn sie 1) überprüfbar und klärungsbedürftig ist oder, wenn sie 2) überprüfbar und strittig ist oder, wenn sie 3) alle drei Kriterien erfüllt. Diese drei Fälle sind in folgendem Diagramm eingezeichnet.

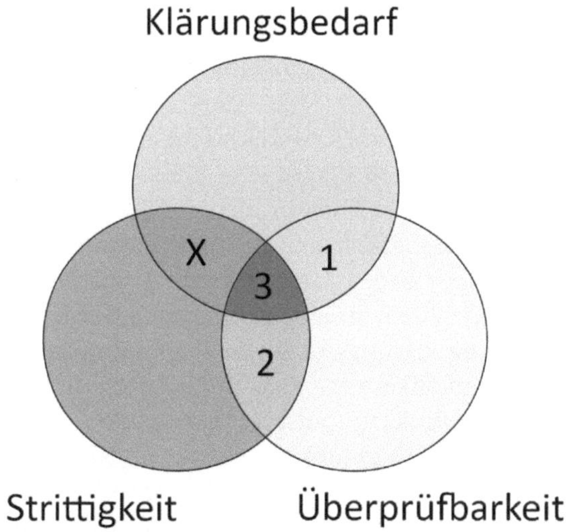

Abbildung 2: Drei Varianten der Klärungswürdigkeit

Magirius, Scherf und Steinmetz (2023b) stellen nicht in Abrede, dass auch Fragen, die nicht überprüfbar sind, zu einer fruchtbaren Beschäftigung mit dem Text beitragen können. Solche Fragen stehen jedoch nicht im Fokus Lernunterstützender Gespräche – selbst wenn sie strittig und klärungsbedürftig sind (Schnittmenge X). Das sind z. B. Fragen über Umstände, die in einem Text nicht angedeutet werden – im bemühten Beispiel des *Erlkönigs* z. B. die Frage nach der Mutter des Knaben oder auch, was nach der Ankunft am Hof passiert. Zwar können etwaige Antworten gewiss kreativ sein – zu einer elaborierten Deutung des Textes tragen sie recht wenig bei (vgl. Magirius, Scherf & Steinmetz 2021, 5).

Da die Mehrdeutigkeit literarischer Texte eine spezifische Verstehensherausforderung darstellt und folglich einen genuin ästhetischen Lesemodus erfordert (s. Kap. 1.3 und 1.4), kommt strittigen Fragen eine besondere Rolle zu: „Ein Verstehen, das auf die Bewältigung dieser literaturspezifischen Herausforderungen zielt", wird von Magirius, Scherf und Steinmetz (2024, 6; vgl. auch 2023a und 2023b) „High-Level-Comprehension (HLC)" genannt. In Abbildung 2 umfasst das die Fälle 2 und 3. Das heißt ausdrücklich nicht, dass das Verstehen der literalen Textbedeutung und damit unstrittiger Sachverhalte zu vermeiden sei. Ein solches Verstehen, genannt „Low-Level-Comprehension (LLC)" (ebd.), ist stattdessen die Voraussetzung dafür, die Literarität des Gegenstandes zu erkunden. Schließlich heißt besser lesen können „sich darüber klar zu werden, was alles unstrittig über einen Text festzustellen ist" und wo der Text Deutungsspielräume eröffnet (Matuschek 2013, 21, vgl. auch Magirius, Scherf & Steinmetz 2021, 2 f.).

2.6.2 Rolle der Lehrkraft

In Lernunterstützenden Gesprächen im eben erläuterten Sinne nehmen Lehrkräfte **ihre Rolle als Expert:innen** wahr und wirken auf das Gespräch inhaltlich ein. In Anlehnung an die Aufgabenforschung kann man zwischen der Vorbereitung des Gesprächs – entspricht „task as plan" (Winkler 2018, 27) – und der Leitung des Gesprächs durch die Lehrkraft – entspricht „task in process" (ebd.) – unterscheiden.

Bei der Vorbereitung des Gesprächs dient eine didaktische Analyse des literarischen Textes der **Identifikation von Fragen**, die sich – vom Gegenstand ausgehend – als klärungswürdig erweisen. Zusätzlich muss der Klärungsbedarf der Schüler:innen antizipiert werden. Darüber hinaus ist anzunehmen, dass die Lehrkraft mit zielgerichteten Impulsen auch während des Gesprächsprozesses **Verstehensunterstützung** (Support i. S. von Steinmetz 2020) zu leisten hat, um einer Überforderung der Schüler:innen bei der Erörterung klärungswürdiger Fragen entgegenzuwirken. Steinmetz (ebd.) systematisiert für Aufgaben verschiedene Supportarten, die sich auch auf Gespräche übertragen lassen. Supportimpulse der Lehrkraft können wie „eine Art Geländer [...] direkt am literarischen Gegenstand befestigt" (ebd., 108) sein – wie zum Beispiel Hinweise auf wichtige Stellen im Text sowie Formulierungen von Sinnhypothesen oder Problemstellungen, die im Weiteren von den Schüler:innen zu prüfen bzw. zu bearbeiten sind. Es kann sich aber auch Impulse der Lehrkraft handeln, „die erst auf den Text gebracht" werden müssen (ebd.), wie inhaltsbezogene Unterstützungen („Weltwissen, Fakten-, Konzeptwissen") sowie Hilfestellungen, die „Verfahren, Techniken und Strategien der Texterschließung" (ebd., 105) oder auch die Spielregeln literarischer Kommunikation (vgl. Kämper-van den Boogaart & Pieper 2008) betreffen (vgl. Magirius, Scherf & Steinmetz 2023b, 16 ff.).

Die Aufgabe der Lehrkraft während des Gesprächs ist es zunächst, klärungswürdige Fragen im Gespräch zu fokussieren. Gehen die klärungswürdigen Fragen nicht von den Schüler:innen aus, muss die Lehrperson versuchen, auf klärungswürdige Fragen hinzuleiten, bestenfalls indem sie z. B. durch Verweis auf auffällige Verstehenshürden, Irritationsstellen oder Leerstellen bei den Schüler:innen **kognitive Konflikte** auslöst. Dabei hat sie ihre Impulse am Verstehensstand und -fortschritt der Lernenden adaptiv auszurichten. Dieses Handeln erlaubt es, ausgehend von kognitiven Konflikten ein gemeinsames Nachdenken und ein Zusammentragen von Textbeobachtungen zu initiieren.

Gerade am Anfang des Gesprächs ist es sinnvoll, auf der Basis von klärungswürdigen Fragen ein **Panorama von Lesarten** einzuholen. Von diesen können dann im Verlauf des Gesprächs jene falsifiziert werden, die nicht mit dem Text vereinbar sind. Es wäre kontraproduktiv für das Textverstehen, wenn im gesamten Gespräch jede beliebige Äußerung der Lernenden unabhängig von ihrer Passung zum Text Bestärkung erfährt. Stattdessen sollte die Lehrkraft **selektiv Äußerungen bestärken** und so zielführende Verstehenswege als verfolgenswert markieren. Dabei ist das „Ermöglichen von Diskussion [...] ein unverzichtbarer Baustein" im Gespräch über Literatur (Magirius, Scherf & Steinmetz 2021, 17). Insbesondere wenn strittige Fragen zur Debatte stehen, sollten die Lernenden die Möglichkeit bekommen, auf die jeweiligen Deutungsvorschläge ihrer Mitschüler:innen Bezug zu nehmen.

2.6.3 Praktische Umsetzung

Die bisherigen Publikationen zu Lernunterstützenden Gesprächen gehen der Frage nach, welche Rolle die Lehrkraft in Unterrichtsgesprächen über Literatur idealerweise einnehmen sollte. Deshalb sind die Ableitungen zur praktischen Umsetzung auf diese soeben beschriebene Rolle bezogen. Bei der Vorbereitung eines Lernunterstützenden Literaturgesprächs steht die Identifikation klärungswürdiger Fragen durch die Lehrkraft im Zentrum (vgl. Magirius, Scherf & Steinmetz 2023b, 19). Um diese dann während des Gesprächs innerhalb der Lerngruppe beantworten zu können, unterstützt die Lehrkraft die Schüler:innen durch adaptive Impulse. Darüber hinaus regt sie zur genauen Textwahrnehmung und zur Bezugnahme auf frühere Äußerungen an (vgl. ebd.). Letzteres dient dazu, den Schüler:innen Raum zur Diskussion zu eröffnen (vgl. ebd.). Was die Lehrperson vor und während des Gesprächs darüber hinaus zu berücksichtigen hat, wird im vorliegenden Band in Kapitel 3.5 anhand von zwei konkreten literarischen Texten vertieft und präzisiert.

2.6.4 Problematisierung

Die Forschungsgruppe geht davon aus, dass die Anwendung ihrer Konzepte bei der Vorbereitung und Durchführung von Plenumsgesprächen der fachlichen Qualität (Hesse & Winkler 2022) von Literaturunterricht zuträglich ist. Der Fokus auf inhaltlich eingreifende Lenkung und auf Gegenstandsanalysen der Lehrkräfte, die dem Gespräch vorgelagert sind, könnte allerdings Textauseinandersetzungen im Unterricht befördern, die kontraintentional nahe am fragend-entwickelnden Unterrichtsgespräch mit den in Kap. 2.1 erwähnten Engführungen und Nebenwirkungen sind. Eventuell wird so ein Literaturunterricht befördert, bei dem die Schüler:innen trotz der Lenkung auf irreduzible Ambiguitäten und damit verbundene strittige Fragen lediglich versuchen, die eine „richtige" Deutung der Lehrkraft zu erraten.

Die Aufgabenforschung zeigt, dass Aufgaben mit Supportelementen dem Kompetenz- und Autonomieerleben der Lernenden nicht abträglich sind. Ob diese Resultate auf Gespräche bzw. Gesprächsimpulse übertragen werden können und sich Lernende nicht am „Gängelband" (Spinner 1992, 310) geführt fühlen, muss sich erst durch Unterrichtswirkungsforschung mit generalisierbaren Befunden erweisen. Ferner ist herauszufinden, ob die kognitive Ausrichtung Lernunterstützender Gespräche für Schüler:innen mit kognitionsbezogenem sonderpädagogischen Förderbedarf geeignet ist. Mit Wiprächtiger-Geppert (2009) ist davon auszugehen, dass in diesen Fällen Verstehensunterstützung durch die Lehrkraft eine zentrale Rolle spielt. Generell muss mit empirischer Forschung geprüft werden, ob die Modellierung des Textverstehens mittels kognitionswissenschaftlicher Theorieimporte jenen „Problemsituationen“ des Literaturunterrichts Vorschub leistet, die eine verstehensförderliche „subjektive Verstrickung im Prozess der Textbegegnung“ und „subjektive Anknüpfungspunkte“ (Heins 2018, 36) vermissen lassen.

In der praktischen Anwendung der Konzepte sollte zudem bedacht werden, dass Fragen, die auf den ersten Blick zu einem Besser-Verstehen des Gegenstandes kaum beitragen können, in der dynamischen Gesprächssituation zu wertvollen Assoziationen anregen können. Wie Akteur:innen der Praxis wissen, sind literarische Verstehensprozesse nur eingeschränkt planbar. Dies gilt umso mehr für Gespräche über literarisches Verstehen. Deshalb sind auch Fragen, die nicht den Anschein erwecken, klärungswürdig zu sein, nicht vorschnell zu verwerfen.

2.6.5 Zum Weiterlesen

Magirius, Marco, Scherf, Daniel, Steinmetz, Michael. (eingereicht): Lernunterstützende Gespräche im Literaturunterricht – zu drei Varianten der Klärungswürdigkeit. In Florian Hesse & Iris Winkler. (Hg.), *Empirische Unterrichtsforschung in der Literaturdidaktik – Perspektiven im Dialog*, SLLD-B.

In diesem Beitrag analysieren die Autoren eine Unterrichtsstunde anhand der verschiedenen Varianten von Klärungswürdigkeit – s. Abbildung 1 in Kap. 2.6.1.

Magirius, Marco, Scherf, Daniel, Steinmetz, Michael (2024). Mehrdeutigkeit im Literaturgespräch gelingend bearbeiten. Literaturdidaktische Rahmungen, konzeptionelle Ideen. *Leseräume*, 10, 1–19.

Die Autoren zeigen in diesem Beitrag anhand „einer Fallstudie [...], welche Formen lenkenden Gesprächshandelns eine gelingende Begegnung mit literarischer Mehrdeutigkeit ermöglichen – und welche Formen einer gelingenden Begegnung eher abträglich sind“ (ebd., 1).

2.7 Weitere Positionen und Konzepte

Mit den von uns skizzierten Konzepten (siehe Kap. 2.2 bis 2.6) konzentrieren wir uns auf eine Auswahl literaturdidaktischer Ansätze, welche den Diskurs zu literarischen Gesprächen in der Disziplin (siehe Kap. 2.1) exemplarisch abbilden soll. Die Auswahl ließe sich um weitere Positionen und Konzepte ergänzen – insbesondere, wenn man in Anschlag bringt, dass nicht nur in der deutschsprachigen Literaturdidaktik über Unterrichtsgespräche zu Literatur publiziert wird.

Ohne einen Anspruch auf Vollständigkeit zu erheben, möchten wir abschließend solche deutsch- und englischsprachigen Konzepte knapp anführen, die – über die referierten Konzepte hinaus – für den exemplarisch abgebildeten Diskurs anregend waren oder sind. Wir beginnen mit Konzepten aus dem deutschsprachigen Raum.

Zu nennen ist zunächst Werner (1996) mit seinem Modell des *literaturrezipierenden Diskurses.* Auf der Grundlage von Habermas' Theorie des kommunikativen Handelns erhebt Werner (ebd., 36 f.) „Problemorientierung", „Verständigungsorientierung", „Offenheit der Deutungsmöglichkeiten", „unverstellte Textbegegnung" und „gleichberechtigte und schülerzentrierte Unterrichtskommunikation" zu Leitlinien des Literaturgesprächs (vgl. zusammenfassend auch Albrecht 2022, 109 ff.). Er unterscheidet zwei Diskurstypen voneinander, die beide in Gesprächen über Literatur mit unterschiedlichen Funktionen Verwendung finden (sollen): In *ästhetischen Bewertungsdiskursen* (Werner 1996, 106 ff.) komme die Bewertung von literarischen Texten als Kunstwerken zur Sprache, wobei auch die „Interessenslagen und Deutungsbedürfnisse der Beteiligten" (ebd., 149) deutlich würden. Daneben würden in *textinternen normalsprachlichen Diskursen* Aspekte verhandelt, die sich „direkt auf dessen fiktionale Welt" (ebd., 121) bezögen – z. B., indem die persönliche Bewertung oder die moralische Einordnung von Figurenhandeln erörtert wird (vgl. ebd., 122). In deren Spezialform der *explikativen literaturwissenschaftlichen Diskurse* wende man schließlich innerhalb der normalsprachlichen Diskurse literaturwissenschaftliches Spezialwissen an – z. B., indem bestimmte Einordnungen von Figurenhandeln durch textanalytische Erkenntnisse erklärt werden (vgl. ebd., 134). In letztgenannte Diskurse könne auch die literaturwissenschaftliche Kenntnisvermittlung „eingebunden werden" (ebd., 149) – wobei diese sich „durch Interpretationsprobleme" und/oder die „Kontrollfunktion gegenüber alltagssprachlichen Deutungen" (ebd.) motiviere und keinen Selbstzweck darstelle. Werner hat sein Modell in der gymnasialen Oberstufe selbst erprobt (vgl. ebd., 169 ff.). Entsprechend dürfte sich Werners „vorrangig kognitiv und personal ausgerichtete[s] und auf Argumentation beruhende[s] Gesprächsmodell" (Albrecht 2022, 115) vor allem an Schüler:innen richten, die in der diskursiven Aushandlung von Verstehen bereits geschult sind.

Das *neosokratische Gespräch* geht auf den Philosophen Leonard Nelson zurück. Es wurde von Loska (1995) für den Mathematikunterricht adaptiert und von Olsen (2011) in den literaturdidaktischen Diskurs eingebracht. Ausgangspunkt ist das bereits in Kap. 2.1 erwähnte *mäeutische Prinzip,* nach dem Lehrende – analog zur Geburtshilfe – den Schüler:innen zu Erkenntnissen verhelfen, die in ihnen selbst angelegt sind. Im Unterschied zur sokratischen Methode ist die Lehrperson im neosokratischen Gespräch „vom Inhalt in jeglicher Hinsicht entbunden" (Olsen 2011, 169), wohingegen „die Gesprächsteilnehmer [...] eigenständig ihre Gedanken und Ideen einbringen" sollen. Dies geschieht ausgehend von Fragen, die die Lernenden aufschreiben. Ziel ist die gemeinsame Suche nach „Wahrheit", die sich auf „eine Problematik beziehungsweise eine Fragestellung" (ebd.) bezieht. „[G]egensätzliche Auffassungen" werden zu Beginn des Gesprächs als Chance verstanden, um im Gesprächverlaufs zu einem gut begründeten „Konsens" (ebd.) zu gelangen. Hierfür sei mitunter „‚echte' Gesprächslenkung" (ebd., 171) erforderlich. Das Ansinnen, Unterrichtsgespräche über Literatur nach neosokratischen Prinzipien präzise zu modellieren und/oder solche Gespräche zu beforschen, wurde unseres Wissens nicht weitergehend verfolgt.

Schließlich möchten wir ein Konzept aus dem deutschsprachigen literaturdidaktischen Diskurs vorstellen, bei dem es sich bislang um ein reines Forschungskonstrukt handelt – d. h., die Verwendung durch Lehrpersonen im Unterrichtsalltag ist (noch) nicht vorgesehen. Im Forschungsprojekt ÄSKIL (Ästhetische Kommunikation im Literaturunterricht, vgl. z. B. Brüggemann et al. 2015, Albrecht 2022) wurde die Wirkung zweier unterschiedlicher Gesprächstypen auf das literarästhetische Verstehen und die literarästhetische Erfahrung von Schüler:innen untersucht (vgl. ebd., 256). Der „Gesprächstyp A: Emotional und kognitiv aktivierendes, gemäßigt (ko-)konstruktivistisch ausgerichtetes literarästhetisches Gespräch“ (ebd.) sieht drei Gesprächsphasen vor, die aufeinander folgend von der Lehrperson angestoßen und begleitet werden: die „der subjektiven Annäherung und emotionalen Aktivierung“ (ebd., 274), die der „objektivierenden Texterschließung und -analyse“ (ebd., 275) sowie die „Phase der personalen und sozialen Applikation“ (279). Ihm wurde ein rein kognitiv ausgerichtetes Gesprächskonzept (Gesprächstyp B) gegenübergestellt. Der Gesprächstyp A ist deshalb von Interesse, weil er – wie die Forschenden empirisch nachweisen können – Gesprächstyp B im Hinblick auf bestimmte Wirkungen überlegen ist: Eher als Typ B bietet Typ A den Schüler:innen „die Gelegenheit, in einen Akt intensiver Ich- und Welterfahrung einzutreten“ und ermöglicht ihnen,

> den literarischen Text nicht vorrangig als unter Umständen schwer zugänglichen Unterrichtsgegenstand, sondern als ästhetisches und für die eigene Person und Lebenswelt relevantes Artefakt in seiner textseitigen Mehrdeutigkeit zu erfahren (Albrecht 2022, 465).

Die Gesprächstypen wurden weitergehend im Blick auf ihre differenzielle Wirksamkeit beforscht (vgl. Brüggemann & Gölitz 2024 i. E.). Im Rahmen der Folgestudie SEGEL werden aufbauend auf die Befunde differenziertere Gesprächstypen auf ihre Wirkung befragt.

Betrachtet man die hier knapp angeführten Konzepte, so wird deutlich, dass sich bestimmte – von uns bereits erwähnte – Diskurslinien und Argumentationsschwerpunkte auch in diesen wiederfinden: Zentral für alle Konzepte ist die Profilbildung durch die Rolle der Lehrperson, die als mal mehr, mal weniger ihre Expert:innenrolle wahrnehmend und eingreifend modelliert wird, sowie durch eine bestimmte Vorstellung vom Verstehen des literarischen Gegenstands, die sich mal näher an den spezifischen Gegenstandsfaktoren und literarischen Konventionen, und mal näher an den emotionalen und wertenden individuellen Verstehensentwürfen der Schüler:innen orientiert.

Zum Schluss möchten wir wenige literaturdidaktische Konzepte aus dem englischsprachigen Diskurs bündig anführen. Auch in diesen zeigen sich die bereits skizzierten Diskurslinien der deutschsprachigen Debatten. Zum Teil werden diese auch elaboriert.[8]

Gesprächsförmiger Unterricht wird in den entsprechenden Diskursen häufig unter dem Begriff *Dialogic Teaching* subsumiert. Dabei lassen sich auch in diesem Diskurs Pole ausmachen, die den Begriffen Lernmedium (im englischsprachigen Diskurs: learning through dialogue) und Lernform (learning for dialogue) entsprechen (Kim & Wilkinson 2019). Die Konzepte von Wegerif (2011; 2013) und Matusov (2009) führen demnach eher zu Gesprächen als Lernform (vgl. Magirius, Scherf & Steinmetz 2023b, 4). Resnick et al. (2018) schlagen hingegen mit ihrem Konzept eher Gespräche vor, die als Lernmedium gelten können. Besonders diskursmächtige Konzepte – wie das von Mortimer und Scott (2003) sowie jenes von Alexander (2004; 2018) – weisen erkennbar Eigenschaften beider Funktionen auf (vgl. Magirius, Scherf & Steinmetz 2023b, 4).

Die erwähnten Konzepte sind insbesondere allgemeinpädagogischer Provenienz. Betrachtet man genuin literaturdidaktische Beiträge, fällt analog zum deutschsprachigen Diskurs die Ablehnung von Gesprächen ins Auge, die in einem fragend-entwickeltem Modus geführt werden (Nystrand 1997, Billings & Fitzgerald 2002, Nystrand & Gamoran 1997). Ähnlich wie im Heidelberger Modell vorgeschlagen, findet man vielmehr Plädoyers für ein authentisches Agieren der Lehrkraft. Diese Authentizität zeigt sich hier zuvorderst durch authentische Fragen. Das sind textbezogene offene Fragen, auf die die Lehrkraft die Antwort nicht selbst weiß und die die Schüler:innen zu eigenen Standpunkten herausfordern. Diesen – erwünschten – Fragen werden sogenannte *display questions* gegenübergestellt, die darauf zielen, dass die Lernenden Informationen vortragen, die die Lehrperson schon kennt. Mit display questions können Schüler:innen laut dieser Positionen lediglich unter Beweis stellen, dass sie in der Lage sind, die von der Lehrkraft favorisierte Lesart des Textes zu (re-)produzieren.

Boyd und Rubin (2006) nehmen eine Gegenposition zu jenen Beiträgen ein, die *display questions* kategorisch ablehnen. Sie argumentieren anhand von qualitativen Daten, dass für die Qualität einer literaturbezogenen Kommunikation die Authentizität von Fragen weniger entscheidend ist als ihre Funktion für den Gesprächsverlauf. So können Fragen der Lehrkraft, die an frühere Antworten der Schüler:innen anschließen – sogenannte *contingent questions* – zu einem reichhaltigeren Verständnis des Textes beitragen, auch wenn die Lehrkraft die Antwort auf die Frage weiß. Ähnlich wie in Lernunterstützenden Gesprächen (s. Kap. 2.6 und 3.5) modelliert, wird die Lehrkraft hier insofern als Expert:in für literarisches Verstehen und Lernen gesehen.

In den literaturdidaktischen konzeptionellen Beiträgen finden sich weiterhin folgende Parallelen zu den Diskurslinien der deutschsprachigen Debatte: Etliche der Konzepte haben gemein, dass der literarische Text als ästhetischer Gegenstand aufgefasst wird, der Wirkungen hervorruft, denen es nachzuspüren lohnt. Ähnlich zum Forschenden Literaturgespräch (s. Kap. 2.5) stehen in vielen englischsprachigen Konzepten außerdem offene Fragen nach Leseeindrücken und Assoziationen am Anfang der

8 Eine genauere Beschreibung und Kategorisierung der folgend erwähnten auf Englisch publizierten Konzepte bieten der Open-Access-Artikel von Magirius, Scherf und Steinmetz (2023b) sowie die Beiträge von Chinn, Anderson und Waggoner (2001) und von Kim und Wilkinson (2015).

Gespräche, so z. B. in einem Konzept namens *Book Club* (Raphael & McMahon 1994) und im *Paideia Seminar* (Billings & Fitzgerald 2002).

Auch das Konzept *Shared Inquiry* (Great Books Foundation 2021) setzt Fragen an den Anfang des Gesprächs, die aus den bei der Lektüre empfundenen Emotionen und sowie aus Irritation, Zweifel und Neugier resultieren. Hier stellt allerdings die Lehrkraft die gesprächsinitiierende Frage. Diese Frage lässt möglichst verschiedene Lesarten zu – in den Begriffen des Lernunterstützenden Gesprächs handelt es sich also um eine strittige Frage. Bei deren Erörterung agiert die Lehrkraft in der Diskussion als „leader" (Great Books Foundation 2021, 21; vgl. auch Magirius, Scherf & Steinmetz 2023b, 6), und drängt – wie im Lernunterstützenden Gespräch – bei der *Shared Inquiry* auf textliche Evidenz.

Die kollaborative Suche nach textlicher Evidenz, welche den Konzepten Shared Inquiry, Forschendes Literaturgespräch und Lernunterstützendes Gespräch gemein ist, spielt auch in *Quality Talks* (Murphy et al. 2018, Wilkinson et al. 2010, Murphy et al. 2009, Soter et al. 2008) eine zentrale Rolle. Wie im Forschenden Literaturgespräch wird bei einem *Quality Talk* ein beträchtlicher Teil der Deutungsarbeit in Kleingruppen von den Schüler:innen geleistet, und ähnlich zu Gesprächen nach dem Heidelberger Modell bringen alle Gesprächsteilnehmer:innen in *Quality Talks* authentische Fragen ein. Allen Gesprächsteilnehmer:innen gemeinsam obliegt darüber hinaus die interpretative Autorität (vgl. Magirius, Scherf & Steinmetz 2023b, 7). Sie haben also ein Mitspracherecht darüber, welche Interpretation textangemessen, verfolgenswert oder reichhaltig ist und für welche das nicht gilt (vgl. Flint 1999, 119, vgl. auch Magirius, Scherf & Steinmetz 2023b, 2). In *Quality Talks* werden Äußerungen also danach unterschieden, ob sie dem Gespräch und dem dabei stattfindenden gemeinsamen Textverstehen zuträglich sind oder nicht.

Wie gezeigt, finden sich in den englischsprachig publizierten Konzepten Positionen, die mit denen der deutschen Debatte vergleichbar sind. Beide Debatten, die weitgehend unabhängig voneinander stattfinden, fußen auf der Feststellung, dass die schulisch vorherrschenden Gespräche im fragend-entwickelnden Modus unproduktiv sind. Und in beiden Debatten ist die Frage zentral, wie diese unproduktiven Formen durch die Neujustierung der Lehrenden- und Lernendenrolle überwunden werden können. Wie das aber genau vollzogen werden kann, darin besteht weder in noch zwischen den Diskursen Einigkeit. Das macht es für Lehrpersonen, die wissen wollen, wie sie Gespräche über Literatur führen sollen, nicht gerade leicht.

Wie kann sich eine Lehrperson also für oder gegen den Einsatz eines spezifischen Verfahrens entscheiden? Unseres Erachtens sind hierbei zwei Faktoren wesentlich. Einerseits ist die Frage zu beantworten, inwiefern das Konzept zur Lerngruppe, zum literarischen Gegenstand und zu den unterrichtlichen Zielen, die mit dem Gespräch verfolgt werden sollen, passt. Ob ein Verfahren angemessen ist oder nicht, lässt sich nur in Abhängigkeit von diesen Bedingungen bestimmen. Ein neosokratisches Gespräch kann in einer Gruppe gelingen, weil die Schüler:innen darin erprobt sind, eigenständig Probleme zu lösen, und in einer anderen Gruppe scheitern, weil den Schüler:innen die diskursive Kompetenz dazu fehlt. Ein Vorlesegespräch mag sehr gut zur Erschließung eines Bilderbuchs passen, zur Erschließung eines romantischen Stimmungsgedichts aber wenig taugen. Die Auswahl des Konzepts sollte also situativ angemessen erfolgen. Andererseits geht es um die Frage, inwiefern das Konzept als tatsächlich Hilfsinstrument fungieren kann, um das Gesprächshandeln der Lehrperson zu optimieren. Wer wenig Erfahrung mit der Leitung von Gesprächen über Literatur hat, wird sich konkrete praktische Umsetzungshilfen, etwa zur Phasierung des Gesprächs oder zur Formulierung von konkreten Gesprächsimpulsen, wünschen. Wer dagegen schon lange professionell literarische Gespräche begleitet, benötigt möglicherweise nur allgemeine Denkanstöße, z. B. hinsichtlich der eigenen Rolle im Gespräch oder hinsichtlich didaktisch begründeter Leitorientierungen.

In jedem Fall erscheint uns der Übergang von der Fülle theoretischer Konzepte hin zur praktischen Umsetzung im Unterricht ein neuralgischer Punkt zu sein, der Konkretion erfordert. Daher wenden wir uns in Kapitel 3 konkreten Anwendungsbeispielen zu und zeichnen nach, was es bedeutet, Unterricht nach einem bestimmten Konzept mit Blick auf einen konkreten literarischen Gegenstand vor dem Hintergrund einer spezifischen Lerngruppe vorzubereiten und umzusetzen. Diese Zusammenhänge zeigen wir in Kapitel 3 an konkreten Beispielen.

3 Anwendungsbeispiele

3.1 Einleitung

Im vorigen Kapitel haben wir exemplarisch Konzeptionen vorgestellt, die in den letzten Jahrzehnten (insbesondere) in der Literaturdidaktik entwickelt wurden. Es ging uns um die strukturelle Einordnung der Konzepte in einen Diskursverlauf, und es ging uns darum, die theoretischen und z. T. auch empirischen Grundlegungen der Ansätze darzulegen. Fast unterschlagen wurde dabei, dass all diese Konzepte aus dem gleichen Zweck geschaffen wurden: Sie sollen die Praxis des Gesprächs im konkreten Unterricht zum Positiven verändern.

Mit dem vorliegenden Kapitel tragen wir diesem Aspekt Rechnung. Wir präsentieren im Folgenden Anwendungsbeispiele für die Konzepte Vorlese- bzw. Sehgespräch, Heidelberger Modell des literarischen Unterrichtsgesprächs, Forschendes Literaturgespräch sowie Lernunterstützendes Gespräch.[9] Die Darstellung der Anwendungsbeispiele folgt immer demselben Aufbauschema: Zunächst wiederholen wir zentrale Inhalte und Eckpunkte des Gesprächskonzepts. Dann wenden wir uns einem konkreten literarischen Text zu, den wir im Sinne des Konzepts didaktisch analysieren. Im nächsten Schritt skizzieren wir, was die Lehrperson zu tun hat, um das Konzept mit einem konkreten Text praktisch umzusetzen. Dann thematisieren wir die Lernvoraussetzungen, die die Schüler:innen für ein gelingendes Gespräch mitbringen müssen. Zum Abschluss fassen wir das Vorgestellte kurz zusammen und schlagen literarische Texte vor, die sich für Gespräche im bemühten konzeptionellen Rahmen eignen.

3.2 Anwendungsbeispiel für ein Vorlesegespräch

3.2.1 Hinführung

Das Vorlesegespräch (s. Kap. 2.2, Spinner 2004, Kruse 2016) ist eine Form des Gesprächs über literarische Texte, das nicht im Anschluss an die Rezeption, sondern währenddessen stattfindet. Die Lehrkraft präsentiert das literarische Werk (vorlesend – und im Falle eines Bilderbuchs vorzeigend – entweder über eine digitale Projektion, z. B. per Dokumentenkamera, oder indem sie die aufgeschlagenen Bilder in einem Sitzkreis zeigt). Sie unterbricht die Präsentation hin und wieder, um den schüler:innenseitigen Rezeptionsprozess durch Impulse und Gesprächsphasen zu begleiten. Ermöglicht werden soll hierdurch ein sukzessives und interaktionales Verstehen. Ziel ist, „die Erstbegegnung mit dem Text durch Gesprächsanteile [zu] intensivieren“ (Pieper 2016b, 78)

---

9 Kein Anwendungsbeispiel konzipieren wir zum Konzept des Literarischen Gesprächs der Frankfurter Forscher:innengruppe (vgl. Kap. 2.3), da das Verfahren in unserer Disziplin aus nachvollziehbaren Gründen stark kritisiert wurde (vgl. ebd.).

und hierdurch die literarische Sinnbildung der Schüler:innen wie deren Sinnbildungsfähigkeiten zu fördern.

Der Übergang zu Gesprächsformen, in denen ein interpretatives Interesse verfolgt wird oder in denen der Austausch über Leseeindrücke und Interpretationsansätze zur Sprache kommen soll, ist zwar fließend (vgl. ebd.). Im Zentrum eines Vorlesegesprächs soll aber „die Annäherung an den literarischen Gegenstand" (ebd.) stehen. Insofern gilt es laut Spinner (2004), ein Vorlesegespräch „auf den gehörten Text" (ebd., 295) zu zentrieren, die Gesprächseinlagen begrenzt zu halten und primär auf eine intensive „Imagination" (ebd.) des gehörten und betrachteten literarischen Gegenstands abzuzielen. Dabei kommt den Gesprächsanteilen, die von der Lehrkraft initiiert und gesteuert werden, eine unterstützende Funktion in Textwahrnehmung und -prozessierung zu (vgl. Pieper 2016b, 78). Das wichtigste Ziel des Vorlesegesprächs ist demnach die „Anregung eines Wechselspiels von Aktivierung individueller Vorstellungen und Erfahrungen auf der einen und genauer Textwahrnehmung" auf der anderen Seite (Spinner 2004, 297).

Für diese Rezeptionsform sei laut Spinner (ebd., 295) ein Sitzkreis ideal. So könne eine Situation geschaffen werden, in der ein:e Teilnehmer:in mithilfe des Textes „das eigene Hier und Jetzt gleichsam vergisst" (ebd.). Vorlesegespräche im schulischen Raum schaffen idealerweise über das interaktionale Verstehen eines literarischen Textes hinaus insofern auch eine „Vertrautheit mit der kulturellen Praxis ‚Literatur'" (Pieper 2016b, 80), deren Erwerb vonseiten der Lesesozialisationsforschung eher familiären Vorleseinteraktionen zugeschrieben wird (vgl. Pieper 2016b, 79 f.).

3.2.2 Textbeschreibung – *Das Gold des Hasen*

Um die Vorbereitung und Durchführung des Verfahrens beispielhaft zu zeigen, wählen wir das Bilderbuch *Das Gold des Hasen* von Martin Baltscheit und Christine Schwarz (2013).[10] Dessen Rezeption in einem hohen Jahrgang der Primarstufe oder in einem unteren Jahrgang der Sekundarstufe im Rahmen eines Vorlesegesprächs zu realisieren, bietet sich aufgrund folgender Textmerkmale an:

- Überschaubare Rezeptionszeit: Die Geschichte vom Gold des Hasen wird auf 20 Doppelseiten erzählt (zuzüglich Einband sowie Titelei), von denen fast durchgehend nur eine Seite einen überschaubaren (Vor-)Lesetext enthält. Auf der jeweils anderen Seite wird ein Bild präsentiert. Ohne Gesprächseinlagen liegt die Vorlese- und Betrachtungszeit bei rund zehn Minuten. Demnach dürfte auch eine Rezeption mit Gesprächseinlagen die Aufmerksamkeitsfähigkeiten vieler Schüler:innen nicht überfordern.
- Eine gemeinsame, sukzessive und unterstützte Rezeption des Werkes kann die literarische Sinnbildung der Schüler:innen befördern: *Das Gold des Hasen* ist eine auf Textebene strukturell einfache, dem Fabelschema folgende Erzählung. Bildgestalterisch ist sie indessen anspruchsvoll. Sie ermöglicht den Leser:innen eine ganze Reihe von Bild-Entdeckungen, intertextuellen Bezugnahmen, symbolischen

10 Alle Bildzitate aus: Martin Baltscheit & Christine Schwarz, Das Gold des Hasen. © 2013 Beltz & Gelberg in der Verlagsgruppe Beltz (Weinheim und Basel).

Verstehensmomenten sowie Schmunzeln über hintersinnige Komik (vgl. Vach 2016, 36, Steinhauser 2013). Viele dieser Möglichkeiten bleiben Schüler:innen ohne eine Unterstützung durch die Lehrkraft jedoch verborgen.

Das Gold des Hasen wird von Vach (2016) als Fabel über „die Gier nach Reichtum und die Angst, ihn wieder zu verlieren" (ebd., 35) eingeordnet. Ein Hase, der auf der ersten erzählenden Doppelseite als extrem ängstlich beschrieben wird – „[s]chon am ersten Tag seines Lebens fürchtete er den zweiten" (Baltscheit & Schwarz 2013, ohne Seitenzahlen) –, stirbt nach einem langen, einsamen Leben. Die Ängstlichkeit des Hasen wird auch auf Bildebene dargestellt, z. B. durch das weitaufgerissene (angstgeweitete?) Auge des Hasen, der auf der Titelseite und der ersten Seite der Erzählung im Profil sichtbar ist (s. Abbildung 3). Den Tod des Hasen bemerken die Tiere des Waldes erst einige Monate später. Man sah ihn schließlich auch zu Lebzeiten nicht, da er aus Angst nie aus dem Haus ging. Die zeitliche Dimension des (späten) Auffindens wird sowohl auf der Textebene genannt als auch durch ein Bild erlebbar, das den Hasen skelettiert zeigt (s. Abbildung 4, vgl. Preußer 2014, 42).

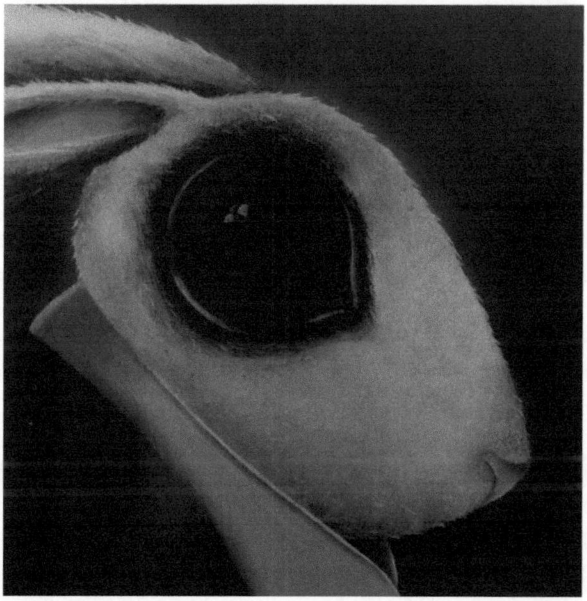

Abbildung 3: Das Gold des Hasen, o. S.

Nach der Beerdigung des Hasen treffen sich die Tiere: „Nicht, weil man den Hasen mochte, sondern weil es ein Testament gab" (Baltscheit & Schwarz 2013, ohne Seitenzahl). In diesem verfügte der Hase, seine Truhe mit Gold „dem größten Angsthasen im Wald" (ebd.) zu vermachen. Es beginnt ein Wettstreit unter den Tieren des Waldes, und statt „mit Heldentaten wird nun mit der größten Angst geprahlt" (Vach 2016, 35): Die Schlange hat z. B. Angst davor, für eine Lügnerin gehalten zu werden, während die

Abbildung 4: Das Gold des Hasen, o. S.

Mäuse befürchten, von Schlangen und weiteren Tieren des Waldes gefressen zu werden. Die Erzählstimme berichtet die drastische, womöglich erfundene bis wenig glaubwürdige Angst von acht Tieren in unkommentierter direkter Figurenrede, wobei die Bilder einen „psychologischen Subtext" (ebd.) zur Erzählung liefern. „Der Wald war voller Angsthasen. Bis in den Abend überboten sich Furcht, Feigheit und Bammel" (Baltscheit & Schwarz 2013, ohne Seitenzahl); die Bäume und Wolken des Waldes zeigen beängstigende, fratzenhafte Gesichter.

Allerdings kann keines der Tiere die Versammlung davon überzeugen, der größte Angsthase zu sein. Zur Überraschung aller entpuppt sich am Ende der Wolf als größter Angsthase. Dem Wolf wird die Erbschaft zugesprochen. Er zieht in das Haus des Hasen ein. Zunächst freut sich der Wolf über den Schatz des Hasen – und über die Leichtgläubigkeit der Tiere, die auf seine Geschichte hereingefallen sind. Schlussendlich aber macht „sich ein neues Gefühl in seinem Magen breit, das nichts mit Hunger zu tun hat" (Steinhauser 2013):

> Denn die Angst [den neu gewonnenen Reichtum wieder zu verlieren, Erg. d. Aut.] ergreift nach und nach vom Wolf Besitz und macht ihn einsam und unglücklich. Das offen gehaltene Ende deutet an, dass die Gier nach Besitz und der Geiz das Leben so beeinträchtigen können, dass die Habe zur Belastung wird und zum Verlust von Lebensqualität und Freundschaft führen kann. (Vach 2016, 35)

Abbildung 5: Das Gold des Hasen, o. S.

In einem Vorlesegespräch kann es zunächst darum gehen, den in Bild und Text erzählten Plot zu realisieren. Dazu gehört auch, darüber nachzudenken, was das für ein Gefühl ist, das der Wolf zum Ende der Erzählung verspürt. Leser:innen erfahren auf Textebene (linke Seite der Doppelseite), dass es „kein Hunger" (Baltscheit & Schwarz 2013, ohne Seitenzahl) gewesen sei. Auf Bildebene (rechte Seite, s. Abbildung 5) kann man durch die Körperhaltung des Wolfs, der auf der Goldtruhe des Hasen sitzt, durch seinen Gesichtsausdruck, aber auch die Farb- und Lichtgestaltung durchaus vermuten, dass er zumindest eine Art Unwohlsein – mithin: Angst – empfindet.

In diesem Verstehensschritt wird deutlich, worauf Gesprächssequenzen beim gemeinsamen Rezipieren u. a. zielen könnten: Hier könnten die Schüler:innen gefragt werden, welches Gefühl den Wolf nun beschleicht – und es könnte darum gehen, ihre Einschätzung durch Eigenschaften und Bestandteile des Bildes zu erklären. Auf eine solche Weise die genaue Bildwahrnehmung zu unterstützen, würde sich bspw. auch dort lohnen, wo die Tiere des Waldes von ihren Ängsten berichten. Ist die Schlange glaubwürdig, wenn sie sagt, dass sie fürchte, als Lügnerin zu gelten? Betrachtet man das Bild der Schlange – insbesondere deren Gesichtsausdruck – kann man vermuten, dass dem nicht so ist.

Neben der genauen Bildwahrnehmung kann es im Gespräch darum gehen, Vorwissen in den Verstehensprozess einzubringen oder Wissen hierfür verfügbar zu machen. Dass der Schlange in Fabeln gemeinhin die Eigenschaft zugeordnet wird, hinterhältig zu sein, wäre ein solches Wissen. Am wichtigsten wäre die Unterstützung der Schüler:innen durch Hintergrundwissen dort, wo der böse Wolf von seinen Ängsten berichtet: Er fürchte sich vor dem Mädchen mit rotem Käppchen, vor den drei Schweinen und auch vor Schafen. Dass hier jeweils auf Märchen- resp. Fabelstoffe angespielt wird (und die Rollen ins Gegenteil verkehrt werden), können gewiss einige Schüler:innen in der ausgehenden Primarstufe/der Unterstufe erkennen. Wenn sie ihre Bezugnahmen im Plenum mitteilen, werden diese auch für andere Schüler:innen verfügbar und reichern das Verstehen der Erzählung an: Je deutlicher Bezugnahmen glücken, desto klarer wird, dass der Wolf den Tieren des Waldes wohl Lügen auftischt. Dass die Leser:innen hier den Tieren des Waldes mit dieser Erkenntnis voraus sind, dürfte genauso das Verstehen der folgenden Plot-Wendungen erleichtern wie Freude bereiten.

3.2.3 Was müssen die Lehrpersonen tun?

Um ein Vorlesegespräch vorzubereiten, gilt es zunächst, das ausgewählte Werk selbst intensiv zu sichten – und sich anschließend dem Werk gewissermaßen mit den Augen der Schüler:innen zuzuwenden. Was würden diese ggf. nicht auf den ersten Blick sehen oder beim Vorlesen überhören? Welchen Erzählschritt würden sie nicht oder anders verstehen als erfahrene Leser:innen? Und welche Verstehensschritte sind unverzichtbar, um zu einer stimmigen und interessanten mentalen Repräsentation des Werkes zu gelangen?

Mithilfe dieser Fragen sind nun einerseits – ganz konkret bezogen auf den literarischen Gegenstand – Zielsetzungen für die gemeinsame Rezeption zu skizzieren: Was soll die mentale Repräsentation der Schüler:innen umfassen? Was wären mögliche Erweiterungen, die aber nicht alle/nicht in jedem Fall angelegt werden müssen? Andererseits kann man auf diese Weise antizipieren, für welche Verstehensschritte und mit diesen verbundene Bild- und Textwahrnehmungen Gesprächssequenzen förderlich sein können.

Diese können anschließend antizipiert werden, indem man die Präsentation bedeutender Erzählschritte vorausplant und für bestimmte Stellen der Rezeption Gesprächseinlagen inkl. möglicher Impulse skizziert. Bei dieser Planungstätigkeit darf nicht aus dem Blick geraten, worauf Vorlesegespräche zielen: Sie sollen zuvorderst eine intensive Imagination der gelesenen/gesehenen Geschichte und gleichsam also eine detailreiche wie lebendige mentale Repräsentation des Werks durch die Schüler:innen anregen. Damit wird eine „imaginative Verstrickung“ (Spinner 2004, 295) der Gesprächsteilnehmer:innen ermöglicht. Ein zu starker Fokus auf Denkaufgaben gilt hierfür als kontraproduktiv (vgl. ebd.).

Um zu einer lebendigen und detailreichen Repräsentation zu gelangen, schlägt Spinner (2004) vor, durch lehrer:innenseitige Impulse das Einbringen *eigener Erfahrungen* und *eigenen Wissens* in den Prozess zu fördern. Hierdurch können das Gelesene und Gesehene mit Vorwissen oder Vorerfahrungen verknüpft werden. Dies böte sich in *Das Gold des Hasen* bspw. dort an, wo sich der Wolf mit seinen Ängsten den Tieren des Waldes und damit auch den Leser:innen vorstellt: Was wissen die Schüler:innen über den bösen Wolf im Märchen *Rotkäppchen*? Was macht der Wolf mit dem Lamm in der Fabel *Der Wolf und das Lamm*? Dass die Erzählung hier mit dem Vorwissen der Leser:innen spielt, wird für etliche Schüler:innen vermutlich nur deutlich, wenn dies durch die Lehrkraft angestoßen zur Sprache kommt.

Des Weiteren können im Vorlesegespräch *Antizipationen* angeregt werden. Preußer (2014) schlägt vor, das Vorlesegespräch zu *Das Gold des Hasen* mit dem Buch, „zugeklappt in die Mitte gelegt“ (ebd., 50), zu beginnen und zu fragen: Um was könnte es denn angesichts des Titels und des Titelbilds in dieser Geschichte gehen? Die Frage danach, wie die Geschichte weitergehen könnte, begleitet uns schließlich auch bei der individuellen Rezeption von Erzähltexten (vgl. Spinner 2004, 296). Spannung entsteht dann, wenn wir für die weiteren Geschehnisse Ideen haben – vor allem dann, wenn wir uns einen bestimmten Handlungsverlauf wünschen, einen anderen hingegen befürchten. Für *Das Gold des Hasen* wären solche Wünsche und Befürchtungen u. a. zu erwarten, nachdem der Wolf den Tieren des Waldes seine Lügen aufgetischt hat: Werden diese ihm glauben und ihn als Erben einsetzen? (Hoffentlich nicht!) Wird er auffliegen? (Hoffentlich!)

An Seitenübergängen in Text-Bild-Erzählungen (sogenannten *page breaks*), die mit einem Erwartungsbruch operieren, können durch Antizipationen Differenzerfahrungen hervorgerufen werden: Das Buch geht ganz anders weiter, als ich dachte! Im vorliegenden Bilderbuch ist das nach der Doppelseite der Fall, auf der sich der Wolf sowohl über das zugeteilte Erbe als auch über die Dummheit der Tiere erfreut (s. Abbildung 6). Wer könnte hier vermuten, dass ihn schon eine Seite später ein ganz anderes Gefühl überfällt?

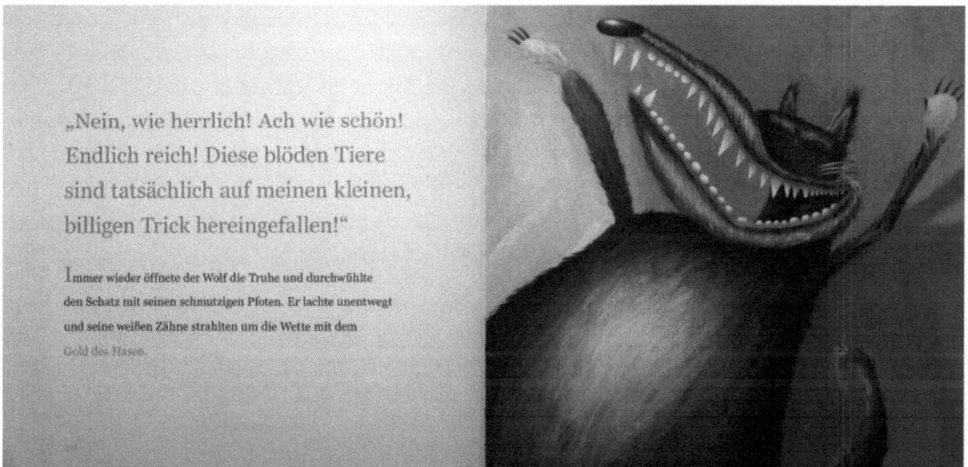

Abbildung 6: Das Gold des Hasen, o. S.

Impulse zur *genauen Wahrnehmung des Gesehenen und Gehörten* können häufig mit Impulsen zur *Deutung von symbolischen Darstellungen*, zur *Reflexion des eigenen Leseeindrucks* und des *Figurenverhaltens* sowie zur *Perspektivübernahme* verbunden werden (vgl. Kruse 2016, 111 f., Spinner 2004, 296 f.). So sind im Hinblick auf Abbildung 5 alle folgenden Fragen denkbar: Wie fühlt sich der Wolf nun? Fällt euch etwas bei der Farbgestaltung des Bildes auf? Warum könnte dieses Bild in dunklen Farben gestaltet sein?

Was bewirkt das Bild bei dir? Betrachtet man das Anliegen eines Vorlesegesprächs – eine intensive Imagination anzuregen –, würde man als Lehrkraft zweifelsohne nicht alle diese Fragen nacheinander stellen, sondern sich für einige entscheiden. Da „[d]ie Kunst bei der Durchführung von Vorlesegesprächen [...] darin besteht, dass man die imaginative Verstrickung in den Text nicht durch die Unterbrechungen stört“ (ebd., 295), empfiehlt es sich folglich, etliche Impulse vorausgeplant zu haben, um sie dann je nach Gesprächsverlauf adaptiv einzusetzen.

Die Rezeption im Vorlesegespräch kann zu Anschlusshandlungen führen, in denen das Erstverstehen des Gegenstands intensiviert wird: So kann zu einer arbeitsteiligen genauen Betrachtung der konkurrierenden Tiere angeregt werden (vgl. Vach 2016, 36). Auch könnte man die gemeinsame Rezeption vor dem eigentlichen Ende der Geschichte beenden, nämlich mit der Doppelseite in Abbildung 5, und das Ende der Geschichte produktiv – mit Gestaltung einer Text-Bild-Doppelseite – vorausahnen lassen (vgl. ebd., 36 f.). Selbst ein Bezug der Fabel zur Lebenswelt der Kinder könnte in einer Anschlussaufgabe hergestellt werden.

3.2.4 Was müssen die Lernenden mitbringen?

Geeignet erscheint das Verfahren für alle Schüler:innen, die die Fähigkeit aufbringen, einer längeren gemeinsamen Rezeption zu folgen. Dies schließt eine gewisse Erfahrung mit dieser Rezeptionssituation sowie die Fähigkeit ein, in einer solchen der Präsentation des Bilderbuchs aufmerksam zu folgen. Ein Interesse am gemeinsam rezipierten Gegenstand ist sicherlich förderlich; der Gegenstand sollte wiederum, was seine Komplexität angeht, zu den Wahrnehmungsvoraussetzungen passen. Lehrkräfte müssen sich also nicht nur die Frage stellen, ob der zu wählende Gegenstand das Interesse der Lernenden trifft, ob er bspw. witzig und spannend genug ist. Sie müssen sich auch fragen, ob es der Gegenstand vielen Lernenden ermöglicht, in einem gemeinsamen Erstzugang – mit nachvollziehbarer Anstrengung und einigem Genuss! – zu einer textangemessenen mentalen Repräsentation zu gelangen.

3.2.5 Vorgehen – kurz gefasst

Vorbereitung:

- Die Lehrkraft wählt einen für die Lerngruppe geeigneten Gegenstand aus.
- Sie führt eine didaktische Analyse durch. Dazu legt sie Rezeptionsziele fest und plant Gesprächseinlagen inklusive notwendiger Anschlusshandlungen und Übergänge.

Durchführung:

- Die Lehrkraft bahnt das Vorlesegespräch an (Sitzkreis, Aufmerksamkeitsfokussierung).
- Während der gemeinsamen Rezeption unterstützt sie die Schüler:innen durch einen adaptiven Einsatz der geplanten Gesprächsimpulse.
- Sie moderiert den Übergang zu Anschlusshandlungen.

Es bietet sich an, im Anschluss an das Vorlesegespräch skizzenhaft etwaige Abweichungen vom Geplanten sowie Beobachtungen zu notieren, die auf Dysfunktionalitäten oder auf die besondere Funktionalität bestimmter Sequenzen hinweisen. Ein solches Vorgehen ist auch mit etwas Abstand zum Reflexionsgegenstand sinnvoll. Auf diese Weise kann ein zukünftiges Vorlesegespräch mit einem noch genaueren Blick auf die Rezeptionsvoraussetzungen und -wünsche der Lerngruppe geplant werden.

3.2.6 Geeignete Texte

Grundsätzlich eignen sich für ein Vorlese- bzw. Sehgespräche Texte, für die es sich anbietet, während der Erstbegegnung die Imagination der Textwelt durch Gesprächsimpulse zu intensivieren. Besondere Freude entsteht in Vorlesegesprächen, wenn die literarischen Texte einige Erwartungsbrüche bereithalten. Dann führen die gemeinsamen Antizipationen zu Aha-Erlebnissen.

Im Folgenden nennen wir drei Beispiele.

Tan, Shaun (2019): Zikade. Stuttgart: Thienemann. Im Bilderbuch wird die Geschichte von Zikade erzählt, die in einer grauen Bürowelt arbeitet. Obschon das Insekt fleißig ist und nie Fehler macht, wird es von seinen menschlichen Kollegen schlecht behandelt. Als Zikade in den Ruhestand eintritt, steigt die Figur aufs Hochhausdach und stellt sich an die Kante. Was dann passiert, ist allerdings nicht der Suizid, den man vielleicht vorausdenkt, sondern eine spannende Metamorphose. Das Bilderbuch ist geeignet für Lerngruppen ab der vierten Klasse.

Gravett, Emily (2005): Achtung, Wolf! Ostfildern: Sauerländer/Patmos. Die Hauptfigur, das Kaninchen Rabbit, entleiht ein Buch über Wölfe in einer Bücherei. Die Figur fängt an zu lesen; der:die Leser:in liest mit. Das Böse fasziniert Leser:in und Hauptfigur zunehmend und macht die Lektüre spannend. Das Bilderbuch ist geeignet für Lerngruppen zwischen dem zweiten und fünften Jahrgang.

Schwerdtfeger, Malin (2002): Mein erster Achttausender. In dies.: Leichte Mädchen. Erzählungen Köln: Kiepenheuer und Witsch, (S. 49–51). Die jugendliche Ich-Erzählerin der kurzen Erzählung ist hin- und hergerissen zwischen ihrem wehleidigen Vater, der seine Telearbeit vom Bett aus erledigt, und ihrer kindischen Mutter, die zwischen ihren Trekking-Trips nur kurz zuhause vorbeischaut und sich dann von ihrer Tochter bemuttern lässt. Das Spiel um familiäre Rollen lädt zur Stellungnahme ein: Würde ich die Rolle der Erzählerin übernehmen? Der kurze Prosatext ist geeignet für Lerngruppen ab dem achten Jahrgang.

3.3 Anwendungsbeispiel für ein literarisches Gespräch nach dem Heidelberger Modell

3.3.1 Hinführung

Das Heidelberger Modell ist im deutschen Sprachraum der prominenteste Ansatz, der der Verstrickung mit dem Text (siehe Kap. 1.3) – der „affektiv besetzten personalen Begegnung" mit diesem (Steinbrenner & Wiprächtiger-Geppert 2010, 1) – eine zentrale Rolle beimisst. Ein Gespräch nach diesem Modell zielt nicht „auf geschlossene Interpretationen, sondern [ermöglicht] die Entfaltung von Textsinn im Gesprächsprozess" (ebd.). Wie dies unter anderem literaturtheoretisch begründet wird, lässt sich in Kap. 2.4 nachlesen. Im Folgenden exemplifizieren wir das Modell anhand Kafkas Parabel *Eine kaiserliche Botschaft,* für deren Interpretation sich gewiss kein „endgültiges Wort" – so der Titel eines Bandes zum literarischen Gespräch (Härle & Steinbrenner 2020) – finden lässt.

3.3.2 Textbeschreibung – *Eine kaiserliche Botschaft*

Die Parabel *Eine kaiserliche Botschaft* erschien 1920 im Sammelband *Ein Landarzt* und war ursprünglich in die posthum veröffentlichte Erzählung *Beim Bau der chinesischen Mauer* eingebettet, „der in Kafkas Werk eine poetologische Schlüsselstellung zu[-kommt]" (Wagner 2010, 250).

Eine kaiserliche Botschaft
Franz Kafka

Der Kaiser – so heißt es – hat dir, dem Einzelnen, dem jämmerlichen Untertanen, dem winzig vor der kaiserlichen Sonne in die fernste Ferne geflüchteten Schatten, gerade dir hat der Kaiser von seinem Sterbebett aus eine Botschaft gesendet. Den Boten hat er beim Bett niederknien lassen und ihm die Botschaft ins Ohr geflüstert; so sehr war ihm an ihr gelegen, daß er sich sie noch ins Ohr wiedersagen ließ. Durch Kopfnicken hat er die Richtigkeit des Gesagten bestätigt. Und vor der ganzen Zuschauerschaft seines Todes – alle hindernden Wände werden niedergebrochen und auf den weit und hoch sich schwingenden Freitreppen stehen im Ring die Großen des Reichs – vor allen diesen hat er den Boten abgefertigt. Der Bote hat sich gleich auf den Weg gemacht; ein kräftiger, ein unermüdlicher Mann; einmal diesen, einmal den andern Arm vorstreckend schafft er sich Bahn durch die Menge; findet er Widerstand, zeigt er auf die Brust, wo das Zeichen der Sonne ist; er kommt auch leicht vorwärts, wie kein anderer. Aber die Menge ist so groß; ihre Wohnstätten nehmen kein Ende. Öffnete sich freies Feld, wie würde er fliegen und bald wohl hörtest du das herrliche Schlagen seiner Fäuste an deiner Tür. Aber statt dessen, wie nutzlos müht er sich ab; immer noch zwängt er sich durch die Gemächer des innersten Palastes; niemals wird er sie überwinden; und gelänge ihm dies, nichts wäre gewonnen; die Treppen hinab müßte er sich kämpfen; und gelänge ihm dies, nichts wäre gewonnen; die Höfe wären zu durchmessen; und nach den Höfen der zweite umschließende Palast; und wieder Treppen und Höfe; und wieder ein Palast; und so weiter durch Jahrtausende; und stürzte er endlich aus dem äußersten Tor – aber niemals, niemals kann es geschehen –, liegt erst die Residenzstadt vor ihm, die Mitte der Welt, hochgeschüttet voll ihres Bodensatzes. Niemand dringt hier durch und gar mit der Botschaft eines Toten. – Du aber sitzt an deinem Fenster und erträumst sie dir, wenn der Abend kommt.

Franz Kafka (2020). Eine kaiserliche Botschaft. In ders., *Ein Landarzt*, 90 f. Leipzig: Kurt Wolff Verlag.

Dieser literarische Text erfüllt die von Steinbrenner und Wiprächtiger-Geppert (2010, 7) benannten Kriterien für die Eignung von Texten für Gespräche nach dem Heidelberger Modell in besonderer Weise. Es handelt sich um einen kurzen Text, der zu Beginn des Gesprächs (mehrmals) vorgelesen werden kann. Ob der Text tatsächlich sowohl für die Lehrkraft als auch für die Schüler:innen interessant und reizvoll ist, hängt zwar von den konkreten Gesprächsteilnehmer:innen ab. Erfahrungsgemäß sind Kafka-Texte jedoch für viele Schüler:innen anregend. Das liegt an ihrer „Rätselhaftigkeit", ihrer „Mehrdeutigkeit" sowie häufig an ihrer „ungewöhnliche[n] sprachlichen Gestaltung" (ebd.). Diese ist im Fall von *Eine kaiserliche Botschaft* wortwörtlich ansprechend. Den Rahmen der Parabel bildet eine ungewöhnliche Anrede an den:die Leser:in. Ein Kaiser habe an diese:n eine Botschaft versendet. Der Bote, der die Nachricht überbringen soll, kommt jedoch nie an. Stattdessen „erträum[...]t" das angesprochene Du die Botschaft. Dieses Du wird zu Beginn dem Kaiser entgegengesetzt. Es sei sein „jämmerlicher Untertan", vereinzelt und vor ihm „geflüchtet". Umso überraschender erscheint es, dass der Kaiser gerade diesem Du eine Botschaft sendet, die wohl des Kaisers letzte Worte sind. Diese Botschaft ist dem Kaiser derart wichtig, dass er überprüft, ob der Bote die Worte auch richtig verstanden hat. Der Bote – fähig „wie kein anderer" – wird unter größtem Aufwand losgeschickt.

Der Beschreibung des erfolglosen Voranschreitens des Boten kommt der größte Teil des Textes zu. Diese Beschreibung steht erst im Perfekt – „die direkte Ansprache des Du wach[haltend]" und die „Tatsächlichkeit" und Abgeschlossenheit des Geschehens „[b]ekräftig[end]" (Sudau 2019, 119). Ein „unvermittelter Übergang" ins Präsens lässt den Boten anschließend „gegenwärtig vor dem Auge des Leser weitereilen" (ebd., 120). Dass er nie ankommen wird, kündigt der Wechsel in den Konjunktiv an – sein Klopfen an der Tür des Du wird als irreal markiert. Dem Boten gelingt es nicht einmal, die Wohnstätten des Kaiserreiches zu verlassen. Der Aussichtslosigkeit seines Unterfangens wird dann im „indikativischen Präsens [...] Faktizität" verliehen (ebd., 121). Die sich anschließenden Sätze unterstreichen die Unmöglichkeit des Ankommens. Der die Beschreibung des Botengangs abschließende Satz „macht jeglichem Hoffnungsschimmer endgültig den Garaus" (ebd.). Nun werden die Leser:innen abermals mit einer Anrede überrascht. Während der hypotaktische Satzbau der Beschreibung des Botengangs voller Einschübe, Wiederholungen und Steigerungen eine „hektische[...] Dramatik" vermittelt, sitzt das angesprochene Du ruhig an seinem Fenster und erträumt in romantisch anmutender „Kontemplation" (ebd., 122) die Botschaft des Kaisers.

Der Text lässt sich mit Kontexten deuten, die bei der Interpretation von Texten Kafkas häufig Verwendung finden. Beispielsweise verweise der Weg des Boten laut Alt (2018, 516) auf „die verschlungenen Kanäle des bürokratischen Systems, das Kafka aus der Versicherungsanstalt sehr genau kannte". Andere Deutungen nehmen auf die politische Situation der Entstehungszeit des Textes Bezug. Die Parabel handle im übertragenen Sinne von den „Schwierigkeiten der Nachrichtenübermittlung unter den Bedingungen einer labyrinthisch erscheinenden Welt", wie sie Kriegsboten in der „verfahrenen militärischen Lage" des Ersten Weltkriegs erlebten (ebd., 517). Einer anderen Deutung zufolge stehe der verstorbene Kaiser „auf einer psychologischen Ebene" für Franz Joseph I., der sich für den Schutz der jüdischen Bevölkerung einsetzte und vier Monate vor Entstehung des Textes starb (ebd., 516).

Für ein Unterrichtsgespräch sind die Deutungen besonders relevant, in denen das im Text mehrfach angesprochene Du eine zentrale Rolle spielt. Ist es als machtloser Untertan auf die Bemühungen des Boten angewiesen? Kann es bestenfalls darauf hoffen, dass der Glanz der kaiserlichen Sonne abfärbt, oder ist selbst diese Hoffnung in Anbetracht des selbstgewählten Daseins im Schatten vermessen? Ist es also selbst daran schuld, dass der Bote so weit reisen muss und die Botschaft nur erträumt werden kann? Die Machtasymmetrie zwischen Du und Kaiser lässt sich jedoch auch umkehrt denken. Für die Übermittlung der Botschaft ist die unendliche Größe seines Reiches hinderlich. Die Macht des Kaisers steht dem Erfüllen seines letzten Wunsches offenbar im Wege. Dagegen ist das Du nicht nur erwählt worden, die letzten Worte des Kaisers zu empfangen. Es braucht kein unendlich großes Reich und nicht die unermüdliche Anstrengung eines Boten, sondern nur ein Fenster und den Abend – an dem die Sonne und damit der Kaiser abwesend sind – um sich die Botschaft zu erträumen. Wenn Alt (2018, 517) den Text als eine Parabel über das literarische Schreiben auffasst, bei dem der:die Autor:in – wie Kafka – „in den verwirrenden Ordnungen [... des eigenen] Manuskripts eine Bahn des Gelingens sucht", ist anzufügen, dass gerade die Leser:innen die individuelle Macht besitzen, die große, titelgebende Leerstelle des Textes – die Botschaft – zu füllen. Dass professionelle Interpret:innen dazu neigen, diese Leerstelle offenzulassen, ist gewiss kein Zufall. Es gibt kaum Anhaltspunkte, um die Passung einer imaginierten Botschaft zum Text zu überprüfen. Die Beobachtung, nach der die Leser:innen über die zentrale Leerstelle recht frei verfügen können, ist aber bereits wesentlich, um den Text zu interpretieren.

3.3.3 Was müssen die Lehrpersonen tun?

Zum Einstieg werden Rahmen und Regeln des Gesprächs nach der Heidelberger Modell von der Lehrkraft thematisiert. Das Ziel ist eine „eine Atmosphäre der Ruhe und Konzentration" (Steinbrenner & Wiprächtiger-Geppert 2010, 7). Bei der sich anschließenden Textbegegnung wird der Text zuerst laut vorgelesen. Dann lesen alle Gesprächsteilnehmer:innen den Text für sich. In einer ersten Runde fragt die Lehrkraft, welche Stellen des Textes die Schüler:innen besonders ansprachen oder irritierten (vgl. ebd.). Nach dem Sammeln von individuellen Eindrücken kann auch sie sich mit einem authentischen Beitrag äußern.

Es folgt die zentrale Phase: das offene Gespräch. Laut Steinbrenner und Wiprächtiger-Geppert sollen literarische Gespräche

> ein Wechselspiel ermöglichen zwischen assoziativen und häufig auf persönliche Erfahrungen bezogenen Beiträgen und solchen, die sich eher auf den Text und dessen einzelne Elemente und Strukturen beziehen. (Steinbrenner & Wiprächtiger-Geppert 2006, 236)

Wenn das Gespräch zu stark bei den assoziativen Eindrücken verharrt und der Text aus dem Blick gerät, kann die Lehrkraft Impulse formulieren, „die eher auf den Text und seine genauere Wahrnehmung zielen" (ebd., 236) oder auch „Kontextinformationen einbring[en]" (ebd.). Die Überlegungen in Kap. 3.2.3 sind hierfür nützlich. Wenn die Balance zwischen Text und Leser:innen zu stark in Richtung Text kippt, ist die Lehrkraft dagegen gefordert, die „Erfahrungen der Teilnehmenden einzubeziehen" (ebd.). Neben dem Einholen von Leseeindrücken kann dies auch durch „Aufgreifen eines anderen [...] Beitrags" (ebd.) geschehen. Darüber hinaus ist Aufgabe der partizipierenden Leitung, „verschiedene Aussagen [zu] spiegel[n], [zu] bündel[n] oder Aussagen der einzelnen Schüler[:innen] miteinander zu verknüpf[en], solange die Schüler[:innen] dies noch nicht selbst können." (ebd.). Die soeben beschriebenen Impulse bezeichnen Steinbrenner und Wiprächtiger-Geppert (2006, ebd.) als „[g]esprächsfördernde Impulse". Äußerungen der Lehrkraft, die auf „den Gesprächsprozess, das Verhalten einzelner und die Gruppendynamik insgesamt einwirken", heißen „[g]esprächsorganisierende Impulse" (ebd.). Zu diesen gehört auch, die Einhaltung der Gesprächsregeln einzufordern und die Regeln explizit zum Gesprächsthema zu machen (vgl. ebd.).

Eine solche partizipierende Leitung durch die Lehrkraft ist auch bei der Verwendung des obigen Textes äußerst anspruchsvoll. Gerade die Texte Kafkas verleiten dazu, sie unter Verwendung wohlbekannter Kafka-typischer Bezugskontexte zu deuten. Ein Gespräch nach dem Heidelberger Modell hat das Potenzial, sich nicht auf solche Deutungen zu beschränken und stattdessen unvoreingenommen der Wirkung des Textes nachzuspüren. Wenn die Lehrkraft Bezugskontexte vor Augen hat und deren Applikation auf den Text ihr als angemessen erscheint, würde sie durch Explikation dieser Zusammenhänge der Wirkung des Textes auf sie selbst gerecht werden und sich folglich authentisch äußern. Hier liegt die Gefahr, die Schüler:innen zu stark zu lenken und jedes eigene Deuten im Keim zu ersticken. Deshalb erscheint es uns in diesem Anwendungsbeispiel sinnvoll, im Gespräch eher zurückhaltend mit der Bezugnahme auf bestehendes Kontextwissen zu sein. Neben punktuellen authentischen Eindrücken der Lehrkraft sind stattdessen die Lesarten der Schüler:innen in den Mittelpunkt zu stellen. Die Lehrkraft sollte also „darauf [vertrauen], dass sich im Gespräch Verstehen ereignen kann" (Steinbrenner & Wiprächtiger-Geppert 2010, 7). Die Parabel scheint zwar auf den ersten Blick abstrakt zu sein. Sie lässt sich jedoch auf die Lebenswelt der Schüler:innen übertragen. In einer Gegenwart der Vereinzelung, in der sich unbedeutend fühlende Menschen wünschen, im „Casting" (Sudau 2019, 117) oder auf Social Media entdeckt und erwählt zu werden, finden sich viele Parallelen zwischen den Schüler:innen und dem im Text angesprochenen Du. Dem Imaginieren der Botschaft steht nichts im Wege. Eine solche Imagination bietet sich aus unserer Sicht jedoch als Ausgangs-, nicht als Endpunkt der Auseinandersetzung mit dem Text an.

Um sich dem Text auf individuelle Weise zu nähern und das literarische Gespräch nach dem Heidelberger Modell vorzubereiten, hilft es, sich zu folgenden, von Steinbrenner und Wiprächtiger-Geppert (2006, 269) formulierten Punkten Text- und Selbstbeobachtungen aufzuschreiben sowie Impulse schon im Vorfeld versuchsweise zu formulieren:

- „[W]arum habe ich diesen Text ausgewählt (sachliche/persönliche Gründe)?"
- „Aspekte, über die Schüler[:]innen [...] ins Gespräch kommen könnten"
- „Impulse für die erste Runde"
- „Impulse, die eher zum Text hinführen"
- „Impulse, die eher zu eigenen Erfahrungen hinführen"
- „Impuls für die Schlussrunde"

Das Gespräch endet mit einer Schlussrunde, in der folgende Fragen gemeinsam beantwortet werden können (Steinbrenner & Wiprächtiger-Geppert 2010, 9):

- „Worüber haben wir gesprochen?"
- „Was habe(n) ich (wir) ganz gut verstanden?"
- „Was habe(n) ich (wir) noch nicht so richtig verstanden?"
- „Worüber würde ich jetzt gerne noch weiter sprechen oder nachdenken?"
- „Was ist uns heute besonders gut gelungen?"
- „Was müssen wir noch üben?"
- „Was könnten wir das nächste Mal besser machen?"

3.3.4 Was müssen die Lernenden mitbringen?

Ein Gespräch nach dem Heidelberger Modell erfordert auf Seiten der Schüler:innen Fähigkeiten, die durch das Gespräch erworben werden sollen. So ist es zwar begrüßenswert, wenn die Lehrkraft auf die literarischen Verstehensfähigkeiten ihrer Schüler:innen vertraut, s. o. – in der Praxis können diese jedoch schlicht nicht in einem für den Text ausreichenden Maße vorliegen.

Darüber hinaus kann ein Gespräch mit Schüler:innen scheitern, wenn sie zu sehr an ein fragend-entwickelndes Vorgehen gewohnt sind und die authentischen Beiträge der Lehrkraft als Lenkung auffassen; und es ist möglich, dass die Schüler:innen damit überfordert sind, nicht nur auf die Lehrkraft zu achten, sondern ihren „Fokus" auf die Beiträge ihrer Mitschüler:innen zu richten (Ohlsen 2014, 338). Ferner kann es für sie schwierig sein, mit Blick auf den Text selbst „Gesprächsanlässe zu suchen" (ebd., 339). Ohlsen (ebd., 341) schlägt für die Grundschule Vorübungen zum „[a]ktiven Zuhören" und „zum Aufeinander-Eingehen" vor, die für die Sekundarstufe adaptiert werden können. Darüber hinaus lässt sie (ähnlich zum neosokratischen Modell, s. Kap. 2.7) die Schüler:innen vor dem Gespräch textbezogene Fragen auf einem DIN A1-Blatt notieren, um dem sich anschließenden Gespräch mehr Struktur zu geben. Dem Plenumsgespräch schaltet sie Gespräche in Kleingruppen vor, durch die sich die Lernenden an eine „eigene Sinnsuche" gewöhnen und „nicht einem Gespräch mit 20 Teilnehmerinnen und Teilnehmern folgen [müssen], sondern [...] sich auf wenige Gesprächspartner konzentrieren" (ebd., 343) können.

3.3.5 Vorgehen – kurz gefasst

Vorbereitung:

- Auswahl des Textes bzw. Einschätzung der Eignung des Textes für ein Gespräch nach dem Heidelberger Modell in der Lerngruppe,
- Vorbereiten von Gesprächsimpulsen mit wichtigen Textstellen, Kontextinformationen und Wortbedeutungen,
- Vorbereitung von Impulsen, die Äußerungen zu Verstehenseindrücken und Irritationen hervorrufen,
- Vorbereiten von Gesprächsimpulsen, die „die Erfahrungen der Teilnehmenden ein[...]beziehen" (Steinbrenner & Wiprächtiger-Geppert 2010, 8),
- Vorbereiten von Vorübungen nach Bedarf der Lerngruppe.

Durchführung:

- eventuell: Vorübungen durchführen,
- „Gesprächsatmosphäre herstellen" sowie „Rahmen und Regeln deutlich machen" (ebd., 11).,
- Textbegegnung ermöglichen: Text erst laut und dann leise lesen lassen,
- „allen [... die] Gelegenheit geben, sich zu äußern" (ebd.),
- die offene Gesprächsrunde moderieren, partizipatorisch leiten und mit Impulsen unterstützen,
- eine Schlussrunde initiieren,
- das Gespräch „in Ruhe beenden, Rahmen deutlichen machen" sowie einen „Schlusspunkt setzen" (ebd.).

3.3.6 Geeignete Texte

Für Gespräche nach dem Heidelberger Modell haben sich Kurzprosa und Gedichte „bewährt" (Steinbrenner & Wieprächtiger-Geppert 2010, 7). Geeignet sind insbesondere solche Texte, denen man keine eindeutige Botschaft zuordnen kann und die keine klar bestimmbare Verstehenshürde aufweisen, „sondern durch ihre Mehrdeutigkeit, Rätselhaftigkeit und ihre ungewöhnliche sprachliche Gestaltung einen Anreiz für ein Gespräch bieten"(ebd.).

Shaun Tan (2014): Die Regeln des Sommers. Hamburg: Aladin. Zwei Jungen – womöglich Brüder – spielen in einer langweiligen grauen Wohngegend. Sie imaginieren einen ereignisreichen Sommer, der auf Doppelseiten dargestellt wird. Auf jeder linken Seite ist lediglich eine kurze Regel formuliert, die auf der dazugehörigen rechten Seite illustriert wird. Welche Rolle die Regeln – z. B. „Nie auf einer Party die letzte Olive essen." – für die beiden Protagonisten spielen und wie sich die Beziehung der beiden entwickelt, gilt es im Dialog zu erkunden.

Julia Friese und Cristian Duda (2010): Schnipselgestrüpp. Weinheim: Beltz. Ein Junge bekommt von seinen Eltern für sein Zimmer Zeitungen, die als „Teppich aus Papier“ dienen, weil diese nichts kosten. Er schneidet Schnipsel aus und schafft sich eine Fantasiewelt, für die er nach und nach seine Eltern begeistern kann.

3.4 Anwendungsbeispiel für ein Forschendes Literaturgespräch

3.4.1 Hinführung

Forschende Literaturgespräche haben zum Ziel, den Schüler:innen einen Weg vom ersten, unmittelbaren Verstehen eines Textes hin zu einem elaborierten Verstehen zu ermöglichen. Hans Lösener und Kolleg:innen, auf die das Konzept des Forschenden Literaturgesprächs zurückgeht, betonen die Bedeutung spontaner Leseeindrücke und Fragen an den Text, die zunächst ein solches Gespräch bestimmen sollen. Als genauso wichtig für angemessenes Literaturverstehen erachten sie allerdings die im Text auffindbaren Informationen und darüber hinaus geeignetes Kontextwissen. Beides müsse im Laufe eines Gesprächs in den Blick der Leser:innen geraten, sofern es zum „Besserverstehen“ (Lösener & Vellusig i. E.) des Textes beitrage. Forschende Literaturgespräche zielen demgemäß darauf, eine Entwicklung von einer „primären subjektiven Texterfahrung“ hin zu deren „Präzisierung“ (Lösener & Siebauer 2016, 193) durch genaue(re) Textwahrnehmung und – wenn erforderlich – die Einordnung des Textverstehens in Kontexte zu ermöglichen (z. B. eine Gattung oder literarische Strömungen betreffend, vgl. Lösener & Vellusig i. E.).

Um dieses Ziel zu erreichen, folgen Forschende Literaturgespräche einem bestimmten Ablauf: Im Anschluss an die Textpräsentation sollen zunächst in einer Spontanphase erste Eindrücke im Plenum formuliert werden. Daraufhin werden von den Schüler:innen in Einzel- oder Partnerarbeit Fragen an den bzw. zum Text formuliert und auf Zetteln notiert. Einige dieser Fragen sollen dann zunächst in Gruppen diskutiert werden – sofern die Lerngruppe hierzu in der Lage ist. Im Anschluss daran werden einige der Fragen im Plenum thematisiert. In dieser Phase, der sogenannten Reflexionsphase, findet demgemäß ein Austausch über die in den Gruppen gefundenen Antworten auf einige Fragen statt. In dieser Phase werden aber auch Fragen erörtert, die die Lehrkraft mit dem Ziel einbringt, ein Besserverstehen des Textes zu ermöglichen. Den Abschluss des Gesprächs nimmt die Lehrperson vor. Sie führt die Gesprächsergebnisse zusammen.

In einem Forschenden Gespräch kommen der Lehrkraft im Verlauf folglich unterschiedliche Aufgaben zu. In den Phasen zu Beginn des Gesprächs ist von ihr gefordert, spontane Texterfahrungen zu ermöglichen und einzuordnen. Daraufhin hat sie die auf die Texterfahrung bezogenen Fragen der Schüler:innen nachzuvollziehen und ggf. beim Ordnen und der Priorisierung von Fragen für die weitergehende Erörterung zu helfen. Im Verlauf des Gesprächs wird dann mehr und mehr von ihr verlangt, die Elaboration von textangemessenen Deutungen voranzubringen – durch Impulse, Nachfragen oder auch Themensetzungen, die von ihr ausgehen.

Lösener (2022) schlägt angesichts dieser verschiedenen Aufgaben vor, sich bereits in der Gesprächsvorbereitung dem ausgewählten literarischen Gegenstand so zu widmen, dass die Lehrer:innentätigkeit in den unterschiedlichen Phasen vorbereitet wird. Dazu wendet sich (auch) die Lehrperson dem literarischen Text (zunächst) *als Leser:in* zu, um spontane Leseerfahrungen zu sammeln. Diese sollen festgehalten werden. Von den eigenen subjektiven Erfahrungen ausgehend antizipiert sie anschließend mögliche Leseerfahrungen der Schüler:innen. Erst danach gerät der Text tatsächlich didaktisch-analytisch in den Blick. In dieser Phase der Auseinandersetzung mit dem Text fragt sich die Lehrkraft dann z. B., was das Besondere an dem Text ist, welchen Spielregeln und welcher Gattungslogik er folgt und welche Erkenntnisse er über Literatur im Einzelnen ermöglicht (vgl. Lösener 2022, 4). Abschließend überlegt die Lehrkraft, welche Fragen den Schüler:innen helfen könnten, um einige der möglichen Erkenntnisse zu erlangen.

Aspekte, die im Zuge eines solchen Dreischritts der vorbereitenden Textarbeit als besonders bedeutsam – und/oder für Schüler:innen besonders interessant – ausgemacht werden, dienen der Lehrkraft als Gerüst für das Gespräch im Unterricht. Das Gleiche gilt für die als geeignet befundenen Fragen, die die Lehrperson bei Bedarf in der Reflexionsphase ins Gespräch einbringen kann:

> In der Unterrichtssituation selbst ist es oft sehr schwierig, aus dem Stand heraus zu entscheiden, welche Frage beim Besserverstehen hilft und bei welcher das nicht der Fall ist. Deshalb muss die Lehrkraft im Vorfeld eine konkrete Vorstellung von verstehensfördernden und verstehensablenkenden Fragen (z. B. rein spekulative Fragen wie: „Wie geht die Geschichte weiter?“) gewinnen. Die Lehrkraft moderiert eben nicht nur ein Gespräch, das ansonsten selbstgesteuert ist, sondern hat auch eine lenkende Funktion: Sie muss darauf achten, dass die Bearbeitung der Fragen zu einem Besserverstehen beiträgt [...]. (Lösener 2022, 5).

3.4.2 Textbeschreibung – *Der Löwe, der Fuchs und der Esel*

Um die Vorbereitung und Durchführung des Verfahrens beispielhaft zu zeigen, wählen wir die äsopische Fabel *Der Löwe, der Fuchs und der Esel.* Die Fabel dürfte sich als Gegenstand literarischen Lernens in hohen Jahrgängen der Primarstufe ebenso eignen wie in unteren Jahrgängen der Sekundarstufe.

Der Löwe, der Fuchs und der Esel

Ein Löwe, ein Fuchs und ein Esel gingen miteinander auf die Jagd, nachdem sie vorher einiggeworden waren, den Raub ganz gleich unter sich zu verteilen. Ihre Beute war groß. Der Esel erhielt vom Löwen den Befehl zur Teilung, die er auch so gewissenhaft als möglich veranstaltete, und bat dann den Löwen, zu wählen. Allein ergrimmt zerriß ihn der Löwe und übertrug dem Fuchs eine neue Teilung. Dieser häufte alles zusammen, legte den Esel obenauf und erbat sich nur etwas Weniges für seine Mühe.

> „Schön, mein Freund“, sagte der Löwe, „sage mir doch, wer hat dich so schön teilen gelehrt?“
>
> „Das Schicksal des Esels“, war seine Antwort. (...)
>
> (Äsop; zitiert nach: https://www.projekt-gutenberg.org/aesop/fabeln/chap062.html)

Die folgende Textbeschreibung dieser äsopischen Fabel – bei der wir die explizierte Lehre („Unfälle des Nebenmenschen sollen uns witzigen.“ [Ebd.]) weglassen – nähert sich dem Text analog zum zuletzt beschriebenen Vorgehen. Wir beginnen demnach damit, spontane Leseeindrücke zu formulieren.

Beim Lesen fällt uns – wie vermutlich Lehrkräften auch – sofort ins Auge, dass der Text „etwas zu sagen“ hat, dass also eine Art Moral oder Lehre in ihm steckt, die sich auf das eigene Leben beziehen lässt. Dieser Eindruck wird bereits vom Titel evoziert: Wenn in diesem nur namenlose Tierfiguren genannt sind, handelt es sich wohl um eine Fabel. Deren parabolischer Anspruch mündet bekanntlich oftmals in einer Lehre oder in einer Moral.

Wie die gemeinsame Jagd vonstattenging, steht zwar nicht im Text, können wir aber anhand der beteiligten Tiere unmittelbar ausgestaltend imaginieren. Die Art der Teilung durch den Esel wird uns stattdessen nicht unmittelbar ersichtlich. Wenn er sie „gewissenhaft“ erledigt, dann meint das wohl, dass er die Beute in exakt gleich große Anteile zerlegt. Umso mehr verblüfft uns, dass der Löwe den Esel nach der Teilungsarbeit zerreißt.

Einen möglichen Grund hierfür erkennen wir erst durch die Teilungsarbeit des Fuchses, mit der der Löwe zufrieden ist: Offenbar bestimmt der Löwe, was als gerecht geteilt gilt. Und er bestimmt, dass sein Anteil mit Abstand der größte ist.

Das Handeln des Löwen empört uns, weil es mit unserer Vorstellung von Gerechtigkeit unvereinbar ist. Aus allem bis hierher lässt sich schon eine mögliche Lehre der Fabel ableiten: Es hilft beim Überleben, der Vorstellung von „Gerechtigkeit“ des Stärkeren zu entsprechen, so wie der Fuchs es tut – sei diese Vorstellung auch noch so ungerecht. Wir können diese Botschaft zwar nicht unmittelbar mit Weltereignissen verknüpfen, wir erinnern uns jedoch an Momente, in denen wir andere Vorstellungen von Gerechtigkeit hatten als unser vermeintlich stärkeres Gegenüber.

Wie könnten spontane Leseerfahrungen von Schüler:innen in der vierten oder fünften Klasse aussehen? Wir halten es für denkbar, dass diese nicht gleich auf die Suche nach einer übertragenen Bedeutung gehen, sondern sich die erzählte Situation genau vorstellen. Es ist zwar denkbar, dass Schüler:innen den Text anhand der namensgebenden Tierfiguren als Fabel erkennen, sofern die Gattung bereits Gegenstand ihres Literaturunterrichts war. Spontan eine übertragene Bedeutung zu realisieren, gelingt aber eher, wenn die Idee des parabolischen Erzählens bekannt und beim Lesen bewusst wird. Hier vermuten wir zwischen uns und den Schüler:innen Unterschiede. Wir vermuten weiterhin: Die Schüler:innen verstehen den Handlungsablauf der Geschichte. Die drei Tiere gehen auf die Jagd, der Esel teilt zur Unzufriedenheit des Löwen die Beute und wird von diesem zerrissen. Der Fuchs nimmt dann wiederum die Teilung zur Zufriedenheit des Löwen vor. Die Schüler:innen verstehen vielleicht auch, was es bedeutet, dass es das Schicksal des Esels war, welches den Fuchs zu dieser Weise des Teilens führte. Auch auf Schüler:innenseite würde dies zu Empörung führen.

Vielleicht gelingen einige Verstehensschritte auch nicht – z. B., wenn wichtiges Wortwissen fehlt. So könnte den Schüler:innen nicht bekannt sein, was mit „Raub" oder „Beute" gemeint ist. Je nach Vorwissen und Vorstellungsvermögen könnte auch das Imaginieren der Handlungsmotive der Figuren sehr unterschiedlich ausfallen. Kennt ein:e Schüler:in die Typisierungen nicht, die den drei Tierfiguren beigeordnet sind, ist dies weit schwieriger als mit dieser Kenntnis. Zu wissen, dass ein Fuchs in Fabeln immer klug handelt, ist zum Verstehen dessen Handlungsmotivs überaus hilfreich. Vielleicht mag es einfacher zu verstehen sein, warum der Löwe mit der Teilung des Fuchses zufrieden ist. Schließlich bekommt er am meisten – den „Löwenanteil". Allerdings stand da auch, dass die Tiere sich einig waren, den Raub „ganz gleich" zu verteilen! Ob die Schüler:innen diesen Widerspruch bemerken? Wenn sie das tun, dürfte das die Empörung über das Handeln des Löwen verstärken.

Welche spontanen Äußerungen erwarten wir also auf Seiten der Schüler:innen? Wir erwarten Äußerungen, die Unverständnis über einzelne sprachliche Wendungen (z. B. „Was heißt denn ‚allein ergrimmt'?") oder die Handlungen der Tierfiguren und deren Motive (z. B. „Warum zerreißt der Löwe denn den Esel?") ausdrücken, und vielleicht auch solche, die Empörung zeigen (z. B. „Ich finde das total fies von dem Löwen!"). Wir können uns auch Wertungen des Textes vorstellen, die auf Empörung über Figurenhandlungen beruhen (z. B. „Ich finde den Text blöd; der Löwe zerreißt einfach den Esel, obwohl der gar nichts falsch gemacht hat!").

Wenden wir uns dem Text nun noch knapp in der Rolle als Expert:innen für literarisches Lernen zu. Wir haben es mit einer Fabel zu tun, also einem Text, der ein parabolisches Lesen nahelegt. Wie in einem Gleichnis ist „das Gesagte nicht das Gemeinte" (Nickel-Bacon 2014, 72), sondern verweist auf „einen textexternen, aber strukturanalogen Problembereich" (ebd.). Fabeltypisch wird die Erzählung auf der sogenannten Bildebene ohne jegliche Erklärung von Figurenhandlungen dargelegt. Das habe – so Frank und Lösener (2020) – eine spezifische Wirkung auf die Leser:innen:

> [D]ie Fabel macht etwas mit den Lesenden durch die Art und Weise, wie sie ihren Stoff erzählt. Sie setzt ihre Protagonisten als Handelnde in Szene, ohne für deren Verhalten eine direkte Erklärung zu liefern [...]. Der Text erzeugt auf diese Weise *Unbestimmtheitserfahrungen* [...], für deren Auflösung Analogien aus der Lebenswelt erforderlich sind [...]. (Ebd., 83, Hervorh. i. Orig.)

Frank und Lösener sehen bereits Schüler:innen der Primarstufe zu Erkenntnisprozessen dieser Art in der Lage (vgl. ebd.). Zabka (2006) macht deutlich, dass Fabelverstehen durch diese einerseits verknappte, andererseits allegorische Erzählweise aber alles andere als einfach ist:

> Die *Bildseite* ist die erzählte Interaktion der jeweiligen Fabeltiere, die *Sachseite* ist das damit eigentlich gemeinte Menschliche. Bereits beim Verständnis der Bildseite muss man aber jenes soziale Wissen in Teilen aktivieren, das bei der Interpretation der eigentlich

> gemeinten Sachseite begrifflich expliziert und konstruiert wird: Zwar weisen die Fabeltiere einige tierische Eigenschaften auf, aber ihre Rede und ihr Handeln sind nur im Kontext menschlicher Interaktionsmuster verständlich. Das [...] kann aber das unmittelbare Verständnis der Bildseite problematisch machen: Man braucht ein Vorwissen über die sozialen oder moralischen Inhalte der Sinnaussage, um Reden und Handeln der Tiere zu verstehen. (Ebd., 91, Hervorh. i. Orig.)

Angesichts der Verstehensmöglichkeiten, die der Text bietet, und angesichts der skizzierten Verstehensherausforderungen ist es offensichtlich geboten, bei den Fragen, die sich auf die Handlungsmotivationen der Figuren beziehen, zu verweilen. Wenn solche Fragen nicht von Schüler:innenseite geäußert werden, sollte die Lehrperson sie zur Erörterung anbieten.

Es stellt sich weiterhin die Frage, ob im Rahmen des Forschenden Literaturgesprächs weitere als die bislang thematisierten Gattungseigenschaften eine Rolle spielen sollten. „Spielregeln der Gattung" (Lösener & Vellusig i. E.) in den literarischen Verstehensprozess einzubringen, dürfte sich gerade bei einem solch eindeutig zuordenbaren Exemplar der Textsorte Fabel als hilfreich erweisen. Nicht zuletzt stellt ein Wissen darüber für zukünftige unterrichtliche Deutungsvorhaben ein Kriterium dar, um verhandelte Deutungen als mehr oder weniger angemessen zu qualifizieren („Passt die Deutung zu dem, was im Unterricht über die Spielregeln der Gattung gelernt wurde?" [Ebd.]). Inwiefern Fragen thematisiert werden, die ein Lernen über Gattungseigenschaften ermöglichen, sollte die Lehrkraft angesichts der Lernvoraussetzungen ihrer Gruppe entscheiden.

3.4.3 Was müssen die Lehrpersonen tun?

Was zur Vorbereitung eines Forschendes Literaturgesprächs zu leisten ist, haben wir im vorigen Abschnitt bereits beschrieben: Es gilt, sich dem ausgewählten Text im beschriebenen Dreischritt zu widmen. Mit dem auf diese Weise gewonnen Gesprächsgerüst geht die Lehrperson in den Unterricht.

Im Unterricht selbst sollte sie durch ihre kommunikativen und unterrichtsorganisatorischen Handlungen den skizzierten Weg von einem *spontanen Verstehen* der Fabel zu *literarischen Erkenntnissen* mit diesem Text (vgl. Frank & Lösener 2020, 86) begleiten.

Dies verlangt von der Lehrperson, nach der Textpräsentation spontane Eindrücke der Schüler:innen zu erbitten. Aus geäußerten Irritationen entstünden Fragen der Gesprächsteilnehmer:innen nahezu von selbst, wenn sich die Lehrperson zurückhalte:

> Die bewusste Zurückhaltung der Moderatorin sorgt hier und an anderen Stellen des Gesprächs dafür, dass die ungelenkte Genese der Fragen nicht gestört und unterbrochen wird. Denn sie bilden die Grundlage für die gesamte weitere Arbeit. Ein steuernder Eingriff der Moderatorin wäre nur notwendig, wenn einzeln Fragen bereits eine Diskussion auslösen. (Ebd., 77 f.)

Sind die Fragen der Schüler:innen notiert (s. oben), gilt es, in Absprache mit ihnen Fragen zur Diskussion auszuwählen, die dann in Kleingruppen und anschließend oder sogleich im Plenum besprochen werden. Dabei sind Fragen zu bevorzugen, deren Erörterung ein Besserverstehen der Fabel ermöglicht. Hierzu kann die Lehrperson auf ihr Gesprächsgerüst, die von ihr antizipierten Bedürfnisse der Schüler:innen und die zuvor herausgearbeiteten Gegenstandseigenschaften zurückgreifen. Als besonders geeignet für Diskussionen nennen Lösener und Vellusig (i. E.) sogenannte elaborierende Fragen, bei deren Erörterung Deutungen, die bei der Rezeption spontan entstanden sind, entfaltet und überprüft werden. Bei einer solchen Erörterung kann man danach fragen, ob die Deutung zu Folgendem passe: zu allen Textstellen („Kriterium der Textkohärenz" [ebd.]), zu den Spielregeln der Gattung („Kriterium der Gattungslogik" [ebd.]) oder zum persönlichen Erfahrungs- oder Sachwissen der Lernenden („Kriterium des Erfahrungs- und Weltbezugs" [ebd.]).

Zuletzt hat die Lehrperson für einen Gesprächsabschluss zu sorgen, der die textbezogenen literarischen Erkenntnisse hervorhebt.

3.4.4 Was müssen die Lernenden mitbringen?

Literarische Erkenntnisse auf Grundlage spontanen Verstehens und mittels einer Fragehaltung an den Text zu erlangen, wird von Lösener und seinen Mitstreiter:innen als Vorgang modelliert, der bereits Kindern in der Primarstufe möglich ist. Da jede literarische Erkenntnis mit „Staunen" (Frank & Lösener 2020, 73) beginne, seien nachgerade (junge) Kinder besonders geeignete Teilnehmer:innen eines Forschenden Literaturgesprächs: „Kinder sind bekanntlich Experten für das erkenntnisleitende Staunen. Je jünger sie sind, desto bereitwilliger lassen sie sich durch ihre Erfahrungen in Erstaunen versetzen." (Ebd.)

Neben der Bereitschaft, sich sowohl auf spontane Äußerungen zum individuellen Verstehen als auch auf längere Erörterungsprozesse zum gelesenen Text einzulassen, sehen wir als Voraussetzung für gelingende Gespräche dieses Typs die Fähigkeit der Lerngruppenmitglieder an einer längeren mündlichen Auseinandersetzung im Plenum und in Kleingruppen zu folgen: Werden mehrere Antworten auf Fragen besprochen und auf Grundlage der genannten Kriterien als mehr oder weniger passend qualifiziert, dann ergeben sich hieraus längere Sequenzen, denen zu folgen nicht voraussetzungslos sein dürfte.

3.4.5 Vorgehen – kurz gefasst

Vorbereitung:

- einen Gegenstand auswählen, der die Artikulation spontaner Verstehenseindrücke ermöglicht und Fragen hervorruft,
- eine Hinwendung zum Text, die von eigenen subjektiven Leseeindrücken über die Antizipation von Schüler:innenfragen zur analytischen Durchdringung des Gegenstands führt,
- die Erstellung eines Gesprächsgerüsts.

Durchführung:

- ein der Phasenabfolge des Forschenden Literaturgesprächs (s. Kap. 2.5.4) entsprechendes Gespräch durchführen,
- hierbei zunächst mit größtmöglicher Offenheit Schüler:inneneindrücken und -fragen begegnen und in den späteren Gesprächsphasen adaptiv die erkenntnisgenerierende Erörterung elaborierender Fragen unterstützen.

3.4.6 Geeignete Texte

Grundsätzlich eignen sich für Forschende Literaturgespräche Texte, über die es sich nachzudenken lohnt und bei denen man nicht auf alle Fragen, die sich bei der Lektüre stellen, spontan zu befriedigenden Antworten kommt. Dies motiviert dazu, den Text genauer in den Blick zu nehmen oder sich geeigneten Kontexten zu widmen. Wenn die Texte Unbestimmtheiten aufweisen (z. B. die Leser:innen im Unklaren darüber lassen, warum eine Figur so wie beschrieben gehandelt hat) oder eine parabolische Leseweise nahelegen, motiviert dies ebenso zu weitergehenden Deutungen und Diskussionen.

Gehaltvolle Forschende Literaturgespräche können aus den skizzierten Gründen u. E. mit etlichen der **Geschichten vom Herrn Keuner** von **Bertolt Brecht** (z. B. erschienen 2022, Frankfurt: Suhrkamp) stattfinden. In den Geschichten widerfährt Herrn Keuner eine Begebenheit oder er erzählt eine solche, die zu Stirnrunzeln führt und – gesellschafts- bzw. sozialkritisch – parabolisch gedeutet werden kann. Geeignet sind diese Texte für Schüler:innen der Sekundarstufe.

Für jüngere Schüler:innen könnten Forschende Literaturgespräche zu kurzen Prosatexten von **Jürg Schubiger** stattfinden, z. B. aus dem Band **Als die Welt noch jung war und die anderen Geschichten** (erschienen 2011, Weinheim: Beltz, illustriert von Rotraut Susanne Berner). Die dort gesammelten Texte, die zunächst märchenhaft erscheinen, provozieren viele Fragen und Deutungen, die in die Lebenswelt von Kindern hineinreichen.

3.5 Anwendungsbeispiele für Lernunterstützende Literaturgespräche

3.5.1 Hinführung

Im Folgenden zeigen wir anhand der Texte *Die Nacht, in der ich fliegen konnte* von Hans Traxler und *Ausgestochen* von Jagoda Marinić, wie man ein Lernunterstützendes Gespräch vorbereitet und durchführt. In beiden Fällen steht eine klärungswürdige Frage im Mittelpunkt der Textauseinandersetzung. Das Lernunterstützende Gespräch (vgl. Magirius, Scherf & Steinmetz 2021; 2022; 2023) akzentuiert literarisches Verstehen auf dem Prüfstand der Bedeutungs- und Interpretationspotenziale des literarischen Textes. In dessen Zentrum steht das Konzept der Klärungswürdigkeit, das im folgenden Infokasten zusammengefasst wird.

Infokasten

Die **Klärungswürdigkeit** von textbezogenen Fragen hängt von drei Kriterien ab.

1. **Überprüfbarkeit:** Besteht die Möglichkeit, potenzielle Antworten anhand des Textes zu stützen, anzufechten oder gar eindeutig zu verifizieren oder zu widerlegen?
2. **Klärungsbedarf:** Geht die textbezogene Frage und der Drang, diese zu klären, von den Schüler:innen aus, oder ist die Beantwortung der Frage für ein grundlegendes Textverständnis der Schüler:innen unverzichtbar?
3. **Strittigkeit:** Lässt die Frage konkurrierende Antworten zu, die sich nicht als eindeutig richtig oder eindeutig falsch qualifizieren lassen?

Mit folgendem Fließdiagramm lässt sich die Klärungswürdigkeit einer Frage bestimmen:

Erläuterung: Eine Frage ist dann und nur dann klärungswürdig, wenn sie a) überprüfbar und b) klärungsbedürftig oder strittig oder beides ist.

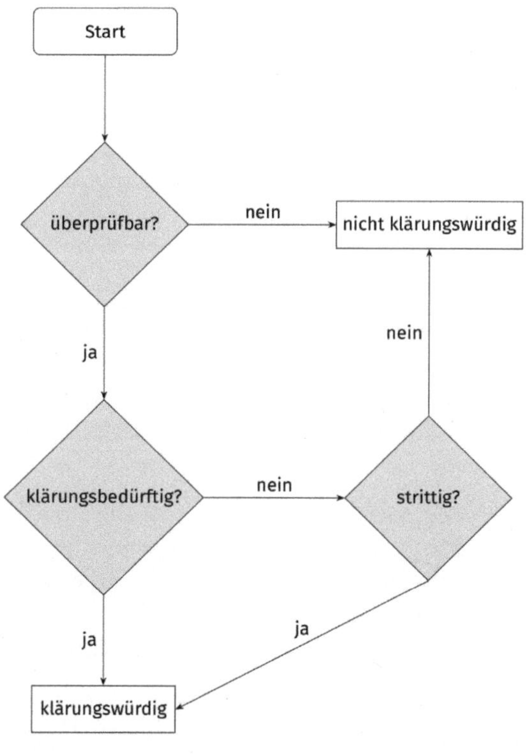

Abbildung 7: Fließdiagramm zur Bestimmung von Klärungswürdigkeit

Jede klärungswürdige Frage ist überprüfbar. Überprüfbar sind Fragen, deren potenzielle Antworten auf der Grundlage formensprachlicher oder inhaltlicher Bedeutungspotenziale des Texts begründet werden können. Es kann sich dabei einerseits um Fragen über eindeutig Bestimmbares handeln, insbesondere auf der Ebene des Plots. Andererseits kann die Beantwortung überprüfbarer Fragen auch die deutende Bewältigung systematischer Unbestimmtheit, Indirektheit und Mehrdeutigkeit erfordern, und somit das Kriterium der Strittigkeit erfüllen. Wenn Fragen überprüfbar und strittig sind, sprechen wir von klärungswürdigen Fragen.[11] Die Beschäftigung mit einer in diesem Sinne klärungswürdigen Frage ist notwendig, um im Literaturunterricht dem Text *Die Nacht, in der ich fliegen konnte* gerecht zu werden.[12]

3.5.2 Textbeschreibung – *Die Nacht, in der ich fliegen konnte*

Die Nacht, in der ich fliegen konnte
Hans Traxler

Als ich sieben Jahre alt war, flog ich zum ersten Mal. Keine großen Strecken, meistens legte ich nur zehn oder zwölf Meter im Flug zurück, an guten Tagen vielleicht zwanzig oder dreißig Meter, nie mehr. Das mit den guten Tagen ist nur so eine Redensart, denn eigentlich flog ich immer nur nachts. Und ich flog auch nicht wirklich, sondern träumte, dass ich fliege.

Die Sache verlief immer auf die gleiche Weise. Kaum lag ich im Bett, fing ich an zu träumen. Ich ging über unsere Dorfstraße, zwischen Fußgängern und Pferdewagen. Und auf einmal, aus purem Übermut, breitete ich meine Arme aus, bewegte meine Handflächen nach unten, stieß mich von der Erde ab und flog. Nie sehr hoch, meistens in Kopfhöhe mit den Fußgängern, die nur kurz hinguckten und dann wieder weg.

Ich ließ mir schon als kleiner Junge nicht gern etwas vormachen, deshalb glaubte ich auch in dieser Nacht nicht einfach, was da mit mir geschah. Das bildest du dir nur ein, dass du fliegen kannst, sagte ich mir immer wieder, während ich träumte, dass ich flog. Menschen können nun mal nicht fliegen, genauso wenig wie die Schafe und Kühe des Bauern Hirfl, unseres Nachbarn.

Aber dann konnte ich eben doch wieder fliegen. Ich stieß mich vom Boden ab, ruderte ein paarmal mit den Armen, und schon segelte ich gemächlich dahin. Ich spürte, wie der warme Aufwind in mein Hemd fuhr und es flattern ließ, über meinen Bauch strich er und hob mich hoch, manchmal nur einen halben Meter über die sandige Dorfstraße und selten höher als das Erdgeschossfenster meines Elternhauses.

11 Es gibt noch weitere Varianten der Klärungswürdigkeit, siehe Infokasten.
12 Der Abdruck erfolgt mit freundlicher Genehmigung von Hans Traxler.

So schwebte ich dahin und wunderte mich die ganze Zeit, dass das tatsächlich klappte. Du kannst wirklich fliegen, staunte ich, ob du es glaubst oder nicht. Wenn ich dann merkte, dass der Aufwind nachließ, schob ich meine Beine nach vorn und landete in einer kleinen Staubwolke.

Aber es kam noch besser. Als das passierte, befand ich mich im Traum auf dem Sportplatz unserer Dorfschule. Sport war nicht gerade meine starke Seite und Leichtathletik schon gar nicht, am wenigsten die kurzen Strecken. Schon beim Start kam ich als Letzter aus den Startlöchern, und im Weitsprung gelangte ich nie über die drei Meter zwanzig hinaus, drei Meter zwanzig, das war nahe an der Mädchenweite.

In dieser Nacht lief alles anders, und heute noch, nach vielen Jahrzehnten, kann ich die ungläubige Begeisterung empfinden, die mein Jahrhundertsprung in mir auslöste. Leider nur bei mir, da es keine Zeugen gab. Als ich diesmal vom Sprungbalken abhob, landete ich nicht nach lächerlichen drei Metern im Sand, sondern segelte weiter und weiter, als wäre ich einer dieser Skiflieger, die mit weit vorgestrecktem Oberkörper endlos lang den Hang hinabschweben, zweihundert Meter weit und mehr. Ich war weit über die Sprunggrube hinausgeflogen, und als ich landete, stieß ich mit dem Kopf gegen eine Torstange.

Über das, was am nächsten Morgen passierte, habe ich seither mit niemandem gesprochen, und auch heute, nach so vielen Jahrzehnten, habe ich keine Erklärung dafür, was in dieser Nacht wirklich geschehen war.

Gesichert ist nur, dass ich mit einem blauen Auge am Frühstückstisch erschien. Alle starrten mich an, mein Vater, mein Großvater und meine beiden älteren Brüder.

Gesichert ist auch, dass ich auf die Vorhaltungen meiner Mutter (»Eines Tages kommst du ohne Kopf nach Hause«) mürrisch erwiderte, das sei beim Sport passiert. Worauf meine Mutter mich erinnerte, dass der Sportunterricht seit zwei Wochen ausgefallen war, wegen Dauerregens und Unbespielbarkeit des Platzes.

Und sicher ist auch, dass ich in der großen Pause losrannte,auf den Sportplatz, und dass der Platz und die Laufbahn noch immer unter Wasser standen und die Sprunggrube eine Schlammgrube war. Aber der Torpfosten! Stand er nicht ein wenig schief und war da nicht, als ich ihn betastete, in Kopfhöhe, in meiner Kopfhöhe, eine merkliche Delle? Gar mit ein paar dunkelblonden Haaren daran?

Jetzt wusste ich gar nicht mehr, was ich von der Sache halten sollte. Allmählich verschwammen Traum und Wirklichkeit, Glaube und Unglaube ineinander und durcheinander. Benommen saß ich in der Schulbank und hörte den Lehrer Schubert wie aus weiter Ferne reden und reden.

Von da ab habe ich nie mehr vom Fliegen geträumt. In letzter Zeit träume ich häufig von fremden Städten und Häusern, Gängen und Treppen, in denen ich mich hoffnungslos verirre, oder von Gesellschaften, in denen ich plötzlich auftauche, ohne Schuhe und Strümpfe und manchmal im Nachthemd.

Damals, als Siebenjähriger, arbeitete ich verbissen an meiner Sprungkraft, und fünf Jahre später landete ich bei den Schulmeisterschaften bei vier Meter fünfundsechzig, immerhin ein guter dritter Platz, aber nicht zu vergleichen mit dem unglaublichen Gefühl meines Jahrhundertflugs über die Sprunggrube hinweg, die Seitenlinie entlang und voll an den linken Pfosten des Handballtors.

Die Narbe über meiner linken Augenbraue kann ich heute noch sehen, wenn ich ganz genau hinschaue. Auch wenn alle behaupten, sie könnten beim besten Willen nichts erkennen.

Traxler, Hans (2013). Die Nacht, in der ich fliegen konnte. In Michael Krüger (Hg.). *Folge deinem Traum. Geschichten, Bilder, Gedichte für wache Kinder jeden Alters*, 121–125. München: Hanser.

Worum geht es im Text? Ein Ich-Erzähler berichtet – mit unbestimmter zeitlicher Distanz zum Geschehen –, wie er als Siebenjähriger regelmäßig davon träumt, durch die Lüfte zu fliegen. Insbesondere ein Erlebnis bleibt ihm stark in Erinnerung. Er träumt davon, wie er im Weitsprung statt seiner sonst üblichen „drei Meter zwanzig“ auf einmal „zweihundert Meter weit und mehr“ zurücklegt, und zwar, indem er über den Sportplatz schwebt, bis er unsanft mit dem Torpfosten zusammenprallt. An diesen „Jahrhundertsprung“ erinnert sich der Erzähler nicht nur deshalb so gut, weil er angesichts seiner sonst eher schlechten Sportleistungen eine starke „ungläubige Begeisterung“ empfindet, sondern auch, weil der Sprung – unerklärlicherweise für den Erzähler – seine Spuren mit in die Wirklichkeit hinüberträgt. Insofern stellt sich folgende Frage: Hat sich der Sprung tatsächlich nur im Traum abgespielt? Diese Frage ist klärungswürdig und für das Verstehen des Textes von zentraler Bedeutung, ohne dass der Text eine eindeutige und abschließende Beantwortung nahelegt. Folgende Indizien sprechen gegen die Hypothese, nach der der Sprung lediglich im Traum stattgefunden hat:

- Der Junge erscheint am nächsten Morgen mit einem blauen Auge am Frühstückstisch.
- Als der Junge am nächsten Tag den Torpfosten inspiziert, glaubt er, dass dieser „ein wenig schief“ sei und in „Kopfhöhe“ eine „merkliche Delle“ „mit dunkelblonden Haaren daran“ aufweise.
- Erst nach seiner Inspektion des Torpfostens redet er davon, dass „Traum und Wirklichkeit, Glaube und Unglaube ineinander und durcheinander“ verschwimmen.
- Das ist insofern bedeutsam, als der Erzähler anfänglich behauptet, dass er sich „schon als kleiner Junge nicht gern etwas vormachen ließ“ und das Fliegen durchaus als eingebildete oder erträumte Handlung – wie im luziden Traum – identifizieren konnte.

- Außerdem behauptet der Erzähler, sogar „heute noch", also mit zeitlicher Distanz, eine „Narbe" über seinem „linken Auge" zu erkennen, jedenfalls wenn er ganz genau hinschaue.
- Auch der starke Erinnerungswert des „Jahrhundertsprungs" spricht gegen einen Traum: Der Ich-Erzähler redet von einem „unglaublichen Gefühl" und „ungläubige[r] Begeisterung", die der Sprung in ihm ausgelöst hat.
- Der Titel der Erzählung lautet „Die Nacht, in der ich fliegen konnte", und nicht, „Die Nacht, in der ich träumte, fliegen zu können".

All diese Indizien ziehen in Zweifel, dass es sich bei dem vom Erzähler erinnerten Ereignis (nur) um einen Traum gehandelt hat, und stützen die Hypothese, dass der Sprung tatsächlich stattgefunden habe. Allerdings lässt sich auch diese Hypothese textbegründet mit folgenden Indizien in Zweifel ziehen. Für die naheliegende Hypothese, dass es eben doch nur ein Traum war, spricht, dass

- der Erzähler selbst davon redet, dass er sich „im Traum" befand, als sich der Sprung ereignete,
- es für den Sprung „keine Zeugen gab",
- „der Sportunterricht seit zwei Wochen ausgefallen war, wegen Dauerregens und Unbespielbarkeit des Platzes", und „der Platz und die Laufbahn noch immer unter Wasser standen und die Sprunggrube eine Schlammgrube war",
- er nur meint, eine Delle im Torpfosten mit blonden Haaren daran zu erkennen, sich aber – wie die Frageform der erlebten Rede verdeutlicht – nicht sicher ist,
- der Sprung an einer Stelle als „Jahrhundertflug" bezeichnet wird,
- das Fliegen als fantastische Fähigkeit nur schwer in die sonst realistisch gehaltene Erzählung passt und
- das Verschwimmen von „Traum und Wirklichkeit, Glaube und Unglaube" auch als Hinweis darauf gelesen werden kann, dass das, was der Erzähler als „sicher" oder „gesichert" ausweist (z. B. das blaue Auge), vielleicht doch nur im Traum passiert sein könnte.

Zudem scheint der Erzähler in seinen Träumen seine Ziele, Wünsche und Ängste zu verarbeiten. Das könnte nicht nur der Fall sein in seinen Träumen „von fremden Städten und Häusern, Gängen und Treppen" oder von Gesellschaften, in denen er „plötzlich auftauche, ohne Schuhe und Strümpfe und manchmal im Nachthemd". Im Traum des „Jahrhundertflugs" könnte er seinen Unmut über seine schlechte Weitsprungleistung verarbeiten, für deren Verbesserung er „verbissen" trainierte, um fünf Jahre später eine Weite von „vier Meter fünfundsechzig, immerhin ein guter dritter Platz", zu erreichen. Das könnte auch erklären, weshalb nur er die Narbe über seinem Auge sieht – „alle behaupten, sie könnten beim besten Willen nichts erkennen". Wenn er sich so sehr wünscht, der Traum wäre Wirklichkeit, sieht er möglicherweise auch, was er sehen möchte.

Ob sich der „Jahrhundertsprung" lediglich im Traum abspielt oder nicht, lässt sich zwar textgestützt abwägen – es handelt sich folglich um eine überprüfbare Frage.

Diese Frage lässt sich aber nicht abschließend entscheiden.[13] Die irreduzible Ambiguität des Textes ermöglicht einen Wettstreit der konkurrierenden Antworten *Traum* versus *Wirklichkeit*, ohne dass sich eine der beiden Antworten gegenüber der anderen als die eindeutig richtige erweist. Die Frage erfüllt demnach das Kriterium der Strittigkeit. Als überprüfbare und strittige Frage ist sie folglich auch klärungswürdig. Die Erzählung *Die Nacht, in der ich fliegen konnte* ist für die unteren Jahrgangsstufen der Sekundarstufe geeignet, weil die zentrale klärungswürdige Frage sowie die zu ihrer Beantwortung nötige Hypothesenbildung unmittelbar vom Text angestoßen werden. Die Indizien zur Prüfung der Hypothesen liegen zudem auf der Textoberfläche recht offen zutage. Somit lässt sich auch im Gespräch mit unerfahrenen Leser:innen der genuin literarischen Ambiguität des Gegenstands Rechnung tragen.

3.5.3 Was müssen die Lehrpersonen tun?

Das Konzept des Lernunterstützenden Gesprächs hilft Lehrpersonen sowohl bei der Vorbereitung des Unterrichtsgesprächs als auch bei dessen Durchführung.

Zur Vorbereitung: Die wichtigste Aufgabe der Lehrkraft zur Vorbereitung des Gesprächs besteht darin, klärungswürdige Fragen zu ermitteln und potenzielle Klärungsprozesse zu antizipieren. Bei den klärungswürdigen Fragen kann es sich um überprüfbare Fragen handeln, deren Beantwortung für ein basales Verständnis des Textes unverzichtbar ist. Solche Fragen beziehen sich meist auf die Textoberfläche oder den Plot des Textes. Um sie zu identifizieren, muss die Lehrkraft Folgendes herausfinden:

a) *Welche Fragen sind für meine Schüler:innen unverzichtbar, um ein grundlegendes Verständnis des Textes zu erlangen?*
   Zu beachten ist, dass hierfür die Lernvoraussetzungen der Schüler:innen – ihr Wissens- und Kompetenzstand – in den Blick geraten müssen. Hinsichtlich Traxlers Erzählung wäre z. B. wichtig, dass die Schüler:innen verstehen, wer der Erzähler ist (Ich-Erzähler, der mit zeitlicher Distanz von sich als Jungen erzählt), wer der Junge ist (ein siebenjähriger Schüler), vor welchen Herausforderungen er steht (schlechte Leistungen in Leichtathletik, die er verbessern möchte) und wovon er träumt (vom Fliegen, insbesondere vom „Jahrhundertsprung" auf dem Sportplatz, später von „fremden Städten und Häusern", in denen er sich verirrt). Neben plotbezogenen Fragen sollten folglich auch Verstehensanforderungen antizipiert werden, die auf der Ebene der (literarischen) Darstellung liegen. Hier ist neben der internen Fokalisierung zum Beispiel die Textstelle zu nennen, an der der Erzähler beginnt, vom „Jahrhundertsprung" zu berichten. Die Schüler:innen müssen hier erkennen, dass die Rede von den schlechten sportlichen Leistungen des Erzählers eine eingeschobene Erzählung ist, die sich auf die erzählte Wirklichkeit und nicht auf den zu erzählenden Traum bezieht. Die Textstelle ist insofern irritierend, als der Erzähler zuvor ankündigt, nun von seinem Traum auf dem Sportplatz zu berichten, dann aber zunächst stattdessen von seinen schwachen Sportleistungen erzählt.

13 Insofern ließe sich nach Todorov (1992, 26) von einem fantastischen Text sprechen, wenn man der Deutung folgt, nach der die Unschlüssigkeit, ob das Geschehene als realistisch oder übernatürlich einzuordnen sei, bestehen bleibt.

Im Zentrum des Lernunterstützenden Gesprächs stehen Fragen, die überprüfbar und strittig sind. Die Lehrkraft sollte sich zur Vorbereitung folgende Frage stellen:

b) *Welche Fragen legt der Text nahe, die sowohl überprüfbar als auch strittig sind?*
Dabei kann es sich um Fragen handeln, die eine hohe Relevanz für die Deutung des Textes aufweisen. Es sollten aber auch Fragen antizipiert werden, für die das weniger gilt, die aber für die Schüler:innen naheliegend und interessant sein könnten. Im Falle der Erzählung Traxlers stellt sich die zentrale Frage wie von selbst: Hat sich der Jahrhundertsprung im Traum oder in Wirklichkeit ereignet? Bei der obigen Textanalyse wurde bereits gezeigt, welche Zusammenhänge bei der Klärung dieser Frage eine Rolle spielen können. Um den Klärungsprozess vorzubereiten, erweist sich oft als hilfreich, genau solche Textstellen zur Beantwortung folgender Frage zu markieren:

c) *Welche Textstellen können zur Beantwortung zentraler klärungswürdiger Fragen genutzt werden?*
Zur Beantwortung strittiger Fragen können Einsichten eine Rolle spielen, die ihrerseits gerade nicht strittig sind, z. B. worin das Unerklärliche im Zentrum der Erzählung besteht (der Traum vom „Jahrhundertsprung" hinterlässt Spuren in der Wirklichkeit), dass der Erzähler manches als gesichert markiert (blaues Auge am Frühstückstisch, Unbespielbarkeit des Sportplatzes, Überprüfung der Unbespielbarkeit durch den Jungen am nächsten Tag) und dass er anderes im Modus des Zweifels wiedergibt (Schäden am Torpfosten auf Kopfhöhe; Narbe unterm Auge). Hierhin gehören die oben in Spiegelstrichen angedeuteten Textstellen. Neben dieser Identifikation von überprüfbar Unstrittigem, das zur Anfechtung oder Stützung von Hypothesen genutzt werden kann, ist es oftmals sinnvoll, schon vor dem Gespräch zu entscheiden, welchen Fragen im Rahmen des Lernunterstützenden Gesprächs weniger Raum eingeräumt werden sollte:

d) *Welche nicht überprüfbaren Fragen könnten sich in der Lerngruppe ergeben?*
Auch wenn solche Fragen nicht im Zentrum Lernunterstützender Gespräch stehen, kann es dem gemeinsamen Durchdringen des literarischen Textes dienlich sein, im Gespräch zu verdeutlichen, was gerade nicht überprüfbar ist, um die Grenzen textbasierter Interpretationen zu markieren. Diese Grenzen werden dort überschritten, wo der Text keine Hinweise bietet, um zu entscheiden, ob eine Interpretation textangemessen ist. Beispielsweise ist die Frage, *auf welche Situationen sich die aktuellen Träume von den fremden Städten beziehen würden,* tendenziell nicht überprüfbar.

Zur Durchführung Lernunterstützender Gespräche: Die Lehrperson leitet das Gespräch, indem sie die Beantwortung klärungswürdiger Fragen initiiert und begleitet. Hierzu äußert sie im Gespräch Impulse, die den Schüler:innen als Hilfestellungen dienen. Diese Hilfestellungen lassen sich systematisieren, indem – wie Magirius, Scherf und Steinmetz (2023b) zeigen – sogenannte Supporttypen der literaturdidaktischen Aufgabenforschung (vgl. Steinmetz 2020) auf Unterrichtsgespräche übertragen werden. Diese Aufgabenforschung beschreibt die Bearbeitung von Aufgaben und das hierfür nötige Textverstehen als Problemlöseprozess, den die Lehrperson wie folgt unterstützen kann:

- *Problem initiieren:* Am Anfang eines jeden Problemlöseprozesses steht ein Problem und die Einsicht in die Notwendigkeit, dieses zu lösen. Deshalb sollten im Lernunterstützenden Gespräch Fragen verhandelt werden, die entweder von den Schüler:innen selbst ausgehen oder von der Lehrperson aus fachlicher oder didaktischer Sicht als relevant erachtet werden. Um ein Problem zu initiieren, muss die Lehrperson eine klärungswürdige Frage als Ausgang für die weitere gemeinsame Bearbeitung deutlich markieren. Geht die klärungswürdige Fragen nicht von den Schüler:innen aus, muss die Lehrperson das Problem ins Bewusstsein der Schüler:innen holen. Das kann u. a. gelingen, indem kognitive Konflikte bei den Schüler:innen ausgelöst werden, z. B. durch Hinweis auf Irritationsstellen, die zu klärungswürdigen Fragen hinleiten, etwa: *Der Junge hat ein blaues Auge, obwohl er nach eigener Aussage den Zusammenstoß mit dem Torpfosten nur geträumt hat?* Das Problem kann aber auch durch die direkte Artikulation von deutungsbedürftigen Leerstellen, Mehrdeutigkeiten oder Indirektheiten als Fragen ins Bewusstsein der Schüler:innen gelangen, etwa: *Hat er wirklich geträumt im Lichte der Gegenbelege, die sich im Text finden lassen?* Solche Impulse lassen sich mit den Begriffen der Aufgabenforschung auch als konfliktinduzierender Support (vgl. Steinmetz 2020, 110 f.) bezeichnen.
- *Hypothesen sammeln oder anbieten:* Der Prozess der Problemlösung bzw. der Bearbeitung einer klärungswürdigen Frage kann durch das Sammeln oder Bereitstellen von (vorläufigen) Antworten erleichtert werden. Diese Antworten dienen dann als zu prüfende Hypothesen. Dabei kann es sich um begründungspflichtige Einzelhypothesen oder ganze Hypothesensammlungen handeln, die z. B. an der Tafel festgehalten werden. Dieses Sammeln oder Anbieten ist eine wichtige Aufgabe der Lehrperson im Lernunterstützenden Gespräch. Entsprechende Impulse lassen sich auch als konzeptueller Support bezeichnen (vgl. Steinmetz 2020, 108 f.). Auf die Entscheidungsfrage, *ob es wirklich nur ein Traum gewesen sei,* ließe sich mit *ja,* mit *nein,* oder auch mit *ja und nein* sowie mit *weder ja noch nein* antworten. Die Aufgabe der Lehrkraft ist es, ausgehend von der Gegenüberstellung verschiedener Antworten einen argumentativen Wettstreit einzuleiten und hierzu die Überprüfung der Hypothesen am Text zu forcieren.
- *Hinweise auf Textstellen geben:* Alle klärungswürdigen Fragen sind überprüfbar. Um den Prozess des Überprüfens zu unterstützen, kann es je nach Lernvoraussetzungen der Lerngruppe erforderlich sein, auf relevante Textstellen hinzuweisen, die als Indizien oder Belege für oder wider eine Hypothese genutzt werden können. Die Aufgabe der Lehrperson besteht dann darin, das Untersuchungsfeld des Textes so einzugrenzen, dass die Schüler:innen zu Argumenten gelangen, ohne dass die Argumente von der Lehrkraft vorgegeben werden. Entsprechende Impulse lassen sich auch als fokussierender Support bezeichnen (vgl. ebd., 109 f.). Oben wurden für Traxlers Erzählung einige Textstellen aufgezählt, die wichtig sein können, um potenzielle Hypothesen zu stützen oder anzufechten.

- *Kontextwissen anbieten*: Oftmals fehlt den Schüler:innen (Vor-)Wissen zu Wörtern und Kontexten. Sollte das der Fall sein, ist es an der Lehrperson, im Gespräch sicherzustellen, dass das entsprechende Wissen vermittelt oder aktiviert wird. In Traxlers Erzählung ist z. B. von „Pferdewagen" die Rede. Es besteht also eine beträchtliche historische Distanz zwischen den Leser:innen und dem Geschehen, die überwunden bzw. für die Verstehensprozesse fruchtbar gemacht werden sollte.
- *Strategien und Analysewerkzeuge anbieten:* Es kann den Schüler:innen auch an Strategien der Textauseinandersetzung fehlen. Im Falle von Traxlers Erzählung ist dem Verstehen dienlich, einen Zusammenhang zwischen der Überschrift und dem Text herzustellen. Die Überschrift spricht für die Hypothese, nach der sich der Jahrhundertsprung vielleicht doch nicht nur im Traum abgespielt habe. Schließlich heißt es gerade nicht: *Der Traum, in dem ich fliegen konnte.* Ebenso kann es helfen, die erzähltheoretischen Werkzeuge *erzählendes Ich* und *erlebendes Ich* einzuführen, um zu verdeutlichen, dass es sich bei der erlebenden Figur und der Erzählinstanz zwar um ein und dieselbe Person handelt, aber unterschiedliche Wissens- und Erfahrungsstände vorliegen, die sich z. T. überlagern oder in Konflikt stehen und so zur Strittigkeit der zentralen Frage beitragen.
- *Einfordern von Konsequenz*: In Plenumsgesprächen muss die Lehrperson häufig entscheiden, wie sie mit Gesprächsbeiträgen der Schüler:innen umgeht. Je nach Phase des Gesprächs können manche Beiträge hilfreicher sein als andere. Beim anfänglichen Austausch spontaner Leseeindrücke sind alle Beiträge der Schüler:innen aufzunehmen. Wenn später bestimmte Hypothesen durch textseitige Argumente verfolgt werden, liegt es an der Lehrkraft, keine unproduktiven oder sich ohne Umkehr vom Text entfernenden Verstehenswege über einen längeren Zeitraum verfolgen zu lassen.
- *Förderung von Diskussionen*: Ein Lernunterstützendes Gespräch ist als ein argumentativer Wettstreit angelegt. Damit dieses gemeinsame Abwägen von Lesarten zwischen den Schüler:innen geführt wird, sollte die Lehrkraft Bezüge zwischen den Beiträgen der Schüler:innen herausarbeiten oder einfordern. Bei aller Rede von Problemlösungs- und Klärungsprozessen ist es wichtig zu betonen, dass eine Vereindeutigung bei der Verhandlung strittiger Fragen nicht lernförderlich wäre. Auch wenn man als Lehrkraft die Deutung bevorzugt, laut der der Erzähler sich wünsche, dass der Traum Realität wäre, ist es dem literarischen Lernen abträglich, im Gespräch die Gegenthese (ausschließlich) als textunangemessen zu markieren. Traxlers Erzählung *Die Nacht, in der ich fliegen konnte* lädt dazu ein, das Nebeneinander von begründeten Hypothesen als Ausweis systematischer Mehrdeutigkeit zu erfahren.

3.5.4 Textbeschreibung – *Ausgestochen*

Während bei Traxlers Erzählung zwei gegensätzliche Antworten einer klärungswürdigen Frage in ähnlichem Maße textangemessen erscheinen, lassen sich bei anderen literarischen Texten textangemessenere von weniger textangemessenen Lesarten unterscheiden.[14] In manchen Fällen kann sich eine Lesart im Laufe des Klärungsprozesses als nicht mit dem Text vereinbar erweisen. Dann ist die mit ihr verbundene Hypothese falsifiziert (vgl. Eco 2008, 128). Eine Falsifikation einer Hypothese muss nicht zwingend zu einer Vereindeutigung des literarischen Textes führen. Schließlich können auch dann mehrere textangemessene Hypothesen nebeneinanderstehen, wenn eine einzelne Hypothese bereits falsifiziert wurde (Magirius, Scherf & Steinmetz, 2021). In Lernunterstützenden Gesprächen bleibt die Strittigkeit von Fragen erhalten.

Klärungswürdige Fragen müssen nicht strittig sein – siehe Infokasten. Im folgenden Textbeispiel – *Ausgestochen*[15] von Jagoda Marinić –, das sich für den Literaturunterricht in der oberen Sekundarstufe eignet, ist die zentrale Verstehensherausforderung eine klärungswürdige Frage, die nicht strittig ist. Die Frage ist auf Basis der im literarischen Text zu findenden Informationen eindeutig beantwortbar. Der Text ist dennoch nicht leicht zu verstehen.

Ausgestochen

Jagoda Marinić

Er sitzt am Tisch des Cafés und erzählt mir von dieser Frau, der er begegnet ist, davon, wie glücklich er ist, daß er sie kennt. Sie scheint erschreckend bezaubernd zu sein, die Art von Frau, die ich immer beneidet habe, die ich nie um mich herum haben wollte, aus Angst, nichts mehr zu sein neben jemandem, der so viel ist. Mit jedem seiner Sätze schnürt er mir mehr und mehr die Kehle zu. Ich hebe den Blick von meinem Cappuccino zu seinen Augen, muss in ihnen sehen, wie unerreichbar sie ist, die Frau seiner Träume, und zum ersten Mal verabscheue ich die Welt seiner Träume, für das, was sie ihm an Träumen so schickt. Er rührt die Milch in seinem Kaffee um, strahlt mich an und scheint nicht die geringste Ahnung zu haben, nicht das kleinste Gespür dafür, was er mir mit seinen Erzählungen über sie, über seine Gefühle zu ihr, antut. Er denkt, es freut mich, er denkt, ich fühle mit ihm, freue mich mit ihm, aber mir tut es nur weh, daß er sie kennt und daß er sie so sieht. Sie ist so stark, so stark, wie ich nie war und gewiß auch nie sein werde, es liegt nicht in meiner Natur. Ich bin stark im Schwachsein, aber das interessiert ihn gerade, während er mir von ihr vorschwärmt, nicht im geringsten. Nach einer Ewigkeit des Gelähmtseins frage ich mich, woher diese Frau eigentlich ihre Großherzigkeit, ihren Zauber nimmt, ob sie denn überhaupt etwas Menschliches an sich hat, frage ich mich – nicht ihn. Von ihm habe ich ja nun schon unzählige Versionen darüber gehört, wie übermenschlich er sie findet, geradezu göttlich. Wie er zu seinem nächsten Satz ausholt, packe ich meine Tasche. Ich kann mir das nicht länger anhören. Ich dachte, ich fühle mit ihm, ich dachte, wir teilen etwas miteinander, und dann erzählt er ständig nur von ihr, läßt diese Hymne an diese verdammte Person, mit

14 Da die Vorschläge zu *Ausgestochen* auf den Vorschlägen zu *Die Nacht, in der ich fliegen konnte* konzeptionell aufbauen, empfehlen wir, Kap. 3.5.1 bis 3.5.3 nicht zu überspringen.

15

der ich es ohnehin nicht aufnehmen kann, nie ausklingen. Nie. Ich hasse ihn jetzt, hasse ihn mit meinem Blick, den ich ihm zuwerfe, bevor ich aufstehe und das Café verlasse. Und weiß, er sieht ihr nun nach und versteht sie ganz plötzlich gar nicht mehr.

Jagoda Marinić (2001). Eigentlich ein Heiratsantrag. Geschichten. Berlin: Suhrkamp. Frankfurt am Main 2001.

Worum geht es in diesem Text? Die Erzählerin sitzt mit einem Mann am Tisch eines Cafés. Sie berichtet nichts darüber, was sie dem Mann sagt. Sie gibt stattdessen nahezu ausschließlich wieder, was der Mann ihr erzählt und welche Wirkung das auf sie hat. Der Mann erzählt von einer „bezaubernd[en]" Frau, die ihn sehr begeistert. Mit diesen Worten „tut [der Mann der Erzählerin ...] weh". Warum das so ist, lässt sich herausfinden, wenn man der folgenden Frage nachgeht: *Wie viele Figuren treten in der Kurzgeschichte auf?* Die Frage ist klärungswürdig. Wie im Folgenden zu zeigen ist, kann man sie anhand konkreter Textbeobachtungen diskutieren. Sie erfüllt also das Kriterium der Überprüfbarkeit. Darüber hinaus ist die Beantwortung dieser Frage die zentrale Verstehensherausforderung des Textes, weshalb man hier von Klärungsbedarf sprechen kann. Fragen, die überprüfbar sind und zugleich das Kriterium des Klärungsbedarfs erfüllen, sind per Definition überprüfbar. Die Frage ist nicht leicht zu beantworten, weil der Text von Anfang an suggeriert, es würde sich bei der Erzählerin und der Frau, von der der Mann schwärmt, um verschiedene Figuren handeln. Bereits in der ersten Zeile sagt die Erzählerin, der Mann spreche von „dieser Frau", „der er begegnet ist". Wenn es sich bei der Frau und der Erzählerin um dieselbe Figur handeln würde, würde man hier viel eher Ausdrücke wie ‚mich' und ‚als wir uns begegnet sind' erwarten. Ferner signalisiert die Erzählerin, dass sie die Frau nicht kenne, da sie „erschreckend bezaubernd zu sein" *„scheint"*. Die Erzählerin „beneidet" solche Frauen und wollte sie nie um sich herumhaben. Kennt man sich nicht selbst? Üblicherweise kann man sich weder selbst beneiden noch selbst ausstechen. All das spricht dafür, dass es sich bei der Erzählerin und der als bezaubernd beschriebenen Frau um verschiedene Figuren handelt.

Am Schluss des Textes empfindet die Erzählerin Hass auf den Mann und verlässt das Café. Im letzten Satz sagt die Erzählerin, sie wisse, dass er „ihr" nachsehe und dass er „sie ganz plötzlich gar nicht mehr" verstehe. Wenn es sich bei der Erzählerin und der Frau um verschiedene Figuren handeln würde, wäre in diesem Satz ‚mir' statt „ihr" zu erwarten. Das eine Wort – „ihr" – sollte Leser:innen dazu bewegen, das Textweltmodell, welches durch die vorherigen Zeilen suggeriert worden ist, infrage zu stellen und schließlich zu verwerfen. Folgt man der Argumentation, nach der es sich bei der Erzählerin und der Frau um dieselbe Person handeln muss, ist die klärungswürdige Frage geklärt. Es treten genau zwei Figuren in der Kurzgeschichte auf.

3.5.5 Was müssen die Lehrpersonen tun?

Zur Vorbereitung:

a) *Welche Fragen sind für meine Schüler:innen unverzichtbar, um ein grundlegendes Verständnis des Textes zu erlangen?*
Die soeben diskutierte klärungswürdige Frage nach der Anzahl der Figuren ist für ein grundlegendes Verständnis des Textes notwendig. Sie ist klärungswürdig, weil Überprüfbarkeit und Klärungsbedarf vorliegen. Die Frage ist nicht strittig – nur eine Antwort ist korrekt. Geht man fälschlicherweise nach der Lektüre von drei Figuren aus, ist der Text nicht verstanden worden. Die eben erfolgte Diskussion der Perspektivgestaltung ist nur dann möglich, wenn erkannt wird, dass „ihr", „mir", „Frau" und „ich" auf dieselbe Figur verweisen.

b) *Welche Textstellen können zur Beantwortung klärungswürdiger Fragen genutzt werden?*
Ausgehend von der Einsicht, dass der Mann von der Erzählerin schwärmt, sollte die Darstellung und Formsprache des Textes weiter erkundet werden. Das kann anhand der strittigen und überprüfbaren Frage geschehen, warum die Erzählerin von sich in der dritten Person spricht. Für die Beantwortung dieser Frage können die obigen Beobachtungen zu den vom Text suggerierten Lesarten wie folgt ergänzt werden. Die Informationsvergabe ist an die Perspektive der Erzählerin gebunden. Es handelt sich also um eine intern fokalisierte Erzählung bzw. eine Ich-Erzählung. Der Text ist zum Großteil eine Reflexion eines erlebenden Ichs. Der Mann ist es, der „redet", voller Freude „strahlt" und gar zu einer „Hymne" anhebt – wie die Erzählerin im Text den Leser:innen berichtet. Sie ist in dieser Situation dagegen zuerst passiv. Doch „nach einer Ewigkeit des Gelähmtseins" fasst sie den Entschluss, das Café zu verlassen. Wenn sie in diesem Moment „weiß, er sieht ihr nun nach und versteht sie ganz plötzlich gar nicht mehr", nimmt sie ein letztes Mal seine Perspektive ein. Obwohl die Referenz von „ihr" auf die Erzählerin eindeutig ist, weil sie diejenige Frau ist, die das Café gerade verlässt, ist die Ineinssetzung von bezaubernder Frau und Erzählerin an die Perspektive des Mannes gebunden. Er sieht etwas in der Erzählerin, das sie aus ihrer Sicht nicht ist und nicht sein kann. Doch all das erfahren wir nur durch die Worte der Erzählerin. Von ihm selbst erfahren wir nichts. Sie würde jedenfalls gerne mit dem Mann zusammen sein – sie „dachte", dass sie „etwas miteinander" „teilen" würden. Doch sie kann weder „übermenschlich" noch „gottgleich" sein. Sie verlässt das Café, weil sie glaubt, dass er das von ihr verlangen würde. Die Beziehung der beiden zueinander zerbricht an diesen unerfüllbaren Ansprüchen. Wenn die Erzählerin also von sich in der dritten Person spricht, meint sie dieses unerfüllbare Ideal. Ob sie in der dritten Person von der Frau spricht, die der Mann in ihr sieht oder in ihr sehen möchte, bleibt strittig. Ebenso kann die Beantwortung der Frage nach der Rolle der dritten Person mit Bezug auf das Selbstbild der Erzählerin, auf ihren Erwartungen an das Treffen im Café, auf ihre spätere Desillusionierung und auf ihre etwaigen Selbstzweifel diskutiert werden. Darüber hinaus ist die Frage nach den Gefühlen, die die Erzählerin für den Mann empfindet, strittig und überprüfbar. Obwohl man über manche Gefühlsregungen der Erzählerin Konsens finden kann, erweist sich der Verlauf der

inneren Handlung und ihre perspektivische Brechung als komplex und facettenreich. Beispielsweise stellt sich die Frage, ob tatsächlich nur Hass übrigbleibt, wie die Erzählerin suggerieren möchte. In jedem Fall ist herauszuarbeiten, dass die Erzählerin an den Hymnen des Mannes leidet, weil sie ihn mag und ihm gefallen möchte.

c) *Welche nicht überprüfbaren Fragen könnten sich in der Lerngruppe ergeben?*
Man erfährt im Text nichts darüber, was am Tag vor dem Besuch des Cafés geschah. Wir wissen auch nicht, wie lange sich die beiden Figuren schon kennen. Eine bedeutende Einsicht in die Erzählstruktur des Textes ist an die Beobachtung gekoppelt, dass alles Erzählte an die Perspektive der Erzählerin gebunden ist. Ob die Erzählerin die Aussagen des Mannes wahrheitsgetreu wiedergibt und seine Empfindungen korrekt antizipiert, ist nicht überprüfbar. Vielleicht entspricht ihre Beobachtung, nach der der Mann am Ende blickt, als würde er gar nichts verstehen, zwar den Tatsachen. Das könnte er jedoch tun, weil ihre Annahmen über die Idealisierung ihrer Person haltlos sind und er tatsächlich keinen nachvollziehbaren Grund finden könnte, warum sie das Café verlässt. Solche Beobachtungen zu den Grenzen der textbasierten Interpretation können helfen, den Bereich innerhalb dieser Grenzen besser auszuleuchten und die Perspektivgestaltung des Textes zu erfassen.

Zur Durchführung:

- *Problem initiieren*: Im Gegensatz zu *Die Nacht, in der ich fliegen konnte* stellt sich in *Ausgestochen* das Textproblem nicht von selbst. Es ist durchaus wahrscheinlich, dass einige Schüler:innen sowohl zu Beginn als auch fälschlicherweise am Schluss davon ausgehen, dass der Mann von einer zweiten Frau schwärmt, weshalb die Erzählerin das Café erbost verlässt. Sie würden die zentrale klärungswürdige Frage dann falsch beantworten. Wenn diese Frage falsch beantwortet wird, kann jedoch nicht erkundet werden, warum die Frau von sich in der dritten Person spricht. Auch diese klärungswürdige Frage sollte gestellt werden.
- *Indizien sammeln und Hinweise auf wichtige Textstellen:* Diese falsche Lesart, nach der im Text drei Figuren auftreten, wird vom Text durchaus bestärkt. Wie das im Text geschieht und welche Gegenindizien gefunden werden können, lässt sich der obigen Textanalyse entnehmen. Das stärkste Gegenindiz ist das kleine Wort „ihr“, auf das die Schüler:innen ggf. aufmerksam gemacht werden müssen. Das kann zum Beispiel geschehen, indem danach gefragt wird, welche Formulierung im letzten Satz irritiere. Wenn geklärt ist, wie viele Figuren in der Kurzgeschichte auftreten, kann man mit den in b) angeführten Textbeobachtungen das Selbstbild der Erzählerin erkunden.
- *Kontextwissen anbieten:* Ein Reiz des Textes besteht darin, dass seine Schwierigkeit nicht aus historischer Distanz oder für Schüler:innen ungewohnter Wortwahl resultiert, sondern aus der Perspektivgestaltung sowie aus der Differenziertheit und Entwicklung der präsentierten Gefühlswelt. Dennoch können einige Wortbe-

deutungen den Schüler:innen unbekannt sein, z. B. „die Kehle zu[schnüren]“ und „Großherzigkeit“.

- *Strategien und Analysewerkzeuge anbieten:* Wie bereits besprochen, eignet sich der Text, um etwas über Fokalisierung und Perspektivgestaltung zu lernen. Die entsprechenden narratologischen Analysewerkzeuge können den Schüler:innen an die Hand gegeben werden, um die Funktion der Perspektive für den Text zu erkunden, wie das in der obigen Textanalyse geschah. Darüber hinaus erweist sich als hilfreich, Oppositionen und Äquivalenzen in den Blick zu nehmen – einerseits bezüglich des Mannes und der Erzählerin und anderseits bezüglich der Erzählerin und des aus ihrer Sicht unerreichbaren Ideals.
- *Einfordern von Konsequenz:* Auch bei diesem Textbeispiel, das überaus reich an Nuancen und Indizien ist, wäre für ein Lernunterstützendes Gespräch kontraproduktiv, in ein textfernes Spekulieren abzugleiten. Stattdessen sollte thematisiert werden, dass alles, was erzählt wird, von der Perspektive der Frau abhängt, und wir folglich über die Gedanken und Gefühle anderer Figuren, aber auch generell über den Wahrheitsgehalt ihrer Aussagen nur spekulieren können.
- *Förderung von Diskussionen:* Das Herstellen und Einfordern von Bezügen zwischen den Beiträgen der Schüler:innen durch die Lehrkraft ist auch für ein Lernunterstützendes Gespräch über *Ausgestochen* entscheidend. Das Gespräch zielt auf eine Diskussion zwischen den Schüler:innen, weshalb die zentrale klärungswürdige Frage nicht kurzum von der Lehrkraft beantwortet werden sollte. Stattdessen eignet sich das mit der Frage verbundene Textproblem als Anlass für eine gemeinsame Textanalyse und für weitergehende Reflexionen.

3.5.6 Was müssen die Lernenden mitbringen?

Lernunterstützende Gespräche sind so konzipiert, dass Schüler:innen lernen, literarische Texte gemeinsam als fiktionale, ästhetisch geformte und mehrdeutige Gebilde zu erschließen. Darauf müssen sich die Schüler:innen einlassen. Ein solches Einlassen kann befördert werden, indem bei der Textbegegnung den Irritationen und Emotionen, die beide Texte auf Seiten der Leser:innen zu generieren vermögen, Raum gegeben wird. Bei beiden Textbeispielen können so Analyseanlässe (vgl. Zabka 2012) geschaffen werden, die das anschließende Erkunden von Indizien nicht als Zerreden und Zerkauen erleben lassen, sondern den Text aufwerten. Auf diese Weise lässt sich ein textorientierter und auf Deutungsprozesse abzielender Rezeptionsmodus einüben, der nicht nur in schulischen Kontexten relevant ist, sondern zur Fähigkeit beiträgt, „die intersubjektiven Unterschiede geäußerter Emotionen, Vorstellungen, Wertungen und Bedeutungszuweisungen interpretativ zu klären“ (Zabka 2015, 172), und damit die Rezeption ästhetischer Gegenstände nachhaltig bereichert. Einerseits lernen die Schüler:innen in solchen Gesprächen auch ein Sprechen über Literatur. Andererseits sollten sie bereits gewohnt sein, miteinander zu diskutieren, d. h., im Gespräch gemeinsame Zielstellungen und Fragen zu verfolgen, die eigene Position zu artikulieren und argumentativ zu untermauern und sich auf Positionen und Argumente von anderen einzulassen und diese im dialogischen Abwägungsprozess im Rahmen eines gemeinsamen Klärungsinteresses zu berücksichtigen. Je weniger Erfahrungen die Schüler:innen in den genannten Punkten haben, desto stärker muss die Lehrperson das Lernunterstützende Gespräch steuern. Allerdings ist es – je nach Gegenstand und Lerngruppe – durchaus möglich, Lernunterstützende Gespräche schon zu Beginn der Sekundarstufe durchzuführen. Traxlers Erzählung *Die Nacht, in der ich fliegen konnte* bietet sich auch für Schüler:innen mit wenig Literaturerfahrung an, weil der Text wie von selbst Zweifel sät und Klärungsbedarfe initiiert. Ein Gespräch über die Kurzgeschichte *Ausgestochen* verorten wir in den höheren Sekundarstufen. Zum einen ermöglicht das den Lernenden eher, auf eigene Erfahrungen – z. B. mit der Idealisierung eines geliebten Gegenübers – zurückzugreifen. Andererseits erweist sich die Kurzgeschichte als komplex. Zwar kann man hinsichtlich der zentralen klärungswürdigen Frage zwischen textangemessenen und -unangemessenen Lesarten eindeutig entscheiden. Diese Entscheidungen sind jedoch nur der erste Schritt auf dem Weg zu weiterführenden Reflexionen über die Perspektivität des Erzählten.

3.5.7 Vorgehen – kurz gefasst

Die folgende Grafik fasst prägnant zusammen, wie Lernunterstützende Gespräche durch die Lehrkraft vorbereitet und geleitet werden.

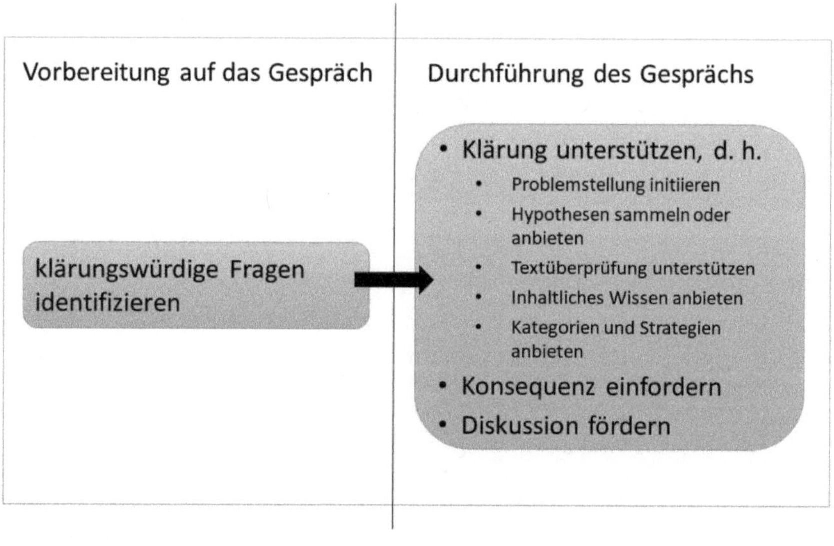

Abbildung 8: Vorgehen der Lehrkraft im Lernunterstützenden Gespräch

3.5.8 Geeignete Texte

Für Lernunterstützende Gespräche eignen sich literarische Texte, bei denen die Beantwortung klärungswürdiger Fragen durch genaue Textwahrnehmung möglich ist und so Aha-Effekte ausgelöst werden können. Dabei ist zu betonen, dass Klären in diesem Zusammenhang nicht heißt, endgültige Antworten – ein letztes Wort – zu finden. Stattdessen sind auch solche klärungswürdigen Fragen zu verfolgen, die strittig sind;

die also eine irreduzible Ambiguität erhellen, ohne sie textunangemessen zu vereindeutigen.

Collins, Stephen (2014): Der gigantische Bart, der böse war. Zürich: Atrium. Dave, Protagonist der parabolischen Graphic Novel, lebt auf einer wohlgeordneten Insel, genannt „HIER“, die im Kontrast zu dem chaotischen „DORT“ steht. Dave hat ein Barthaar, das sich nicht entfernen lässt. Aus diesem wird ein gigantischer Bart, der das Leben auf der Insel verändert. Als klärungswürdige Fragen bieten sich an: „Warum wächst ausgerechnet Dave der Bart?“ und „Wieso hat der Bart so eine massive Wirkung auf die Insel?“ (Magirius 2023, 30).

Janne Teller (2013): Warum. In Janne Teller. Alles – worum es geht (9–17). München: Carl Hanser. Der Text besteht aus einem kurzen Dialog zwischen einem mutmaßlich erwachsenen Menschen und einem jugendlichen Gewalttäter. Der erwachsene Mensch versucht, eine klärungswürdige Frage zu beantworten: Warum wurde die Tat begangen? Obwohl die Antwort auf diese Frage unstrittigerweise im Text zu finden ist, erweist sich die Erörterung der Frage als herausfordernd (vgl. Heins 2015).

4 Empirische Forschung zu Unterrichtsgesprächen über Literatur

4.1 Einleitung

Die Deutschdidaktik betrachtete es zu Zeiten ihrer Entstehung als eigenständige wissenschaftliche Disziplin in den 1960er-Jahren als ihre Aufgabe, „Konzeptionen des Deutschunterrichts, Curricula oder modellhafte Unterrichtseinheiten" (Kammler & Knapp 2002, 2) zu entwickeln. Konzipiert wurde gemeinhin praxisfern, ausgehend von fachwissenschaftlichen Erkenntnissen, „in sicherem Abstand zu den Niederungen der alltäglichen Schulpraxis" (ebd.); implementiert wurde entweder von außen (bspw., indem Konzepte Eingang in Lehrpläne fanden) oder gar nicht (vgl. Steinmetz & von Heynitz 2023, 13 ff.). Systematisch beforscht wurde weder die Verwendung der Konzepte noch deren Wirkung. Deshalb gerieten Mängel, die sich erst bei der Verwendung der Konzepte zeigen, kaum in den Blick der Wissenschaft (vgl. Kammler & Knapp 2002, 2).

Ob die Lehrkonzepte der Didaktik mit der Praxis kompatibel sind und ob sie diese verbessern, kann man nicht am Schreibtisch erfahren: Um hierzu etwas herauszufinden, muss man Unterricht beobachten, beteiligte Akteur:innen befragen, Lernerträge messen oder auf andere Weise Unterrichts(wirkungs-)forschung betreiben. Konzeptverwendungen und -wirkungen sind (wie andere Formen der Unterrichtspraxis und deren Folgen) demgemäß auf **empirische Weise** zu beforschen. Dies meint nichts anderes, als die wissenschaftliche Erkenntnis nicht nur anhand bereits vorliegender wissenschaftliche Konzepte, sondern mit Blick auf zu beforschende Daten vorzunehmen. Diese Daten werden von empirisch arbeitenden Wissenschaftler:innen erhoben und – verschiedenen wissenschaftlichen Gütekriterien verpflichtet – ausgewertet.

Tatsächlich hat (auch) die empirische Forschung zu Unterrichtsgesprächen über Literatur seit den 1980er-Jahren dazu beigetragen, das Selbstverständnis der Disziplin zu verändern. Heute dürfte die „Dreigliedrigkeit der Fachdidaktik" mit „erfahrungswissenschaftlich-empirischen, theoriebildenden und handlungswissenschaftlichen" (Dawidowski 2019, 471) Anteilen als gesetzt gelten. Betrachtet man die in Kap. 2 dargelegten Konzeptionen und die Wege, wie es zu ihnen kam, so spielen die genannten Anteile tatsächlich zusammen: Es war die **empirische Studie** von Wieler (1989), die zunächst eine unterrichtspraktische Geltung aufweisende **Theorie** um (Neben-)Wirkungen fragend-entwickelnden Vorgehens nach sich zog. In Folge ihrer Studie wurden Konzepte entwickelt, die unterrichtlich implementiert – also für den stattfindenden Literaturunterricht **handlungspraktisch wirksam** – wurden.

Es lässt sich entsprechend behaupten: Die Entwicklung von Konzepten zu Unterrichtsgesprächen über Literatur war von Anfang an mit empirischer Forschung verknüpft – und ist damit womöglich ein Treiber dafür gewesen, empirische Forschung als

Aufgabe der Disziplin zu begreifen. Tatsächlich liegen mittlerweile einige empirisch gewonnene Erkenntnisse zu Unterrichtsgesprächen über Literatur vor. Auf die Analyse der realen Unterrichtsdaten in der Studie von Wieler (1989) folgten zahlreiche weitere Fallanalysen mit unterschiedlichem Fokus (s. Kap. 4.2 & 4.3). Sie hatten entweder zum Ziel, die Vor- und Nachteile von Unterrichtskommunikationen, die einem spezifischen Konzept folgen, zu beschreiben, oder aber kontrastiv Unterschiede zwischen verschiedenen Kommunikationen aufzuzeigen, z. B. solche, die auf Schulformunterschiede bezogen werden können. Einige wenige Studien wagen sich über die Beforschung weniger Fälle hinaus und betrachten Unterrichtsgespräche in einem größeren Maßstab, also mit Blick auf viele Lerngruppen und/oder Unterrichtsstunden. Dies ist nötig, wenn man zu Erkenntnissen gelangen möchte, die verallgemeinerbar sind: Was bei einem einzelnen Fall ins Auge springt, kann schließlich für einen anderen gar keine Geltung aufweisen. Fällt Gleiches aber in 90 von 100 Datensätzen auf, lässt dies viel eher generalisierbare Aussagen zu (s. Kap. 4.4).

Betrachtet man die derzeit laufenden sowie die bereits abgeschlossenen empirischen Forschungsprojekte in der Deutschdidaktik dürfte der folgende Satz von Kammler & Knapp (2002) allerdings weiterhin gelten, obschon er gut 20 Jahre alt ist:

> Es werden erste Schneisen in den Urwald geschlagen, nach wie vor gibt es aber noch viel undurchsichtiges Dickicht. (Ebd., 5)

So ist bspw. zur Wirkung nahezu aller von uns in Kap. 2 vorgestellten Konzepte, sofern sie im Unterricht Verwendung finden, nicht viel bekannt – weder im Hinblick auf die Lernergebnisse noch auf das Erleben des Unterrichts durch die Akteur:innen. Tatsächlich wurde im deutschsprachigen Raum bisher nur die Wirkung der als *Extrempole* konstruierten Gesprächskonzepte ÄSKIL und KOKIL (und in Folge deren Differenzierungen) mit einer wirkungsforscherischen Absicht im größeren Maßstab beforscht (s. Kap. 2.7). Für das Konzept des Lernunterstützenden Gesprächs ist die vermutete Wirkung bestimmter Aspekte des Lehrer:innenhandelns auf das Erleben des Gesprächs anhand einer kleinen Stichprobe empirisch gestützt (vgl. Magirius, Scherf & Steinmetz 2022; 2023a; 2024). Doch zu welchen Lernfortschritten führt ein Literarisches Unterrichtsgespräch nach dem Heidelberger Modell? Wie wird ein Forschendes Literaturgespräch von Schüler:innen erlebt? Können Vorlesegespräche tatsächlich die Imagination intensivieren? Bisher liegen zu diesen Fragen und auch zu vielen anderen, die im Hinblick auf die Konzeptverwendungen zu stellen wären, keine empirischen Erkenntnisse vor, die Generalisierungen erlauben würden.

Um bei der Metapher von Kammler und Knapp (2002) zu bleiben: Nichtsdestotrotz wurden mittlerweile etliche Schneisen in den Urwald geschlagen. Die Macheten, die dabei Verwendung fanden, unterschieden sich allerdings – und in der Folge auch die Schneisen. Die empirische Erkenntnisproduktion zu Unterrichtsgesprächen über Literatur entstand nicht aus dem Nichts, sondern folgte von Beginn an bestimmten Forschungstraditionen, Prinzipien und konkreten Forderungen an die Datenerhebung und -auswertung. Wie empirisch geforscht wird, hat sich die Disziplin Deutschdidaktik nicht selbst ausgedacht. Sie hat Vorgehensweisen von anderen Disziplinen, die eine längere Tradition empirischer Forschung aufweisen – wie die Sozialforschung und die Psychologie –, übernommen. Damit war auch die Übernahme bestimmter **Forschungsparadigmen** verbunden (vgl. Carl & Scherf 2022, 3). Dies meint: Ein Bündel von Ansichten und Arbeitsweisen, die für eine bestimmte Gruppe professioneller Forscher:innen Geltung aufweisen und die wissenschaftliche Praxis der Gruppe rahmen.

Die Entscheidung, eine Studie in dem einem oder in einem anderen Paradigma anzulegen, ist folgenreich. Mit ihr verbunden sind bestimmte wissenschaftstheoretische Positionierungen, die von der Auswahl der konkreten Forschungsweisen bis hin zur Darstellung und Geltung der Erkenntnisse die gesamte Studie grundlegend beeinflussen:

> Jede Forschung erfordert eine methodologische Positionierung, die Konsequenzen für das weitere Vorgehen hat. Wenn man sich mit seiner Fragestellung aus bestimmten Gründen für ein qualitatives Vorgehen entscheidet, muss man sich konsequent im Rahmen dieses methodologischen Paradigmas bewegen. (Przyborski & Wohlrab-Saar 2021, 7)

Wir haben uns entschieden, unseren Überblick über die bislang vorliegenden Studien anhand solcher Paradigmen zu ordnen. Diese stellen wir zusammen mit Studien vor, die für das jeweilige Paradigma beispielhaft sind.[16] In der deutschsprachigen Forschung zu Unterrichtsgesprächen über Literatur sind qualitative Studien, die **dem rekonstruktiven Forschungsparadigma folgen**, am häufigsten anzutreffen (s. Kap. 4.2). Sie beschäftigen sich oft mit Prozessen, die innerhalb der Kommunikation stattfinden, sie fokussieren szs. kommunikative Details eines Gesprächs. Als Beispiel hierfür dient die Studie Wielers (1989), die (auch) eingangs dieses Kapitels Erwähnung fand. Studien mit einem **kategorisierenden Interesse** zielen dagegen häufig darauf ab, Gesprächsanteile oder das Gesprächshandeln von Teilnehmer:innen ausgehend von einer bestimmten Fragestellung zu ordnen und/oder zu klassifizieren (s. Kap. 4.3). Eine Fragestellung, die ein solches Forschungshandeln nahelegt, ist z. B.: Entsprechen die Äußerungen der beforschten Lehrkraft im Lernunterstützenden Literaturgespräch den Maßgaben, die das Konzept aufstellt? Äußerungen der Lehrkraft ließen sich daraufhin kategorisieren (vgl. Magirius, Scherf & Steinmetz 2022). Eine **quantitative Studie** hat hingegen gemeinhin den Anspruch, Zusammenhänge zwischen Merkmalen in einer größeren Stichprobe zu beforschen – z. B. den Effekt einer bestimmten Gesprächsform auf das literarische Verstehen der Schüler:innen (vgl. Albrecht 2022 sowie s. Kap. 4.4).

Für jedes der Paradigmen werden wir im Folgenden skizzenhaft abstecken, welche wissenschaftstheoretischen Positionierungen mit ihm einhergehen, welche Forschungsweisen und -ziele mit ihm verbunden sind und welche Studien einschlägig sind. Wir ziehen jeweils eine Studie heran, um am Beispiel das Vorgehen bei der konkreten Wissensproduktion etwas genauer darzulegen. Abschließend stellen wir jeweils knapp eine Idee für eine mögliche eigene kleine Forschungsarbeit vor. Damit zeigen wir, dass empirische Forschung nicht die Sache der anderen sein muss. Auch Studie-

16 Zu den Übergängen zwischen Paradigmen vgl. Magirius (2020, 13–19).

rende und (angehende) Lehrkräfte haben die Möglichkeit, zur empirischen Wissensproduktion zu Unterrichtsgesprächen über Literatur beizutragen.

4.2 Rekonstruktive Studien: Gesprächs- und Lernprozesse im Blick

4.2.1 Rekonstruktive Studien: Objekt- und Gegenstandsbereiche, Erkenntnisziele und Erkenntnisse

Rekonstruktive Studien zielen darauf, für spezifische Phänomene „merkmalsentdeckend […] auszuarbeiten, was bislang nicht ohne Weiteres ‚sichtbar' oder bekannt ist" (Wiezorek 2017, 106). Hierfür nehmen Forscher:innen diese Phänomene mit analytischem Anspruch in den Blick. Tatsächlich geht die in diesem Buch schon mehrfach erwähnte Kritik am fragend-entwickelnden Unterrichtsgespräch über Literatur – und in der Folge das in diesem Buch skizzierte reiche Schaffen verschiedener Konzeptionen – auf Erkenntnisse einer rekonstruktiven Studie zurück: Wieler (1989) arbeitete in der gesprächsanalytischen Beschäftigung mit einem einzigen fragend-entwickelnden Unterrichtsgespräch einer zehnten Klasse zum literarischen Text *Der Bär auf dem Försterball* heraus, dass es in diesem weit weniger darum geht, den literarischen Text zu verstehen, als vielmehr darum, die eigene „Fähigkeit zum sprachlich adäquaten und formal korrekten ‚Umgang mit Texten' zu *demonstrieren*" (Fritzsche 1994, 184, Hervorh. i. Orig.). Darüber hinaus konnte sie anhand einzelner **Sequenzen** – d. h. Abschnitten des Gesprächs, in denen die Äußerungen der Teilnehmer:innen thematisch zusammenpassen und die man daher als Forscher:in von anderen Abschnitten trennen kann – herausarbeiten, dass Äußerungen der Lehrkraft den Gesprächsverlauf nachdrücklich lenken. Bei einem flüchtigen Blick auf die Daten wäre dies nicht aufgefallen, da sich die Lehrkraft mit inhaltlich eingreifenden Beiträgen zurückhält und die Wortbeiträge der Schüler:innen nur vereinzelt zaghaft bewertet. Sie bietet allerdings sehr häufig spezifische Aspekte einer Schüler:innenäußerung zur Weiterarbeit an. Darüber hinaus lenkt sie durch ihre Beitragsbitten und (Rück-)Fragen. Fritzsche (1994) fasst die Wirkung solchen Handelns zusammen:

> [A]llein die Art, wie Schüleräußerungen aufgegriffen werden, wann nach Details und wann nach Belegen gefragt wird, auf welche Weise Fragen gestellt werden, läßt die Schüler ahnen, welche Textdeutung vom Lehrer favorisiert wird: Die Schüler lernen nicht nur, einen Text zu interpretieren, sondern sie lernen vor allem, die Äußerungen ihres Lehrers zu interpretieren! (Fritzsche 1994, 182)

Die von Wieler (1989) rekonstruierte Wirkung des Lehrpersonenhandelns diente mehreren Fachdidaktiker:innen als Startpunkt, um Gesprächsformen zu entwickeln, die weniger von der Lehrperson dominiert werden (s. Kap. 2.3 f.).

Wie konnte Wieler an diesem einen Gespräch etwas erkennen, das andere in den offensichtlich verbreiteten fragend-entwickelnden Gesprächen zu literarischen Inhalten nicht erkannten? Erklärbar wird dies durch die spezifische Forschungshaltung, mit der sie sich dem Gespräch – das ihr transkribiert, also verschriftlicht, vorlag – zuwendete: Ihr ging es darum, anhand einzelner Kommunikationshandlungen implizite (d. h. nicht hörbar geäußerten) „Sinnstrukturen“ (Przyborski & Wohlrab-Sahr 2021, 16) zu **rekonstruieren**, die z. B. „in der Art und Weise einer Formulierung oder einer Interaktionssequenz zum Ausdruck kommen können“ (ebd., 239). Auf diese Weise konnte sie bspw. herausfinden, dass die Äußerungen der Lehrkraft im skizzierten Gespräch zu einer ganz bestimmten Deutung des Textes hinführen, obschon die Lehrkraft weder das Ziel, zu einer spezifischen Textdeutung zu gelangen, noch die Deutung selbst benennt.

Rekonstruktive Forschungsziele sind damit häufig interpretativ: Es gilt, einen sogenannten impliziten Sinn von Kommunikationssequenzen und/oder sozialen Situationen zu erkennen und zu explizieren – und damit den Äußerungen der Akteur:innen einen möglichen Sinn zuzuordnen, auch wenn die Beteiligten diesen selbst nicht aussprechen und vielleicht nicht einmal bedenken. Auch im Alltag ist uns eine solche Haltung nicht völlig fremd – z. B., wenn wir eine Äußerung eines Mitmenschen als einschmeichelnd bewerten, obwohl das Kommunikationsziel *Einschmeicheln* in der betreffenden Äußerung (natürlich) nicht genannt wurde. Ein weiteres Forschungsziel, das man mit rekonstruktivem Vorgehen verfolgen kann, ist die Suche nach Phänomenen, die für eine bestimmte (Kommunikations-)Situation **typisch** sind, d. h., in gleicher bzw. sehr ähnlicher Struktur – und damit auch unterscheidbar von anderen Strukturen – in verschiedenen Situationen immer wieder auftreten. Bspw. konnte Heller (2021a; 2021b) für Unterrichtsgespräche zu literarischen Gegenständen in einem gesprächsanalytischen Zugriff auf transkribierte Unterrichtskommunikationen zeigen, dass in diesen eine Reihe von „diskursive(n) Verfahren des Verständlichmachens und Deutens“ (Heller 2021a, 54) häufig in ganz ähnlicher Struktur vorkommen – weshalb sich an Schüler:innen die Anforderungen, die mit diesen verbunden sind, in nahezu jedem Gespräch stellen dürften (s. Kap. 4.2.2). Dass diese Erkenntnis in fachdidaktischer Hinsicht relevant ist, liegt auf der Hand: Aus ihr lässt sich ableiten, welche diskursiven Verfahren vermittelt und eingeübt werden müssen, damit Kommunikation im Unterrichtsgespräch gelingen kann.

Vorhaben rekonstruktiver Forschung zielen für beide skizzierten Zielbereiche – Sinndeutung und Suche nach typischen Phänomenen – auf analytische „Tiefenschärfe“ (Wiezorek 2017, 106). Ein möglicher Sinn und/oder eine mögliche Struktur sollen nicht spontan zugeordnet und/oder benannt werden, so wie dies in der Alltagskommunikation mitunter geschieht, sondern durch detailgenaue Beschäftigung mit den Phänomenen gewonnen und die Interpretation regelgeleitet abgesichert werden. Um dies zu gewährleisten, orientieren sich rekonstruktiv forschende Wissenschaftler:innen gemeinhin an bestimmten Vorgehensweisen, **Methoden**, die wiederum auf Resultate theoretischer Arbeiten aufbauen – auf **Methodologien**. Beides dient der Qualitätskontrolle und der Transparenz der Wissensproduktion: Die genannten Rahmungen ermöglichen den Forschenden regelgeleitetes Vorgehen und anderen Forscher:innen, die Weise der Erkenntnisproduktion nachzuvollziehen.

Die bisher vorliegenden Arbeiten zu Gesprächen über Literatur, die ein rekonstruktives Interesse verfolgen, orientieren sich an in der Sozialforschung verbreiteten Methoden und soziologisch begründeten Methodologien; z. B. an der Dokumentarischen Methode (z. B. Heizmann 2018) oder der Objektiven Hermeneutik (z. B. Pflugmacher 2017). Bei eher sprachdidaktisch orientierten Arbeiten ist das Verfahren der Gesprächsanalyse verbreitet (z. B. Heller 2021a; 2021b). Manche fallbezogenen Arbeiten werden auch als rekonstruktive Akte der Wissensproduktion gerahmt, ohne hierfür eine spezifische Methodologie anzugeben (z. B. Harwart & Scherf 2018, Albrecht 2022, 427 ff., Pieper 2023).

Viele anerkannte Methoden mit rekonstruktivem Anspruch sehen vor, in der Deutungsarbeit Äußerung für Äußerung vorzugehen. Damit spielt eine besondere Rolle, wie sich Äußerungen zu einer Sequenz und Sequenzen zu einer Gesamtkommunikation zusammenfügen.. Das Prinzip der **Sequenzialität** hilft Forscher:innen u. a. dabei, ihre einmal generierte Deutung abzusichern oder infrage zu stellen (vgl. Reichertz 2016, 153): Findet sich für ein:e Forscher:in beispielsweise ein typisches sprachliches Äußerungsmuster zu literarischen Texten in einer Sequenz – bei Heller (2021a, 55) ist als solches z. B. „Induktives Generieren von Deutungen" genannt –, so sollte sich diese Struktur auch in weiteren Sequenzen zeigen. Gleichzeitig müssten sich andere Äußerungsmuster deutlich von diesem Muster unterscheiden. Ist dies nicht der Fall, muss man die vermutete Erkenntnis, einen relevanten Äußerungstyp gefunden zu haben, infrage stellen.

Trotz aller Absicherungen in der Erkenntnisproduktion ist zu konstatieren, dass Erkenntnisse rekonstruktiver Studien oftmals eine beschränkte Generalisierbarkeit aufweisen: Eine rekonstruierte Struktur, die für unser Verständnis unterrichtlicher Kommunikationsprozesse hochrelevant ist, muss dennoch nicht zwingend mit großer Häufigkeit in anderen vergleichbaren Kommunikationssituationen auftreten. Über die Geltung in einem statistischen Sinn kann also meist keine Aussage getroffen werden (vgl. Scherf, 2013, 411). Auf die Erkenntnisse Wielers (1989) bezogen hieße dies: Ob die rekonstruierten (Neben-)Wirkungen fragend-entwickelnden Vorgehens sich in anderen Gesprächen genauso zeigen wie in dem einen (!), das sie untersucht hat, weiß man nicht. Um dies herauszufinden, müsste man viele weitere Gespräche untersuchen. (Umso erstaunlicher ist, dass eine gesamte Disziplin in der Folge das fragend-entwickelnde Kind mit dem Bade ausgeschüttet hat.) Carl und Scherf (2022) schlagen demgemäß vor, Erkenntnisse aus rekonstruktiven Studien als „Anstöße zum Überdenken [...] [von] Lehrkonstruktionen" (ebd., 13) zu begreifen. Aus dem genannten Grund kann man allein aus ihnen keine spezifischen, zu empfehlenden Handlungsweisen verlässlich ableiten. Letztlich, so könnte man sagen, führen rekonstruktive Studien zu Hypothesen, die in Studien mit anderen Rahmungen weiterzubearbeiten wären (vgl. Carl & Scherf 2022, s. Kap. 4.4).

Was wurde im Rahmen rekonstruktiver Studien zu Unterrichtsgesprächen über Literatur herausgefunden? Erwähnt wurden bereits die Erkenntnisse Wielers (1989) zum fragend-entwickelnden Gespräch. Harwart und Scherf (2018) haben andererseits für eben jenes lehrer:innengelenkte Vorgehen als ein – in literaturdidaktischer Perspektive durchaus positiv zu bewertendes – typisches Phänomen rekonstruiert, dass in ihm vonseiten der Lehrperson (Halte-)„Geländer“ (ebd., 151) für das Verstehen des literarischen Texts aufgestellt werden, die den Schüler:innen eine literarische Sinnkonstruktion im Gespräch überhaupt erst ermöglichen. Pieper (2023) weist fallvergleichend auf mögliche Schulformunterschiede des gesprächsförmigen Umgangs mit Literatur hin. Albrecht (2022, 427 ff.) zeigt in seiner rekonstruktiv angelegten Teilstudie, wie die von ihm beforschten Gesprächsformen ÄSKIL und KOKIL das Verstehen beeinflussen (s. auch Kap. 4.4.2). Heizmann (2018) kann wiederum zeigen, dass bereits Grundschulkinder in der Lage sind, in einem Setting, das sich am Heidelberger Modell orientiert (s. Kap. 2.4), literarische Sinnbildungen zu vollziehen. Diese Sinnbildungen können durchaus elaboriert sein, wie z. B. das metaphorische Verstehen von Textabschnitten (vgl. ebd., 184 ff.).

Als Beispiel für rekonstruktive Forschung stellen wir im Folgenden die bereits erwähnte Studie von Heller (2021a; 2021b, auch: Morek & Heller 2023) zu „Vertextungsverfahren“ (Heller 2021b, 305) vor, die im Gespräch über Literatur eine zentrale Rolle spielen.

4.2.2 Beispiel: „Vertextungsverfahren“ in Unterrichtsgesprächen über Literatur (Heller 2021a; 2021b)

Ziel der Studie: Die Studie von Heller zielt darauf, „im schulischen Fachunterricht genutzte Vertextungsverfahren des Erklärens und Argumentierens systematisch zu beschreiben“ (Heller 2021b, 305). Unter dem Begriff Vertextungsverfahren fasst Heller solche Äußerungsfolgen mehrerer Gesprächsteilnehmer:innen, die der „Kommunikation von Wissen“ (ebd., 304) dienen. Bestimmte Verfahren hätten sich gesellschaftlich etabliert (Heller 2021a, 55); sie kämen demnach auch im schulischen Unterricht zum Tragen. Heller (2021b) geht von einer Forschungslücke aus: Es existierten „keine Studien, die für *fachunterrichtliche Lehr-Lern-Diskurse relevante Vertextungsverfahren* beschreiben“ (ebd., 305, Hervorh. i. Orig.), weshalb sie für den Mathematik- und Deutschunterricht damit beginnt. Vertextungsverfahren für den gesprächsförmigen Umgang mit Literatur zu rekonstruieren, bilde schließlich „eine wesentliche Voraussetzung dafür, diese im Deutschunterricht auch zu einem Lerngegenstand machen zu können“ (Heller 2021a, 55).

Methodologische und methodische Hintergründe: Das Verfahren, mit welchem Heller ihrem Forschungsziel nachgeht, ordnet sie (u. a.) in Ansätze der *Gesprächsforschung* ein:

> Die Gesprächsforschung [...] rekonstruiert, wie Gesprächsbeteiligte Zug um Zug Themen etablieren und im Verlauf des Sprechens sprachliche und textuelle Strukturen finden, um komplexe Sachverhalte und subjektive Phänomene (bspw. Emotionen) in eine verstehbare Form zu bringen. (Heller 2021b, 309)

Sie grenzt weiterhin begrifflich und konzeptuell ein, was genau sie im Rahmen ihrer Analyse aufzufinden versucht:

> Vor dem Hintergrund eines Verständnisses von sprachlichem Handeln als sozialer Praxis sind Vertextungsverfahren als sozial etablierte und kulturell sedimentierte Praktiken zu verstehen, mit denen im Rahmen der gattungsspezifischen Kernaufgaben komplexe Sachverhalte unter Bedingungen der Interaktivität sukzessive in geordneter Weise dargestellt werden. (Ebd., 314)

Um jene Praktiken zu rekonstruieren, bestimmt Heller als sogenannte **Analyseeinheiten** (vgl. ebd., 316) die Gesprächssequenzen zwischen Lehrkraft und Schüler:innen, denen „explanative und argumentative“ (ebd., 316) Funktionen zugeordnet werden können.

Konkret kann nun das methodische Vorgehen, mit dem Vertextungsverfahren typisiert werden, als zweiteilig beschreiben: Erstens erfolgt die sehr genaue Beschreibung einer Äußerung im Rahmen ihres kommunikativen Umfelds der Sequenz mit dem Ziel, abstrahierend jeweils für die eine Äußerung eine Funktion zu benennen. Zweitens nimmt die Forscherin – mit Blick auf die gesamte, auf skizzierte Weise betrachtete Sequenz – eine Benennung des vermuteten Zwecks (Welches Ziel wird in der Sequenz verfolgt, was wird mit ihr geleistet?) und eine Beschreibung der Weise vor, wie dieser verfolgt wird (Wie wird lehrer:innen- und schüler:innenseitig der kommunikative Anspruch bearbeitet?). Hierbei schaut die Forscherin auch auf die positionsbedingt unterschiedlichen Handlungen der Akteur:innen:

> Der gesprächsanalytische Fokus liegt zum einen auf der Beschreibung der globalen Zugzwänge, d. h. der kommunikativen Folgeerwartungen, mit denen die Lehrperson in bestimmte explanative oder argumentative Vertextungsverfahren steuert. Zum anderen wird nachgezeichnet, wie die Zugzwänge im nächsten Zug von den Schüler/-innen – z. T. auch in Kooperation mit der Lehrperson – eingelöst werden. (Heller 2021a, 55)

Erkenntnisse der Studie: Als zentrale Erkenntnis der Studie lässt sich für den Gegenstandsbereich des vorliegenden Bandes Folgendes festhalten. Für Gespräche, die sich literarischen Gegenständen widmen, können „typische und häufig vorkommende Vertextungsverfahren“ (Heller 2021a, 55) bestimmt und beschrieben werden. Heller benennt das „[i]nduktive Generieren von Deutungen“ als eines dieser Verfahren (ebd.). Dass literarische Texte gedeutet werden (können), haben wir in Kap. 1.3 dargelegt. Wie genau in schulisch gerahmten Kommunikationen dabei vorgegangen wird, wurde bislang allerdings nicht systematisch beschrieben. Anhand einer Sequenz zeigt Heller, dass es eine Reihe von Äußerungen mit unterschiedlichen Funktionen sind, die im Ganzen zu einer Deutung (hier: einer Filmszene) führen: So werde – von der Lehrerin durch eine recht offene Frage ausgelöst – von einer Schülerin zunächst die in der Szene beobachteten Vorgänge ins Gespräch eingebracht (im Beispiel zu einer Szene des Films *Billy Elliot*: Streikende werfen rohe Eier auf einen Bus mit Streikbrechern). Daraufhin deutet die Schülerin diese Vorgänge, indem sie – sprachlich gekennzeichnet durch das Wort „vielleicht“, (ebd., 56) – versuchsweise Vermutungen über Motive der Figuren aufstellt (die Streikbrecher zu maßregeln) und nachfolgend plausibilisiert (da die Streikbrecher die Ziele des Streiks gefährden). Generalisierend fasst Heller für diese Funktion zusammen:

> Das Vertextungsverfahren des induktiven Generierens von Deutungen umfasst also mehrere Schritte und weist somit eine eigene Komplexität auf: (1) das Rekonstruieren von Handlungen und Vorgängen, was wiederum Klärungsprozesse beinhalten kann, (2) das Formulieren einer Vermutung über Motive bzw. Intentionen der Protagonisten und (3) das Plausibilisieren dieser Vermutungen. (Ebd., 57)

Von diesem Verfahren lassen sich andere „Äußerungspakete" (Heller 2021b, 305) systematisch unterscheiden, z. B. „[d]eduktives Deuten" (Heller 2021a, 57). In diesem werden textferne Konzepte (bspw. Epochenwissen) zur Deutung einer Textstelle herangezogen. Auch dieses Verfahren erfordert mehrere Äußerungsschritte, es sind aber andere als beim induktiven Deuten (ebd.). Insgesamt konnte Heller für die Fächer Mathematik und Deutsch 17 unterschiedliche Vertextungsverfahren rekonstruieren und voneinander unterscheiden (vgl. Heller 2021b, 306).

Ebenso von Interesse für den Gegenstandsbereich dieses Buchs ist Hellers Hypothese, dass die Passung zwischen außerschulischen und im Unterricht erwarteten diskursiven Praktiken für Schüler:innen aus spezifischen Milieus unterschiedlich ausfällt. Die unterrichtlich erwarteten Kommunikationen bezogen auf Literatur weisen – so Heller im Verweis auf eine Studie von Heath (1982) – eine Nähe zur Kommunikationspraxis des „mittelschichtsnahen" (Heller 2021a, 60) Milieus auf, weshalb Schüler:innen dieser Herkunft erfolgreicher an Unterrichtsgesprächen teilnehmen könnten als Schüler:innen anderer Milieus. Heller zeigt beispielhaft auf, wie es einer Schülerin im Gespräch über Literatur nicht gelingt, die von der Lehrerin aufgestellte kommunikative Vertextungserwartung zu erfüllen (obschon die Lehrerin Hilfestellungen gibt). Das hat zur Folge, dass sie auch der fachlichen Erwartung der Lehrerin nicht genügen kann. Der Frage, inwiefern die rekonstruierten „Erwartungsdiskrepanzen" (ebd., 61) in diesem Fall tatsächlich milieuspezifisch zu erklären sind, kann im Rahmen der Studie zwar nicht nachgegangen werden. Die Ableitung, die Heller aus ihren Beobachtungen zieht, ist dennoch äußerst plausibel:

> Aus diesen Beobachtungen ergibt sich als Konsequenz, dass literarische Unterrichtsgespräche immer auch eine Enkulturation in die fachlich-diskursiven Praktiken des Sprechens über Texte ermöglichen müssen. (Ebd., 61)

4.2.3 Ausblick auf eine eigene Forschungsarbeit: „Vertextungsverfahren" in einer Vorlesesituation im Anfangsunterricht auffinden und typisieren

Abschließend soll skizziert werden, wie eine eigene (kleine) Forschungsarbeit in dem genannten Paradigma rekonstruktiver Forschung geplant und durchgeführt werden könnte – z. B. im Rahmen einer Masterarbeit.

Um eine Forschungsfrage ausmachen zu können, benötigt man zunächst ein Interesse an einem spezifischen Aspekt, den man beforschen möchte. Studiert man Grundschullehramt, könnten dies bspw. Unterrichtsgespräche über Literatur in der Grundschule sein. Nun wäre es allerdings schwer, diesen in Gänze mit *einer* Forschungsfrage zu versehen – um eine potenziell bearbeitbare Forschungsfrage zu generieren, muss man daher häufig den Objektbereich, den man beforschen möchte, genauer eingrenzen. Im hier zu skizzierenden Fall gehen wir nun davon aus, dass ein besonderes Interesse an Vorlesegesprächen (s. Kap. 2.2) im Anfangsunterricht der Grundschule besteht.

Im Hinblick auf diesen Objektbereich gibt es nun allerdings immer noch wirklich viel Interessantes zu entdecken: Beispielsweise könnte man sich fragen, wie häufig Vorlesegespräche überhaupt stattfinden, welche Bücher für diese herangezogen werden und ob Schüler:innen und Lehrpersonen diese Gespräche wertschätzen. Um dies herauszufinden, wäre der Einsatz von Fragebögen, Interviews oder auch die Beobachtung von Unterricht möglich. Wenn man sich jedoch dafür interessiert, ob sich – in struktureller Passung zu den Erkenntnissen Hellers (2021a; 2021b) – spezifische Vertextungsverfahren auch für diese Form des Gesprächs über literarische Texte rekonstruieren lassen, wäre das eben vorgestellte rekonstruktive Vorgehen passender. Da die Fähigkeit, solche sprachlichen Muster hervorzubringen, für den Lernerfolg in Gesprächen über Literatur entscheidend ist, würde sich aus unserer Sicht ein solches Forschungsprojekt lohnen.

Wenn man sich dazu entscheidet, der letztgenannten Frage nachzugehen, schlägt man zwei Fliegen mit einer Klappe: Zum einen hat man es geschafft, aus den vielen möglichen Fragen die auszuwählen, deren Beantwortung man tatsächlich angehen möchte. Zum anderen hat man – durch strukturelle Orientierung an der Studie Hellers – auch einen Anhaltspunkt gewonnen, in welchem Forschungsparadigma man dieser Frage sinnvollerweise nachgehen kann und welche methodologischen Orientierungen sowie methodischen Vorgehensweisen hierfür zur Verfügung stehen. Das ist hilfreich, um die eigene Studie planen zu können. Reichertz (2016), ein einschlägig bekannter Sozialforscher, führt aus, welche Fragen man sich hierbei zu stellen hat:

> Hat man einmal seine Forschungsfrage gefunden, dann stellt sich die Frage, wie man diese Fragestellung praktisch untersuchen kann und soll – also was man konkret tun will, [...] um diese Frage zu klären. Wie viele Personen muss man wie oft und in welcher Weise beobachten oder direkt oder indirekt fragen, wie kann man die Beobachtung oder die Befragung aufzeichnen und wie kann man die so erhobenen Daten auswerten? Sind die gewählten Verfahren der Datenerhebung der Datenauswertung tatsächlich geeignet, die Fragestellung zu beantworten? Und ganz wichtig: Welche [...] Ressourcen benötigt man, um dies alles zu bewältigen? (Reichertz 2016, 177 f.)

Ein wichtiger Schritt ist es unseres Erachtens, zu klären, ob das gewählte Forschungsparadigma, die Datenerhebungsweise sowie die geplante Auswertungsmethode tatsächlich in Passung zum Erkenntnisinteresse stehen. Um bspw. zu klären, wie oft Vorlesegespräche im Anfangsunterricht stattfinden (s. o.), ist es kaum ratsam, im rekonstruktiven Paradigma transkribierte Gesprächsaufzeichnungen zu beforschen – dieser Forschungsfrage kann man auf diese Weise nicht nachgehen. Um andererseits Vertextungsverfahren ausfindig zu machen, die in *diesen* Gesprächen typischerweise auftreten, eignet sich der genaue Blick in wenige transkribierte Gesprächsdaten mit rekonstruktivem Anspruch sehr wohl.

Wenn die Passung von Forschungsfrage, Forschungsparadigma und Vorgehensweisen sichergestellt ist, muss nach Möglichkeiten gesucht werden, um potenziell beforschbare Gesprächsdaten zu erheben. Hierbei stellen sich nun eine Reihe von forschungspraktischen Herausforderungen. Sie können hier nur angerissen werden: Oft muss man z. B. mehrere Lehrpersonen ansprechen, bis man eine findet, die zu einer Erhebung bereit ist. Wenn man ein Unterrichtsgespräch aufzeichnen will – und sei es nur audiografisch –, benötigt man hierfür die schriftlichen Zustimmungen der Schulleitung, der Lehrperson und der Eltern. All das ist bei der Zeitplanung zu beachten.

Während man die Planung der Studie, die Datenaufnahme und die Transkription der Daten häufig als einzelne:r Forscher:in leisten kann, ist spätestens für das deutende bzw. strukturierende Beforschen des Datenmaterials die Arbeit innerhalb einer Gruppe ratsam. Leuchtet das, was ich anhand der Daten rekonstruiere, auch anderen ein? An vielen Hochschulstandorten haben sich sogenannte Forschungswerkstätten etabliert, in denen man (Teile seiner) Rekonstruktionen präsentieren und zur Diskussion stellen kann. Den Zweck dieser Gruppenarbeiten beschreibt Reichertz (ebd.) auf folgende Weise:

> Ein ganz wesentliches Mittel der Qualitätsverbesserung ist die weit verbreitete Praxis, das Verstehen von Sinn nicht einem einzelnen Interpreten bzw. einer einzelnen Interpretin zu überantworten, sondern dessen/deren ‚Beschränktheiten' durch die Hinzuziehung weiterer Interpreten/innen aufzubrechen, um so […] eine ‚multiperspektivische Interpretation' der Daten zu ermöglichen […]. (Ebd., 73)

So begebe man sich in der Gruppe in einen „Kampf um die beste Lesart" und setze seine Ergebnisse „immer wieder einer wissenschaftlichen Kritik" aus (ebd.). Das „Interpretationswissen und die Interpretationskompetenz" (ebd.) vieler fließen auf diese Weise in die Deutung der Daten ein.

Während man sich der rekonstruktiven Arbeit an den Daten widmet, sollte man auch mit der Produktion von Text beginnen. Laut des skizzierten Vorgehens handelt es sich beim Resultat dieser Schreibarbeit um einen Forschungsbericht. Dass in diesem die eigene Fragestellung expliziert und in den Stand der Forschung einzuordnen ist, liegt auf der Hand – ebenso, dass das methodische Vorgehen zur Erörterung der Frage dargestellt werden muss, bevor man die Erkenntnisse präsentiert. Geht man davon aus, dass auch für das Vorlesegespräch spezifische Vertextungsverfahren gefunden und typisiert werden konnten, gilt es dann, diese mit den bereits bekannten und hier skizzierten Mustern nach Heller (2021a; 2021b) zu vergleichen: Stellen sie ähnliche Ansprüche an Schüler:innen? Unterstützen die Lehrpersonen die Schüler:innen in Vorlesegesprächen ggf. kleinschrittiger, als das in den von Heller beschriebenen Äußerungstypen der Fall ist? Kann man vermuten, dass die rekonstruierten Muster ein Können vorbereiten, das im späteren (schulisch gerahmten) Gespräch eine Rolle spielt? Zeigen sich schon in diesen (frühen) Gesprächen jene Erwartungsdiskrepanzen, die Heller für die Sekundarstufe rekonstruieren kann? Diese Fragen zu erörtern, trägt dazu bei, die eigenen Erkenntnisse aus (fach-)didaktischer Perspektive zu befragen.

4.3 Kategorisierende Erforschung von Unterrichtsgesprächen

4.3.1 Kategorisierende Studien: Objekt- und Gegenstandsbereiche, Erkenntnisziele und Erkenntnisse

Die bekannteste Form kategorisierender Unterrichtsforschung ist vermutlich die Inhaltsanalyse, von der es verschiedene Formen gibt. Alle Formen verbindet das Interesse, relativ große Datenmengen nach spezifischen Kriterien zu ordnen und zu systematisieren. Dabei findet häufig eine Datenreduktion statt. So ist die Inhaltsanalyse „das historische Ergebnis des Aufkommens großer Textkorpora und der Erfordernis, diese möglichst schnell und vergleichbar unter sozialwissenschaftlichen Gesichtspunkten zu analysieren" (Reichertz 2016, 226). Zu großen Textkorpora kam es durch technische Errungenschaften: Erst Tonbandgeräte machten es möglich, (längere) verbale Interaktionen wie Interviews oder Unterrichtskommunikation aufzuzeichnen, zu verschriftlichen und dann (vergleichend) zu beforschen.

Naheliegend ist zunächst, die Datenmengen mit einem quantifizierenden Interesse zu befragen. So könnte man beispielsweise klären wollen, welche Sprecher:innen sich wie häufig an dem von Wieler (1989) analysierten fragend-entwickelnden Unterrichtsgespräch (s. Kap. 2.1) beteiligt haben. Ferner könnte man herausfinden wollen, wie oft in diesem Gespräch welche Deutung des literarischen Texts genannt wurde. Um diese Fragen zu bearbeiten, wäre eine sequenzanalytische Beschäftigung mit dem Transkript – wie in Kap. 4.2.2 skizziert – dem Erkenntnisinteresse weniger angemessen. Vielmehr könnte bzw. müsste man dies im Transkript auf geeignete Weise markieren und dann zusammenzählen. Bezogen auf die erste genannte Frage käme man dann auf Zahlenwerte, die gar nicht uninteressant wären – z. B. ließe sich betrachten, wie oft sich die Lehrkraft äußert, oder auch wie oft das besonders viel beitragende oder recht wenig beitragende Schüler:innen tun. Nach diesem Prinzip funktionieren **quantitative Inhaltsanalysen**.

Schon bei der Frage danach, wie häufig eine spezifische Deutung des literarischen Textes im Gespräch Erwähnung findet, wird es aber vermutlich schwierig, dies auf die erwähnte Weise *einfach* markierend und quantifizierend zu erfassen: Selten wird eine Deutung schließlich mit demselben Wortlaut Eingang ins Gespräch finden. Doch wie sollen Forscher:innen entscheiden, ob in zwei Wortbeiträgen die gleiche Deutung bemüht wird, wenn diese nicht aufs Wort identisch sind? Hierzu bedarf es der Interpretation der Äußerungen – und der Subsumption bestimmter Äußerungen unter einem spezifischen *Deutungsdach*, das von den Forscher:innen benannt wird und mit dem sie die Daten verschlagworten. Dieses Verschlagworten nennt man **Kodieren**.

Mit diesem (konstruierten) Beispiel sind im Prinzip das Vorgehen und das Ziel **qualitativer Inhaltsanalysen** erklärt: Mit ihnen vereint man verschiedene Aussagen unter jeweils einer passenden **Kategorie**. Ziel ist es, verschiedene Aussagen zu bündeln und die unterschiedlichen Bündel durch Kategorien bzw. **Codes** (seltener auch *Kodes*) zu benennen und damit unterscheidbar zu machen. Entweder stülpt man bestimmte Kategorien als gesetzte Größen über die Daten – in Folge einer sogenannten **deduktiven**

Kategorienbildung. Hier werden Kategorien aus bereits vorliegenden Forschungsarbeiten übernommen und auf die Daten bezogen. In unserem Beispiel wäre das z. B. mithilfe von literaturwissenschaftlichen Arbeiten zu einem Prosatext möglich, in denen Deutungen vorgenommen werden. Man könnte diese Deutungen als Kategorien übernehmen und mit diesen kodieren, wenn in Gesprächssequenzen jene Deutungen zur Sprache kommen.[17] Oder aber man entwickelt die Kategorien, die man nutzen möchte, aus dem Datenmaterial heraus. Diese sogenannte **induktive Kategorienbildung** sieht vor, dass man einen Teil des Datenmaterials in festgelegten Arbeitsschritten analysiert, um aus den beforschten Gesprächssequenzen abstrahierend, aber materialangemessen Kategorien zu bilden. Mithilfe dieser selbst entwickelten Kategorien wird dann auch der Rest des Materials kodiert. Oftmals erfordern Forschungsanliegen, sowohl induktiv als auch deduktiv gebildete Kategorien zu verwenden. In qualitativen Inhaltsanalysen nach Kuckartz (2018) werden häufig Hauptkategorien deduktiv gebildet, die dann am Material zu Unterkategorien induktiv ausdifferenziert werden. Hierbei spricht man von **„gemischt deduktiv-induktiver Kategorienbildung“** (Heins 2019, 306).

Da jedem Kodieren ein Textverstehen vorangeht, ist es niemals „inferenzfrei“ möglich (Groeben & Rustemeyer 2002, 242). Mit Lotz, Gabriel und Lipowsky (2013, 358) „meint [Inferenz] den Grad an Schlussfolgerungen, der bei der Beobachtung erforderlich ist, wobei **hoch und niedrig inferente Verfahren** jeweils die beiden äußeren Pole eines Kontinuums darstellen“. Wie stark Kodierungen den Einbezug sogenannter latenter – also nicht unmittelbar sichtbarer – Sinngehalte, erfordern, lässt sich auch mit dem Begriffspaar „inferenzweit“/„inferenzeng“ beschreiben (ebd., vgl. auch Magirius 2020, 83).

Allerdings heben sich auch inferenzweite Verfahrensweisen von den rekonstruktiven Methoden der Sozialforschung ab, wie sie in Kap. 4.2 vorgestellt wurden. Im Unterschied zu rekonstruktiven Verfahren geht es in inhaltsanalytischen Zugriffen auf Gesprächsdaten weniger darum, die innere Logik einer Kommunikation zu rekonstruieren und sich diesbezüglich gewissermaßen von den Daten überraschen zu lassen. Stattdessen will man gerade bei der Verwendung deduktiv gebildeter Kategorien die Daten nach vorab forscher:innenseitig gesetzten Relevanzsetzungen durchkämmen, um Erkenntnisse im Hinblick auf eine zuvor feststehende struktur- oder inhaltsbezogene Forschungsfrage zu erlangen. Inhaltsanalytische Verfahren sind zudem selten sequenzanalytisch. Auch wenn es inhaltsanalytische Arbeiten gibt, die kodierend erfassen, *wann* und in welchem Zusammenhang eine Äußerung getätigt wird – etwa Heins (2017) bei der Analyse von Gruppenarbeiten – schlägt sich die Reihenfolge von Äußerungen bei der Datenauswertung in den allermeisten Fällen nicht nieder. Es spielt dann weniger eine Rolle, welche Äußerung auf eine andere folgt.

Als Beispiel hierfür eignet sich die Studie von Magirius, Scherf und Steinmetz (2022): Diese hatte zum Ziel, Unterrichtsgespräche über Literatur daraufhin zu befragen, ob sie sich voneinander hinsichtlich der Qualität der Lernunterstützung durch die

17 Deduktive Kategorien können natürlich auch aus empirischen Forschungserkenntnissen abgeleitet werden. So könnten z. B. die unterschiedlichen Typen von Vertextung, die Heller (2021a, 2021b) rekonstruiert hat (vgl. 4.3.2.2), in einer Forschungsarbeit mit kategorisierendem Interesse als Codes genutzt werden.

Lehrperson unterscheiden (vgl. ebd., 8). Entsprechend wurden Äußerungen der Lehrpersonen kodiert, die den Forschern als verschiedene Formen von Lernunterstützung erschienen. Die Kodierungen wurden gezählt, um die Unterrichtsstunden auf die Frage hin zu vergleichen, in welchem Verhältnis die Anzahl lernunterstützender Äußerungen zur Gesamtzahl von Äußerungen der jeweiligen Lehrkraft stand.

Als lernunterstützende Äußerungen wurden u. a. Impulse und (Rück-)Fragen definiert, die Schüler:innen beim Auffinden von Deutungspotenzialen des literarischen Textes und deren weitergehenden Erörterung potenziell helfen. Die Entscheidung, genau diese Äußerungen in den Blick zu nehmen, fiel vor Beginn der Analyse auf Grundlage von Erkenntnissen einer rekonstruktiven Studie (vgl. Harwart & Scherf 2018) und der Aufgabenforschung (vgl. Steinmetz 2020). Die innere Logik einzelner Gespräche sowie deren Sequenzialität finden sich in den Kategorien und den Kodierungen nicht wieder. Das grundsätzliche Interesse der Studie ist stattdessen, „bestimmte Themen und Äußerungsteile des Erzählten vor dem Hintergrund einer Fragestellung [zu] klassifizieren" (Reichertz 2016, 230). Das ist z. B. hier der Fall, wenn Gesprächshandlungen von Lehrpersonen forscherseitig auf Grundlage einer Inhaltsanalyse als mehr oder weniger lernunterstützend eingeschätzt werden. Ist die Stichprobe groß genug, könnte man die Fälle mit der gleichen Analyse auch in Gruppen sortieren.

Vor Analysebeginn die Blickrichtung festzulegen, bedeutet nicht automatisch, jegliche sinn- bzw. merkmalsentdeckenden Perspektiven auszublenden. In der erwähnten Studie fiel z. B. erst bei der wiederholten Durchsicht der Daten auf, dass sich die beforschten Lehrpersonen (auch) in ihrer Konsequenz unterschieden, mit der sie ein Deutungsinteresse verfolgten. Eine Lehrperson, die in diesem Sinne konsequent vorgeht, bestärkt nicht alle Äußerungen der Schüler:innen, sondern unterscheidet diese in Abhängigkeit von ihrer Textangemessenheit. Anhand des Materials wurden so (induktiv) neue Kategorien gebildet, die die Konsequenz der Lehrperson abbilden. Welche Transkriptstellen mit welchen Kategorien kodiert werden, muss also nicht von Beginn an unveränderlich festgelegt werden. Oftmals ist eine Anpassung jener Regeln, die den Prozess der Kodierung festlegen – **Kodierregeln** –, an das Datenmaterial notwendig. Groeben und Rustemeyer (2002, 242) sprechen hierbei von „Regelvariabilität", die sie einer „Regelkonstanz" (ebd., 238) gegenüberstellen. Um weder die Spezifik des Materials zu verfehlen noch die für die Inhaltsanalyse konstitutive Systematik der Auswertung hinter sich zu lassen, ist eine „inferenz-explikative Regelanpassung" (ebd., 251, vgl. auch Magirius 2020, 83) empfehlenswert. Bei dieser legt man im Forschungsbericht offen, welche Regeln im Laufe des Auswertungsprozesses auf welche Weise verändert wurden und welche latenten Sinngehalte bei der Regelanwendung Beachtung fanden.

Um die Qualität inhaltsanalytischer Arbeiten zu sichern, orientieren sich Forscher:innen an **Qualitätskriterien**, die im Falle qualitativer Forschung auch Kernkriterien genannt werden (Steinkes 2013). Neben der genannten „intersubjektiven Nachvollziehbarkeit" (ebd., 325) erscheint uns insbesondere die Passung zwischen Methode und Datenmaterial – genannt „Gegenstandsangemessenheit" (ebd., 326) –, sowie die Enge des Zusammenhangs zwischen Befunden und Daten – „empirische Verankerung“ (ebd., 236) – zentral. Der Qualität ist zudem zuträglich, wenn die gleichen Kodierungen von mehreren Personen vorgenommen werden und man die Übereinstimmung zwischen den Personen berechnet. Hierbei spricht man auch von **Intercoder-Übereinstimmung** (Kuckartz 2018, 206). Diese kann z. B. mit dem Programm MAXQDA berechnet werden.[18] Generell werden Inhaltsanalysen seit Jahrzehnten **softwaregestützt** durchgeführt.

Ein weiteres Verfahren, mit dem bisweilen unter einem ähnlichen Interesse an Gesprächsdaten herangetreten wird, ist das **Rating**. Dieses Verfahren – ins Deutsche übersetzt: Bewertung oder Einschätzung – wird gemeinhin auf noch größere Datenmengen als die verschiedenen Formen der Inhaltsanalyse angewendet, z. B. auf eine große Anzahl videografierter Gespräche, deren Transkription nicht ohne Weiteres zu leisten wäre. Nach bestimmten Regeln, die in einem Manual festgehalten sind (strukturgleich zu den Kodierregeln einer Inhaltsanalyse, vgl. o.), fällen Forscher:innen – hier **Rater:innen** genannt – Urteile für bestimmte Gesprächssequenzen oder sogar für ganze Unterrichtsstunden. Inhalt und Umfang der Einheiten, die beurteilt werden sollen, müssen vorab bestimmt werden. Grundsätzlich lassen sich *Event-Sampling-Verfahren* von *Time-Sampling-Verfahren* unterscheiden (vgl. Lotz 2013). Bei Event-Sampling-Verfahren wird Anfang und Ende der zu beurteilenden Einheit inhaltlich bestimmt, bei Time-Sampling-Verfahren wird die Unterrichtsstunde in bestimmte (häufig gleich große) Zeitabschnitte unterteilt. Die Rater:innen bewerten nicht nur, ob ein bestimmter Aspekt für die zu beurteilende Einheit gefunden wurde, sondern auch dessen Ausprägung – z. B. sehr hoch ausgeprägt, hoch ausgeprägt, gering ausgeprägt oder sehr gering ausgeprägt.

Was wurde im Rahmen von Studien zu Unterrichtsgesprächen über Literatur herausgefunden, die ein kategorisierendes Interesse verfolgten? Wiprächtiger-Geppert (2009) konnte in der inhaltsanalytischen Beschäftigung mit transkribierten Literarischen Unterrichtsgesprächen nach dem Heidelberger Modell an Förderschulen herausarbeiten, dass

> Förderschülerinnen und Förderschüler zwischen 11 und 14 Jahren über literarische Rezeptionskompetenz verfügen, die es ihnen ermöglicht, in einen Verstehensprozess mit einem anspruchsvollen (kinder-)literarischen Text einzutreten. (Ebd., 277)

Hiermit widerlegte sie die Einschätzung von Lehrpersonen, die dies für nicht möglich halten. Um zu dieser Erkenntnis zu gelangen, kodierte Wiprächtiger-Geppert Äußerungen von Schüler:innen in den Gesprächen, die „ausgewählte Aspekte literarischer Rezeptionskompetenz abbilden“ (ebd., 125) unter insgesamt 13 verschiedenen (Ober-) Kategorien, um so auf deren Vorhandensein zu schließen.

Gesprächen zu visuellen Bilderbüchern – also solchen, die keinen oder kaum Text aufweisen – im Anfangsunterricht der Grundschulen widmete sich Rist (2022). Über

18 Bei weitinferentem Kodieren kann ein solches Vorgehen unpassend sein. Kuckartz (ebd., 209) schlägt dann ein „konsensuelles [K]odieren“ vor. Hierbei handeln (idealerweise wechselnde) Paare die Kodierungen im Dialog aus.

eine qualitative Inhaltsanalyse konnte sie u. a. nachweisen, dass Leseanfänger:innen nur sehr selten auf Unbestimmtheiten des Textes (vgl. Kap. 1.3) verbal reagierten. Diese würden vielmehr entweder „unwillkürlich" ausgefüllt oder „unausgefüllt" (ebd., 307) übergangen. Um Unbestimmtheitsstellen zu thematisieren – damit auch: deren unterschiedliche mögliche Füllungen – seien die Schüler:innen auf „entsprechende Impulse der Gesprächsleitung" (ebd., 308) angewiesen. Die Erkenntnisse von Rist (2022) stellen damit den Wert heraus, den eingreifendes Handeln der Lehrpersonen für die literarische Sinnbildung im Anfangsunterricht haben kann. Dies geschieht in struktureller Übereinstimmung mit Wiprächtiger-Geppert (2009, 285 ff.), Harwart et al. (2020) sowie Magirius, Scherf und Steinmetz (2022).

Im Rahmen eines hoch-inferenten Ratings widmete sich Kruse (2016) einem Korpus von 50 Bilderbuch-Vorlesegesprächen in der Grundschule. Der Begriff der (hohen) Inferenz bezieht sich hierbei auf das Ausmaß der Interpretation, die ein:e Rater:in beim Bewerten des entsprechenden Datenanteils zu leisten hat (vgl. Kleinbub 2018, 343). Infolge der Ratings mahnt Kruse (2016), dass die schulische Praxis „dringend verbesserungsbedürftig" sei (ebd., 116). Etliche der Merkmale, die vonseiten der Literaturdidaktik als wünschenswert für diese Gesprächsform erachtet werden, konnten nämlich nur in einer geringen Merkmalsausprägung aufgefunden werden. Als konkretes Beispiel einer kategorisierenden Studie stellen wir im Folgenden die bereits erwähnte Studie von Rist (2022) zum Umgang von Schulanfänger:innen mit Leer- und Unbestimmtheitsstellen eines visuell erzählenden Bilderbuchs genauer vor.

4.3.2 Beispiel: Umgang mit Leer- und Unbestimmtheitsstellen von Schüler:innen im Anfangsunterricht (Rist 2022)

Ziel der Studie: Die Forscherin geht aufgrund vorliegender literaturdidaktischer Modellierungen davon aus, dass „die Auseinandersetzung mit den Leer- und Unbestimmtheitsstellen literarischer Werke für das literarische Lernen bedeutsame Rezeptionsprozesse in Gang setzen" (ebd., 6) kann. Dies gelte, so Rist, bereits für Schulanfänger:innen. Da gerade visuell erzählende Bilderbücher einen hohen Grad an gegenstandsseitiger Unbestimmtheit aufwiesen und noch dazu ohne vollständig ausgebildete Lesefähigkeit rezipiert werden könnten, vermutet sie diese als geeignete Gegenstände „um solche Rezeptionsprozesse bereits bei Leseanfänger*innen zu initiieren" (ebd.).

Sie geht in ihrer Studie demgemäß neben theoretischen Fragestellungen den empirisch zu bearbeitenden Fragestellungen nach, wie „Leseanfänger*innen bei der Rezeption eines visuell erzählenden Bilderbuchs mit gegenstandsseitigen Leer- und Unbestimmtheitsstellen" umgehen (ebd., 7) und inwiefern „in der Auseinandersetzung der Leseanfänger*innen mit den Leer- und Unbestimmtheitsstellen des visuell erzählenden Bilderbuchs für das literarische Lernen bedeutsame Rezeptionsprozesse sichtbar" werden (ebd.). In den von Rist (2022) formulierten Forschungsfragen lässt sich ein kategorisierendes Interesse erkennen: Zum einen gilt es, den Umgang mit Leer- und Unbestimmtheitsstellen von anderen Reaktionen auf die Bilderbücher zu unterscheiden (und darüber hinaus die Reaktion auf Leer- und Unbestimmtheitsstellen zu typisieren); zum anderen soll eine Reihe von potenziell dem literarischen Lernen zuträglichen Rezeptionsprozessen gefunden (und von anderen unterschieden) werden.

Methodologische und methodische Hintergründe: Rist entschied sich, ihren Forschungsfragen mit einer qualitativen Studie nachzugehen und begründet dies mit dem Objektbereich ihrer Studie – Rezeptionsprozesse im Umgang mit Leer- und Unbestimmtheitsstellen durch Leseanfänger:innen. Zu diesem würde kein theoretisches Modell und demgemäß auch keine Hypothese vorliegen, deren Gültigkeit man beforschen könnte, wie dies in Studien mit quantifizierendem Anspruch der Fall ist (vgl. hierzu auch Kap. 4.4). Vielmehr sollten empirische Erkenntnisse gewonnen werden, die

> den Ausgangspunkt für didaktische Überlegungen bilden können. Dazu sind hypothesengenerierende Verfahren notwendig, die im Bereich der qualitativen Forschung Anwendung finden. (Ebd., 142)

Anders als im Paradigma rekonstruktiver Forschungen nimmt sie allerdings zum Planungsbeginn der Studie auf bestimmte theoretische Wissensbestände Bezug. In Form von sogenannten „sensibilisierenden Konzepten“ (Kelle & Kluge 2010, 30) könnten diese gewährleisten, dass die für die Forschungsfrage relevanten Merkmale auch in den Blick geraten (vgl. Rist 2022, 143), also eine gerichtete Datengenerierung und -analyse erfolgt (vgl. Kap. 4.3.1). Mit Hypothesen dürften diese Wissensbestände indessen nicht verwechselt werden:

> Sensibilisierende Konzepte unterscheiden sich von den Hypothesen der quantitativen Forschung dadurch, dass theoretisches Vorwissen hier nicht vorab zu einer Theorie verdichtet wird, die im Rahmen der empirischen Studie überprüft wird, sondern dieses als theoretische Brille genutzt wird, durch welche das empirische Material betrachtet wird. (Rist 2022, 143)

Daten bereits insofern gerichtet zu erheben, dass in ihnen der skizzierte Forschungsfokus Berücksichtigung findet, erweist sich dabei als nicht ganz einfach:

> Ein dafür geeignetes Erhebungsverfahren muss drei Kriterien erfüllen: Erstens muss es geeignet sein, mentale Prozesse, die normalerweise implizit und unausgesprochen bleiben, erfassbar zu machen. Zweitens muss es sich um ein Verfahren handeln, welches mit Leseanfänger*innen als Proband*innen durchführbar ist. Und drittens muss es sich eignen, um auf Leer- und Unbestimmtheitsstellen bezogene Rezeptionsprozesse der Leseanfänger*innen und deren Versprachlichung bei der Rezeption eines visuell erzählenden Bilderbuchs herauszufordern. (Ebd., 147)

Um zu Daten zu gelangen, mit denen sie ihren Forschungsfragen nachgehen kann, konzipiert die Forscherin ein Erhebungsverfahren – und führt schließlich sechs sogenannte „leitfadenorientierte Rezeptionsgespräche“ (ebd., 151) mit Schüler:innen dreier Schulklassen durch (vgl. ebd., 159 f.). In diesen Gesprächen wird es den Schüler:innen ermöglicht, sich zum Gegenstand frei zu äußern. In ihnen sind für die gesprächsleitende Person aber auch eine Reihe von Impulsen vorgesehen, die bei Bedarf in das

Gespräch eingebracht werden können. Die Gespräche wurden videografiert und nachfolgend transkribiert.

Dem Forschungsinteresse entsprechend führt Rist (2022) die Auswertung der Daten mit einer qualitativen Inhaltsanalyse durch (vgl. ebd., 165 f.). Die Forscherin führt aus:

> Ziel der Datenauswertung war es, aufzuzeigen, mit welchen Leer- und Unbestimmtheitsstellen des Bilderbuchs sich die Leseanfänger:innen in den Rezeptionsgesprächen auseinandersetzen, welche sprachlichen Handlungen sie dabei vollziehen und wie diese im Gespräch zustande kommen [...]. Dazu wurden die Daten in drei aufeinanderfolgenden Kodierschleifen mithilfe einer qualitativen Inhaltsanalyse ausgewertet. (Ebd., 191)

Die erste Kodierung der Daten erfolgte dabei mit den deduktiven Kategorien „Leer- und Unbestimmtheitsstellen“ sowie „[a]ndere Konstruktionsgegenstände“ (ebd., 191 f.). Von besonderem Interesse sind naheliegender Weise die Bestandteile der Transkripte, die mit der ersten (Haupt-)Kategorie kodiert wurden. Anschließend wurden diese Kodierungen mittels deduktiv und induktiv gebildeter Unterkategorien ausdifferenziert:

> Die zweite Kodierschleife diente dem Zweck herauszufinden, welche sprachlichen Handlungen die Leseanfänger*innen vollziehen, wenn sie sich auf durch Leer- und Unbestimmtheitsstellen Ausgespartes [...] beziehen. (Ebd., 192 f.)

Mit der dritten Kodierschleife wurde anschließend herausgearbeitet, wie es zu diesen Äußerungen der Schüler:innen kam (vgl. ebd., 193).

Erkenntnisse der Studie: Die unseres Erachtens zentrale Erkenntnis der Studie liegt wohl darin, dass sich Leseanfänger:innen zu gegenstandsseitig vorliegenden Unbestimmtheiten von sich aus gemeinhin gar nicht äußern – obschon diese von uns für literarische Gegenstände als konstitutiv angesehen werden (s. Kap. 1.3). Rist interpretiert diesen Umstand auf folgende Weise:

> Die Tatsache, dass sich die Leseanfänger*innen [...] kaum von sich aus zu durch Unbestimmtheitsstellen Ausgespartem äußern, deutet darauf hin, dass diese für die Leseanfänger*innen unbemerkt bleiben, weil sie sie entweder unwillkürlich ausfüllen, ohne ihre Konkretisationen im Gespräch zu artikulieren, oder sie unausgefüllt übergehen. (Ebd., 307)

Unbestimmtheitsstellen kommen demgemäß „erst durch das Gespräch darüber in den Blick“ (ebd.). Tatsächlich kann die Forscherin die Äußerungen zu unterschiedlichen Unbestimmtheiten (Gefühle von Figuren, ausgesparte Figurenrede, ausgesparte Handlungsorte usw.) und Leerstellen[19] unterscheiden und kommt diesbezüglich zu differenzierten Einsichten. Im Hinblick auf die didaktische Ableitung, die aus ihrer Analyse erwächst, spielen die Unterschiede zwischen den (Unter-)Kategorien indes eine geringere Rolle als die für alle (Unter-)Kategorien geltende besondere Bedeutung, die der

19 Zur Unterscheidung der Konzepte Unbestimmtheits- und Leerstelle vgl. Rist (2022, 45 ff.).

kompetenten Gesprächsleitung zukommt. Um den Umgang mit Unbestimmtheitsstellen anzuregen,

> [...] hat es sich in den untersuchten Rezeptionsgesprächen als sinnvoll erwiesen, den Rezeptionsprozess durch die angeleitete Rezeption des Bilderbuchs [...] zu verlangsamen, diese im angeleiteten Gruppengespräch zu rezipieren und vorab auf die Leer- und Unbestimmtheitsstellen bezogene Impulse zu planen, die im Gespräch flexibel eingesetzt werden. (Ebd., 315)

Demgemäß schlägt sie als geeignetes Verfahren für das literarische Lernen mit visuell erzählenden Bilderbüchern „[a]ngeleitete Rezeptionsgespräche" (ebd., 330) vor, die ähnlich ihres Erhebungsverfahrens zu konzipieren seien (vgl. ebd., 330 ff.).

4.3.3 Ausblick auf eine eigene Forschungsarbeit: Umgang mit Unbestimmtheit in Bilderbuch-Gesprächen in der Sekundarstufe

Am Beginn einer eigenen kategorisierenden Studie, die bspw. im Rahmen einer Masterarbeit durchgeführt werden kann, steht das Interesse an einem spezifischen Aspekt von Unterricht, den man beforschen möchte.

Studiert man bspw. Lehramt für (nicht-)gymnasiale Schulformen der Sekundarstufe, könnte dies der Literaturunterricht dieser Institutionen sein. Um eine potenziell bearbeitbare Forschungsfrage zu generieren, müsste man freilich auch diesen Objektbereich weiter eingrenzen – *Literaturunterricht in der (nicht-)gymnasialen Sekundarstufe* ist wahrscheinlich ein zu großes Gebiet, um es gelingend beforschen zu können. Angesichts der knapp referierten Erkenntnisse zu Vorlesegesprächen bzw. leitfadenorientierten Rezeptionsgesprächen in der Grundschule, die einerseits Kruse (2016) und andererseits Rist (2022) vorgelegt haben, liegt die Idee nahe, die Umsetzung dieser Konzepte (vgl. Kap. 2.2) auch für den Unterricht in der Sekundarstufe anzuschauen.

In struktureller Orientierung an der Studie von Rist (2022) könnte man sich dann auch für (angeleitete) Rezeptionsgespräche in Sekundarstufenschulen fragen, wie sich der Umgang mit Unbestimmtheitsstellen in Bilderzählungen gestaltet: Ist das Phänomen, sich nicht „von sich aus zu durch Unbestimmtheitsstellen Ausgespartem [zu] äußern" (ebd., 307), ggf. gar nicht auf Schulanfänger:innen begrenzt, sondern kann auch für Schüler:innen der Sekundarstufen nachgewiesen werden? Können für diese stattdessen andere Umgangsweisen gezeigt werden? Zeigen sich Impulse der Gesprächsleitung (vgl. ebd., 308) für diese Kohorte als ebenso bedeutsam oder nehmen die Gesprächsleiter:innen in der Sekundarstufe eine ganz andere Rolle ein?

Hat man sich dazu entschieden, die skizzierten Fragestellungen zu beforschen, kann man sich auch in der Anlage der Studie zumindest strukturell an Rist (2022) orientieren, um Anhaltspunkte für die Planung der eigenen Studie zu finden. Da wie bei Rist einerseits ein merkmalsentdeckendes, andererseits ein kategorisierendes Interesse im Hinblick auf einen spezifischen Phänomenbereich – nämlich den Umgang mit Unbestimmtheitsstellen in Vorlesegesprächen durch Sekundarstufenschüler:innen – besteht, erscheint eine gerichtete Datenerhebung und ein inhaltsanalytischer Umgang mit den Daten adäquat.

Im Hinblick auf die Datengewinnung stellen sich nun – ähnlich wie in Kap. 4.2.3 beschrieben – eine Reihe forschungspraktischer Fragen: Wie finde ich Studienteilnehmer:innen, wie zeichne ich die Gespräche auf? Wie komme ich also zu meinen Daten? Welcher literarische Gegenstand eignet sich, um bei den Schüler:innen in der Sekundarstufe einen Umgang mit Unbestimmtheit im Sinne Rists (2022) zu evozieren? Sollten die Forschenden die Gespräche selbst führen oder müssten sie stattdessen eine Lehrkraft darum bitten? Welche Folgen haben diese Entscheidungen (vgl. ebd., 158)? Auch für Forschungsprojekte mit kategorisierendem Vorgehen gilt demnach, dass die Bearbeitung der genannten Fragen – und vieler weiterer, die wir hier nicht ausführen – viel Zeit in Anspruch nimmt.

Hat man Daten generiert, gilt es, diese auf geeignete Weise zu transkribieren. Gemeinhin werden Transkripte inhaltsanalytisch beforscht, nicht die Videografien oder Audiografien der Gespräche. Im Anschluss daran kann das Kodieren beginnen – bzw. die kodierende Arbeit sowie die (Weiter-)Entwicklung des Kategoriensystems, das letztlich auf alle Daten in mehreren Schleifen angewendet wird. Beginnen könnte man mit dem Kodieren mit einigen Kategorien, die Rist (2022) in ihrem Kategoriensystem schüler:innenseitiger Sinnkonstruktionen zu Bilderbuchinhalten (ebd., 192) expliziert. Die von ihr explizierten Kategorien würde man in diesem Fall deduktiv auf das eigene Datenmaterial anwenden.

Daraufhin könnte man bspw. die so kodierten Unbestimmtheitsstellen „[i]m Bild ausgesparte Figurenrede“ und „[i]m Bild ausgesparte Gedanken/Gefühle der Figuren“ (ebd., 192) weitergehend ordnen. Dazu können entweder weitere (Unter-)Kategorien nach Rist herangezogen werden – z. B. solche, mit denen kodiert wird, ob die ausgesparten Inhalte mit oder ohne Tätigkeit der Gesprächsleitung Eingang ins Gespräch fanden. Darüber hinaus kann man induktiv (Unter-)Kategorien am Material gewinnen. Für alle Kategorien gilt es, Definitionen zu formulieren sowie „Ankerbeispiele“ (Rist 2022, 318) zu finden und so die Kategorienvergabe für Leser:innen der Studie möglichst transparent zu machen.

Die einzureichende Arbeit ist ein Forschungsbericht zur Studie. In dieser Arbeit würde man zunächst sein Forschungsanliegen explizieren und begründen. Folglich wäre der Stand der Forschung zum Gegenstandsbereich der Studie darzulegen. Sodann würde man das Vorgehen beim Gewinnen, Bearbeiten und Analysieren der Daten beschreiben und schließlich seine Erkenntnisse präsentieren. Abschließend würde man diese in didaktischer Hinsicht befragen: Können aus ihnen Anregungen für das gesprächsleitende Handeln von Lehrkräften der Sekundarstufe in Vorlesegesprächen erwachsen? Mit einer Erörterung dieser Frage würde man den Forschungsbericht beschließen. Das erstellte Kategoriensystem ist im Anhang der Arbeit beizufügen. Üblicherweise reicht man ebenfalls Ausschnitte der kodierten Daten ein. Wenn das gesamte Datenmaterial vorgelegt werden soll, empfiehlt sich die Verwendung eines digitalen Datenträgers.

4.4 Quantitative Forschung auf Ebene des Gesamtgesprächs

4.4.1 Quantitative Studien: Objekt- und Gegenstandsbereiche, Erkenntnisziele und Erkenntnisse

In der quantitativen Forschung – die wissenschaftstheoretisch dem Kritischen Rationalismus folgend in der Forschungstradition der Naturwissenschaften steht –, geht es darum, Daten in numerischer Form als Messwerte zu sammeln und mit **statistischen Methoden** auszuwerten (vgl. Döring & Bortz 2016, 15). Ziel ist es, anhand empirischer Daten Beziehungen und Abhängigkeiten zwischen Merkmalen zu erforschen. Im Hinblick auf die Gegenstandsbereiche des vorliegenden Buches können das Merkmalszusammenhänge beim Lehren und Lernen in Literaturgesprächen sein, z. B. Zusammenhänge zwischen der Gesprächsform und dem Ertrag im literarischen Verstehen oder zwischen der Rolle der Lehrperson und dem ästhetischen Lernerleben der Schüler:innen.

Bei den Resultaten quantitativer Forschung handelt es sich meist um probabilistische Erklärungen von Zusammenhängen (vgl. Döring & Bortz 2016, 49). Solche „Erklärungen erheben nicht den Anspruch, zwingend für jeden Einzelfall zu gelten, sondern lediglich mit bestimmter Wahrscheinlichkeit zuzutreffen" (ebd.). Bezogen auf die obigen Zusammenhänge würde man mit quantitativen Methoden nicht den Nachweis erbringen wollen, dass jede Person einen literarischen Text besser versteht, wenn eine bestimmte Gesprächsform eingesetzt wird. Stattdessen befragt man numerische Daten daraufhin, ob die Verwendung einer bestimmten Gesprächsform mit einer größeren Wahrscheinlichkeit dazu führt, einen Text besser zu verstehen.

In der Regel bestehen zu den Merkmalszusammenhängen, die von Interesse sind, forschungsleitende Annahmen oder Vermutungen. Diese nehmen in der quantitativen Forschung den Status von **Hypothesen** ein.[20] Damit eine Aussage über einen Erkenntnisgegenstand als Hypothese dienen kann, muss sie prinzipiell widerlegbar sein. Hypothesen prüft man nämlich, indem man sie mit den erhobenen Daten abgleicht. Erweist sich die Hypothese anhand der Daten als nicht haltbar, wurde die Hypothese widerlegt – man spricht hierbei von **Falsifikation**. Da, wie eben erläutert, Hypothesen nicht anhand von einzelnen Gegenbeispielen falsifiziert werden, benötigt man regelgeleitete Verfahren der Prüfung von Hypothesen (vgl. ebd., 50). Je nach Voraussetzungen – Reichhaltigkeit der Daten und Annahmen über die Verteilung von Werten innerhalb der Daten – sowie Zielen handelt es sich hierbei um verschiedene **Signifikanztests**. Mit solchen Tests lässt sich entscheiden, wie wahrscheinlich der in der Hypothese formulierte Zusammenhang ist.[21]

Unterschiedliche Ziele von Signifikanztests gehen mit unterschiedlichen Arten von Hypothesen einher. Es gibt z. B. Zusammenhangshypothesen (z. B.: „Je eher ein Gespräch einem Lernunterstützenden Gespräch entspricht, desto besser können Schüler:innen nach dem Gespräch konkurrierende Deutungen akzeptieren."), Unter-

20 Häufig wird die quantitative Forschung sogar als Paradigma der Hypothesenprüfung dem qualitativen Paradigma der Hypothesengenerierung entgegengesetzt (vgl. Gläser-Zikuda 2013, 137).

21 Für weitere Informationen zur Signifikanztests empfehlen wir Rost (1996) und Bortz & Schuster (2010).

schiedshypothesen (z. B.: „Schüler:innen der Oberstufe akzeptieren konkurrierende Deutungen in Gesprächen eher als Schüler:innen der Sekundarstufe I.") oder Veränderungshypothesen (z. B.: „Die Akzeptanz konkurrierender Deutungen von Schüler:innen ist nach einem Gesprächstraining zu literarischer Kommunikation höher ausgeprägt als vorher."). Der in den Hypothesen formulierte Zusammenhang ist zumeist mit der Annahme verbunden, dass ein Merkmal ein anderes beeinflusst. Man unterscheidet hierbei häufig **unabhängige** (also einflussgebende) von **abhängigen** (also beeinflussten) **Merkmalen.** Da diese Merkmale in der quantitativen Forschung durch **Variablen** – also Stellvertreter, die für eine Menge verschiedener Ausprägungen eines Merkmals stehen – erfasst werden, spricht man auch von abhängigen und unabhängigen Variablen.

Damit Daten erhoben werden können, die sich für die Prüfung der Hypothesen eignen, sind zielführende Versuchspläne erforderlich, die **Designs** genannt werden. Insbesondere für die Prüfung der Unterschiedshypothesen werden häufig **Interventionsstudien** durchgeführt, d. h., es werden (mindestens) zwei Untersuchungsgruppen gebildet, die mit unterschiedlichen **Treatments** behandelt und am Ende statistisch miteinander verglichen werden. Man spricht von Mehrgruppenplänen. Die Prüfung von Veränderungshypothesen erfordert in der Regel (mindestens) zwei Erhebungszeitpunkte, d. h. ein Messwiederholungsdesign. Wenn Proband:innen zufällig einer der Vergleichsgruppen zugeordnet werden, handelt es sich um ein **experimentelles Design.** Das ist bei der Erforschung von Gesprächen in Unterrichtskontexten in der Regel schwierig zu bewerkstelligen, z. B. weil Schüler:innen nicht einfach aus ihren Klassen genommen und für experimentelle Tests verschiedenen Gruppen zugeordnet werden können. Daher werden in der Regel in der Unterrichtsforschung **quasi-experimentelle Designs** eingesetzt, bei denen keine zufällige Zuordnung der Teilnehmenden stattfindet, aber unterschiedliche Gruppen der Teilnehmenden gebildet und hinsichtlich des unabhängigen Merkmals unterschieden werden. Während man die Effekte in experimentellen Interventionsstudien tatsächlich auf die unabhängige Variable zurückführen kann, ist bei quasi-experimentellen Studien nicht ausgeschlossen, dass bestimmte Gruppenmerkmale oder andere Störfaktoren die Effekte (mit-)beeinflussen. Deshalb haben experimentellen Studien oftmals eine höhere interne Validität (= statistische Belastbarkeit) als quasi-experimentelle Studien. Dafür haben nicht-experimentelle Studien häufig eine höhere ökologische Validität (= Übereinstimmung mit Alltagsbedingungen), weil die Untersuchungsbedingungen dem Schulalltag näherkommen, als das bei experimentellen Studien der Fall ist.

Die zu prüfenden Hypothesen beziehen sich meist auf Merkmalszusammenhänge in bestimmten Gruppen – z. B. Schüler:innen der Sekundarstufe I oder Studierende im Schulpraktikum. Wer solche Gruppen beforschen möchte, kann allerdings kaum eine Untersuchung mit allen Betroffenen durchführen. Statt der gesamten Gruppe – genannt Population oder auch Grundgesamtheit – nimmt man nur eine (echte) Teilmenge der Gruppe in den Blick. Diese Teilmenge heißt **Stichprobe.** Idealerweise liegt eine repräsentative Stichprobe vor. Das ist der Fall, wenn die Stichprobe ein

„Miniaturbild der Population“ (Döring & Bortz 2016, 298) darstellt und sich die „Merkmale und Effekte in der Population […] im Kleinen wiederfinden“ lassen (ebd.).

Mithilfe von deskriptiver Statistik lassen sich die Merkmale der Stichprobe beschreiben. Um von diesen Merkmalen auf Merkmale der Grundgesamtheit schließen zu können, wird Inferenzstatistik benötigt. Hierzu zählen die bereits genannten Signifikanztests. Um diese anwenden zu können, sollte die Stichprobe nicht zu klein sein. Allerdings können zu große Stichproben die Aussagekraft der Resultate ebenfalls beeinträchtigen. Neben der Größe der Stichprobe ist auch die Art und Weise von Bedeutung, wie die Stichprobe zustande kommt – genannt **Sampling**. Wenn aus der Grundgesamtheit zufällig Proband:innen gezogen werden, handelt es sich um eine Zufallsstichprobe/probabilistische Stichprobe. Wenn Gespräche in schulischen Kontexten untersucht werden, sind solche Zufallsstichproben schwer zu generieren. Hier werden oft Gelegenheitsstichproben verwendet, bei denen man jene Proband:innen in die Stichprobe aufnimmt, die gerade zur Verfügung stehen. Solche nicht-probabilistischen Stichproben interpretiert man häufig recht pragmatisch wie probabilistische Stichproben (vgl. Westermann 2000). Inwiefern ein solches Vorgehen zulässig sein kann, ist aber umstritten (vgl. Döring & Bortz 2016, 300).

Damit in einer Studie Zusammenhänge zwischen Merkmalen untersucht werden können, sind diese mit möglichst geringem Messfehler und möglichst frei von (unkontrollierten) Störvariablen zu erheben. Das ist einerseits eine Frage des angemessenen Designs (s. oben) und andererseits abhängig von der Qualität der **Messinstrumente.** Mit diesen Instrumenten sollen die interessierenden Merkmale möglichst valide (also tatsächlich das gesuchte Merkmal abbildend), reliabel (also zuverlässig und genau) und objektiv (also unabhängig vom forschenden Subjekt) gemessen werden. Die Qualität der Instrumente wird über die Einhaltung dieser sogenannten **Gütekriterien** bestimmt. Als wichtige Erhebungsinstrumente fungieren in der quantitativen Forschung z. B. standardisierte Fragebögen, standardisierte Tests und Ratings. Diese drei Formen seien im Folgenden beispielhaft veranschaulicht:

In **standardisierten Fragebögen** werden die zu beforschenden Merkmale durch sogenannte *Items*, also einzelne Fragen oder Aufgaben, operationalisiert, d. h. messbar gemacht. Manchmal steht ein einzelnes Item für ein Merkmal; zumeist aber werden mehrere inhaltlich ähnliche Items verwendet, um dasselbe Merkmal zu messen, was den Vorteil einer höheren Messgenauigkeit (Reliabilität) mit sich bringt (vgl. Döring & Bortz 2016, 407). Ob die verschiedenen Items tatsächlich näherungsweise dasselbe Merkmal erfassen, wird mittels statistischer Kenngrößen abgeschätzt. Magirius, Scherf und Steinmetz (2022) erheben z. B., welches *Interesse am Text* Schüler:innen nach einem Literaturgespräch aufweisen. In Anlehnung an Steinhauer (2010) geschieht dies mit den Items „Der Text gefällt mir gut.“, „Ich möchte mehr solche Texte lesen.“, „Ich finde den Text interessant.“ und (invertiert) „Ich finde den Text langweilig.“ (ebd. , 21). Die Schüler:innen geben den Grad ihrer Zustimmung zu den Aussagen an, indem sie zwischen den vier Abstufungen „trifft nicht zu“, „trifft eher nicht zu“, „trifft eher zu“, „trifft zu“ wählen. Die angekreuzten Antworten der Schüler:innen werden von den Forschenden durch Zuordnung zu den Ziffern 1, 2, 3 oder 4 zu Messwerten. Von jeder

Person lässt sich so der Mittelwert der vier Antworten hinsichtlich des Interesses am Text bestimmen. Mit diesen Mittelwerten ist es wiederum möglich, den Mittelwert einer ganzen Schulklasse zu berechnen. Und das wiederum macht es möglich, Mittelwertvergleiche zwischen mehreren Schulklassen (oder größeren Gruppen) durchzuführen, in denen unterschiedliche Literaturgespräche geführt werden. So können Magirius, Scherf und Steinmetz (ebd.) zeigen, dass es Hinweise für einen Zusammenhang zwischen der Lernunterstützung durch die Lehrperson im Gespräch und dem nach dem Gespräch erhobenen Interesse am Text aufseiten der Schüler:innen gibt (vgl. ebd., 22 ff.).

Standardisierte Tests zielen darauf ab, bestimmte Leistungen oder Kompetenzen zu messen. Typischerweise nutzen diese Tests Frageformate, durch die eindeutig bestimmt werden kann, ob jemand eine richtige oder eine falsche Antwort auf eine Testfrage gibt. In der bereits mehrfach erwähnten ÄSKIL-Studie (s. Kap. 2.7) wird zur Erfassung literarischen Verstehens im Kontext von Unterrichtsgesprächen auf einen Textverstehenstest der zuvor durchgeführten LUK-Studie (vgl. z. B. Frederking, Roick & Steinhauer 2011, Meier, Roick & Henschel 2013) zurückgegriffen. In der LUK-Studie wurde ein Kompetenzmodell *Literarischer Urteilskompetenz* (LUK) entwickelt. Entsprechend greifen die Forscher:innen der ÄSKIL-Studie auf Items zurück, die

> dem theoretischen Konstrukt literarästhetischer Urteils- bzw. Textverstehenskompetenz und dessen theoretisch postulierten und empirisch bestätigten Dimensionen ‚Semantische literarische Textverstehenskompetenz', ‚Idiolektale literarische Textverstehenskompetenz', ‚Literarisches Fachwissen' und ‚Intendierte Emotionalität' (Albrecht 2022, 299)

entsprechen. In einem Item zur Erfassung der idiolektalen Kompetenz, die vor allem auf die Formensprache des Textes zielt, müssen die Schüler:innen z. B. das Reimschema für die Verse der vierten Strophe des Gedichts *AUS!* von Kurt Tucholsky bestimmen.[22] Diese Aufgabe ist die leichteste Aufgabe des gesamten Tests, „weil sie möglichst von der großen Mehrheit der Lernenden richtig gelöst werden kann" (Albrecht 2022, 308). Deshalb hat man diese Aufgabe „zur Motivation bewusst an den Anfang des LUK-Tests gestellt" (ebd.). Der Test besteht aus 12 Items, jeweils drei pro Dimension. Die Autor:innen können so für die Einzelitems und für den Gesamttest Mittelwerte und andere statistische Kennwerte berechnen und dadurch Gruppenvergleiche durchführen. So können sie z. B. zeigen, dass fragend-entwickelnder Unterricht bei den Schüler:innen im Gesamttest des literarischen Verstehens zu besseren Ergebnissen führt als eher offene und subjektorientierte Gespräche (vgl. ebd., 382, s. unten Kap. 4.4.2).

Ein anderes Instrument zur Erfassung von Merkmalen sind die bereits erwähnten **Codings und Ratings** (s. Kap. 4.3.1). Diese werden z. B. in Beobachtungsstudien eingesetzt, um zu beschreiben, wie bestimmte Merkmale und Merkmalsausprägungen in bestimmten Gruppen verteilt sind. Hierbei steht zwar eher selten die Prüfung von Hy-

---

22 Das Gedicht lautet: „Jeder geht seinem kleinen Schicksal zu./Leben ist Wandlung. Jedes Ich sucht ein Du./Jeder sucht seine Zukunft. Und geht mit stockendem Fuß,/vorwärtsgerissen vom Willen, ohne Erklärung und ohne Gruß/in ein fernes Land." Als Antworten werden angegeben: „aabba", „ababc"; „abbcc", „aabbc" und „aabbb".

pothesen im Zentrum. Da aber zumeist Erkenntnisse hinsichtlich bestimmter Populationen auf der Grundlage größerer Stichproben generiert werden, lässt sich die Verwendung dieser Instrumente durchaus (auch) dem quantitativen Paradigma zuordnen. Hesse und Winkler (2021; 2022) und Hesse (2024) legen ein Instrument zur Erfassung der fachlichen Qualität im Literaturunterricht vor. Auf der einen Seite quantifizieren sie mit Codes zu Oberflächenmerkmalen des Literaturunterrichts z. B., wie viel Zeit im Literaturunterricht für Klassengespräche aufgebracht wird. Sie unterteilen den beobachteten Unterricht in 10-sekündige Intervalle. Dann kodieren sie jedes Intervall mit einer (und nur einer) Sozialform (z. B. „Klassengespräch", „Lehrer:innenvortrag", „Partnerarbeit"), um daraus relative Häufigkeiten ermitteln. Zu diesen relativen Häufigkeiten pro Stunde werden dann für größere Gruppen Mittelwerte und andere statistische Kennwerte berechnet. So können die Autor:innen für Literaturunterricht, der von Studierenden im Praktikum gehalten wurde, bestätigen, was andere Studien fachunspezifisch zeigen. Das Klassengespräch ist die dominante Form des Unterrichts: „Literaturunterricht im Praxissemester zu halten, bedeutet demnach vordergründig, im Klassenverbund über literarische Texte zu sprechen" (Hesse 2024, 333 f.). Auf der anderen Seite schätzen die Rater:innen, die an der Studie teilgenommen haben, mittels vierstufiger Ratings die Qualität des Literaturunterrichts ein. Ähnlich wie bei den oben erwähnten Fragebögen werden hier unterschiedliche Items zur Messung bzw. Einschätzung von Merkmalen genutzt. Hinsichtlich des Merkmals *kognitiv-emotionale Aktivierung* bewerten die Forschenden regelgeleitet auf vier Stufen u. a. den Grad der *Bereitstellung von interaktivem Verstehenssupport* der Lehrpersonen im Literaturgespräch (vgl. ebd., 107 ff.). Diese Einschätzung erfolgt pro Unterrichtsstunde (bzw. Doppelstunde), sodass am Ende für alle beobachteten Unterrichtsstunden Messwerte zwischen 1 und 4 vorliegen, mit denen sich wiederum für größere Gruppen Mittelwerte und andere statistische Kennwerte berechnen lassen. Hesse kommt bezüglich der Unterrichtsstunden, die von Studierenden im Praxissemester gehalten werden, zum Schluss, dass „*Support* [...] entweder häufig ausbleibt, obwohl er aus Sicht der Rater:innen notwendig erschien, oder dass der bereitgestellte Support nicht zielführend ist bzw. den Verstehensprozess unangemessen vereinfacht" (ebd., 358).

Fragt man nach den **Erkenntnissen der quantitativen Forschung** zu Unterrichtsgesprächen über Literatur, so fällt die Antwort bescheiden aus. Tatsächlich lassen sich in der deutschdidaktischen Disziplin kaum Arbeiten finden, die Gespräche über Literatur mit den Methoden der quantitativen Forschung erfassen. Die bereits genannten deutschdidaktischen Studien **ÄSKIL** (bzw. in der Weiterführung **SEGEL**) und die Studien von Hesse und Winkler (2021; 2022) und Hesse (2024) zur fachlichen Qualität von Literaturunterricht, die im Folgeprojekt **QuaLITy** weitergeführt werden, stellen Ausnahmen dar. Einerseits lässt sich im Rahmen der Studien von Winkler & Hesse (2021; 2022) und Hesse (2024) sagen, dass Gespräche über Literatur die dominante Form des Literaturunterrichts sind und dass der beobachtete Grad an kognitiv-emotionaler Aktivierung der Lehrpersonen hinter den Erwartungen fachdidaktischer Forscher:innen zurückbleibt (vgl. ebd., 358). Diese Befunde beziehen sich bisher aber nur auf Studierende im Praxissemester; eine Bestätigung im Rahmen einer größeren Stichprobe, die unterschiedliche Professionalitätsgrade der Lehrpersonen und unterschiedliche Schularten berücksichtigt, steht noch aus. Andererseits lässt sich im Rahmen von ÄSKIL mit Brüggemann et al. (2017), Frederking et al. (2020) und Albrecht (2022) sagen, dass eher kognitiv ausgerichtete Gespräche wie fragend-entwickelnde Unterrichtsgespräche Schüler:innen eher dazu verhelfen, Darstellung und Inhalt interpretatorisch miteinander zu verknüpfen, während eher offene und subjektorientierte Gespräche verstärkt subjektive Involviertheit, emotionale Beteiligung und ästhetischen Genuss ermöglichen (vgl. Albrecht 2022, 469 ff.) – was bedeutet, dass „kein Gesprächstypus alle Ziele gleichermaßen gut erfüllt" (Brüggemann et al. 2017, 70). Eine Validierung dieser Ergebnisse, die in einer quasi-experimentellen Interventionsstudie gewonnen wurden (s. unten Kap. 4.4.2), erfolgt derzeit im Rahmen einer kontrollierten Interventionsstudie (im Rahmen des SEGEL-Projekts).

Im internationalen Raum ist die Studienlage breiter. Wir möchten exemplarisch zwei einschlägige Studien nennen: Applebee et al. (2003) legen eine groß angelegte Korrelationsstudie – also eine Studie, die Zusammenhänge zwischen Variablen prüft – zu Gesprächen im Sprach- und Literaturunterricht der Sekundarstufe vor, an der insgesamt 1412 Schüler:innen aus 64 Schulklassen teilnehmen. Die Forscher:innen schätzen viermal pro Klasse (zweimal pro Halbjahr) Literaturunterricht ein – insbesondere hinsichtlich des Gesprächs- und Diskussionsverhaltens der Lehrperson, ihrer Interaktionen mit den Schüler:innen und hinsichtlich des eingesetzten Materials. Außerdem erfassen sie zu zwei Messzeitpunkten die literarische Kompetenz der Schüler:innen durch Schreibaufgaben zu literarischen Figuren. Die Autor:innen interessiert der Zusammenhang zwischen beiden Merkmalskomplexen. Durch die Anwendung verschiedener statistischer Methoden finden sie heraus, dass ein stark diskussionsorientiertes Gesprächsverhalten der Lehrperson – die Autor:innen sprechen von **Discussion-Based Approaches** – mit der literarischen Kompetenz der Schüler:innen in positivem Zusammenhang steht (vgl. ebd., 714 ff.). Als zentrale Elemente von Discussion-Based Approaches machen die Autor:innen authentische Fragen, die unterschiedliche Verstehenswege ermöglichen, längere offene Diskussionszeiten und das Aufgreifen und Weiterverarbeiten der Schüler:innenäußerungen aus (vgl. ebd., 690).

Murphy et al (2018) legen eine Studie zu Gesprächen über literarische Texte in Kleingruppen vor. Im Zentrum ihres Formats, das unter dem Titel **Quality Talk** in vielen Vorstudien empirisch erprobt wurde (vgl. z. B. Wilkinson et al. 2010), steht das kritisch-analytische Gespräch über einen (literarischen) Text zwischen vier bis sechs Schüler:innen und einer Lehrperson. Ziel dieses Gesprächsformats ist es, dass die Schüler:innen in einem regelgeleiteten argumentativen Austausch miteinander ein vertieftes literarisches Textverstehen (high-level comprehension) erzielen. Die Lehrperson fungiert als moderierende Instanz, die zwar Text und Thema des Gesprächs festlegt, die aber die Deutungshoheit und die Kontrolle über den Gesprächsverlauf sukzessive in die Hände der Schüler:innen legt (vgl. Murphy et al. 2018, 1121). Zentral sind in diesem Format – wie schon in der Studie von Applebee et al. (2003) – authentische und offene Fragen sowohl von der Lehrperson als auch von den Schüler:innen (vgl. Murphy et al. 2018, 1117). Die Autor:innen messen (in einem Eingruppen-Messwiederholungsdesign) in zwei Schulklassen ein Jahr lang mit verschiedenen Fragebögen, Tests, Kodierungen und Ratings zu unterschiedlichen Zeitpunkten, wie sich regelmäßige Kleingruppengespräche von geschulten Lehrpersonen im Sinne des Formats Quality Talk auf das Frage- und Gesprächsverhalten sowie auf das grundlegende und das vertiefte Textverstehen bei den Schüler:innen auswirken. Sie zeigen (mittels Häufigkeitsverteilungen und Korrelationsanalysen), dass die Schüler:innen nach und nach die Verantwortung und Kontrolle über das Gespräch übernehmen, das kritisch-analytische Denken und Sprechen über den Text zunimmt und sich das grundlegende Verständnis und das vertiefte Textverständnis verbessert (vgl. ebd., 1139 ff.).

Im Folgenden beschäftigen wir uns mit einer Studie näher, um beispielhaft zu zeigen, wie Wissensproduktion im quantitativen Paradigma erfolgen kann.

4.4.2 Beispiel: ÄSKIL

Im deutschsprachigen Raum ist insbesondere das Forschungsprojekt **ÄSKIL** (und das Folgeprojekt **SEGEL**) als größere quantitative Studien zu Literaturgesprächen zu nennen (vgl. Brüggemann et al. 2015, Brüggemann et al. 2017, Frederking et al. 2020, Albrecht 2022).

Ziel der Studie: Das Autor:innenteam beforscht mit quantitativen (und qualitativen) Methoden in der Studie ÄSKIL die Wirksamkeit von zwei „Grundtypen sprachlicher Interaktion über Literatur" (Albrecht 2022, 255). Ziel ist es, Erkenntnisse darüber zu generieren, wie sich eher kognitiv ausgerichtete Gespräche wie fragend-entwickelnde Unterrichtsgespräche einerseits und eher offene und subjektorientierte Gespräche andererseits auf das literarische Verstehen und die ästhetischer Erfahrung der Schüler:innen auswirken (vgl. ebd., 250).

Methodologische und methodische Hintergründe: Unterschieden wurden in einer 2012 bis 2013 durchgeführten Erhebung ein stark gelenkter, eher kognitiv ausgerichteter Gesprächstyp (Typ: KOKIL) und ein eher an den Subjekten ausgerichteter, gleichermaßen emotional wie kognitiv aktivierender Gesprächstyp (Typ: ÄSKIL). Geprüft wurde per quasi-experimenteller Interventionsstudie, wie sich diese beiden Typen auf bestimmte „Teilfacetten literarästhetischer Erfahrung" (z. B. die Dimensionen *Ästhetischer Genuss* oder *Ästhetische Erkenntnis*) „und literarästhetischen Verstehens" (z. B. die Dimensionen *Idiolektales literarisches Verstehen* oder *Literarisches Fachwissen*) auswirken (ebd., 257).

Was ist zur **Stichprobe und Gruppenbildung** zu sagen? Insgesamt standen der ÄSKIL-Studie 34 Klassen der 10. Jahrgangsstufe bayerischer Gymnasien zur Verfügung. Um herauszufinden, welche Verstehens- und Erfahrungsprozesse auf den literarischen Gegenstand und eben nicht auf den Gesprächstyp zurückgehen, wurde neben den beiden Gesprächstyp-Gruppen noch eine Kontrollgruppe gebildet. Entsprechend waren an der Studie drei Vergleichsgruppen „mit einer Verteilung von $N_{ÄSKIL} = 344$, $N_{KOKIL} = 237$ und $N_{Kontrollgruppe} = 118$" Schüler:innen (Albrecht 2022, 266) beteiligt.

Wie verlief die **Intervention** im Detail? Als literarischer Gegenstand, der in allen drei Gruppen thematisiert wurde, fungierte das Gedicht *AUS!* von Kurt Tucholsky. Im Zentrum des Unterrichts stand das textbasierte Gespräch, das je nach Konzept unterschiedlich ausfiel. In der KOKIL-Gruppe wurden fragend-entwickelnde Unterrichtsgespräche „konsekutiv entlang des IRE-Schemas“ (ebd., 281, s. Kap. 2.1) mit einer „Sitzordnung der traditionellen, klassisch-lehrerzentrierten Tischreihen mit Ausrichtung auf Tafel und Pult“ (ebd.) geführt. In der ÄSKIL-Gruppe führte die Lehrperson ein Gespräch „im Stuhlkreis“ (ebd., 273) mit „schülerorientierter Zurückhaltung und gleichzeitig […] dem notwendigen Maß an gegenstandsorientierter Intervention, Kontrolle, Feedback und Struktur“ (ebd., 277) durch, „um emotional-affektive, subjektiv-personale und ästhetischen Genuss zulassende Dimensionen mit kognitiv-rationalen, Objektivität anstrebenden und ästhetisches Verstehen fördernden Dimensionen“ (ebd., 273) zu bedienen. In der Kontrollgruppe entsprach das Gespräch dem der KOKIL-Gruppe, der Hauptunterschied bestand darin, dass ein Großteil der Tests und Fragebogenerhebungen zur Erfassung der abhängigen Variablen direkt nach der Erstbegegnung mit dem Text – also vor dem Gespräch – durchgeführt wurden. Bei den anderen Gruppen fanden die Erhebungen nach den Gesprächen statt.

Welche **Instrumente** wurden genutzt? Für die Ermittlung der literarästhetischen Erfahrung mussten die Schüler:innen einen Fragebogen zur Selbsteinschätzung ausfüllen. Als Teilfacetten wurden *Selbst- und Weltbezug, Ästhetischer Genuss des Textes, Ästhetischer Genuss der kommunikativen Verarbeitung* und *Ästhetische Erkenntnis* erhoben. Für die Ermittlung des literarästhetischen Verstehens wurde ein Textverstehenstest genutzt, der aus der LUK-Studie (vgl. z. B. Frederking, Henschel 2016) stammt. Als Teilfacetten wurden *Semantisches literarisches Textverstehen, Idiolektales literarisches Textverstehen, Intendierte Emotionalität* und *Literarisches Fachwissen* erhoben. Zusätzlich wurden per Fragebogen „motivationale, volitionale und sozio-demografische Kontrollvariablen“ wie *Geschlecht* oder *Lesekonzept* und weitere „Mediatorenvariablen“ wie *Kognitive Aktivierung* oder *Schülerorientierung*, die möglicherweise zwischen der Gesprächsform und den abhängigen Variablen vermitteln, erhoben (ebd., 256 f.).

Erkenntnisse der Studie: Hinsichtlich des literarästhetischen Textverstehens ließen sich Vorteile der KOKIL-Gruppe vor allem im *idiolektalen Verstehen* ausmachen, was den Schluss zulasse, dass „KOKIL bei entsprechender Gesprächsführung idiolektales Verstehen zu begünstigen und ästhetische Sprachbewusstheit bei entsprechender Modellierung zu fördern“ (ebd., 469) vermag. Ebenso zeigen sich Vorteile der KOKIL-Gruppe hinsichtlich der *Ästhetischen Erkenntnis* als Teilfacette der literarästhetischen Erfahrung, was bedeute,

> dass es den Schülerinnen und Schülern in transmissiv geführten, kognitiv aktivierenden und systemvermittelnden Gesprächen eher gelingt, einen Zusammenhang zwischen Inhalt einerseits und Sprache, Form oder Kontext andererseits herzustellen. (Ebd., 470)

Dagegen zeigen sich in der ÄSKIL-Gruppe starke Vorteile

> vor allem bezüglich der emotionalen und subjektiv-personalen Dimensionen literarästhetischer Erfahrung und deren Bedingungsfaktoren: ÄSKIL eröffnet den Lernenden einen schülerorientierten literarästhetischen Erfahrungsraum, in dem sie den Text und dessen kommunikative Verarbeitung deutlich intensiver ästhetisch genießen als das im Rahmen der kognitiv ausgerichteten Kommunikation über Literatur der Fall ist. (Ebd., 465)

Ein bedeutender Befund bezieht sich zudem auf die *emotionale Aktivierung* der Schüler:innen, die als Mediatorvariable einen positiven Einfluss auf die literarästhetische Erfahrung und das literarästhetische Textverstehen nimmt:

> Der Vergleich des ÄSKIL- und des KOKIL-Treatments mit der Kontrollgruppe lässt vermuten, dass das konstruktivistisch geprägte Gespräch durch seine Phase der subjektiven Annäherung an den literarischen Text und durch die explizite Integration und Berücksichtigung emotional-affektiver Aspekte die Schülerinnen und Schüler emotional aktiviert und diesen Zustand über den Gesprächsverlauf hinweg bewahrt, wenn nicht verstärkt. Der geschlossene KOKIL-Typus dagegen, der in allen Bereichen textseitiger emotionaler Aktivierung im Nachteil ist, wirkt sich tendenziell emotional deaktivierend aus. (Ebd, 466)

4.4.3 Ausblick auf eine eigene Forschungsarbeit: Prüfung von Unterschieden zwischen von Lehrer:innen und von Studierenden geleiteten Gesprächen

Die Planung und Durchführung quantitativer Studien erfordert gründliche Überlegungen zu Hypothesen, Studiendesign, Instrumenten, Stichproben und Auswertungsmethoden. Dies kann insbesondere für Lehramtsstudierende eine Herausforderung darstellen, da sie im Studium in der Regel wenig Berührungspunkte mit quantitativer Forschung haben und auch keine (Grund-)Kenntnisse in Statistik erwerben.

Wir schlagen daher vor, allenfalls kleine Studien mit vorhandenen Instrumenten (die nicht erst erprobt werden müssen) durchzuführen und dabei die **Limitationen** der Studien hervorzuheben. Damit sind Beschränkungen gemeint, die die Aussagekraft bzw. die Belastbarkeit der Ergebnisse beeinträchtigen. In Studien, die von Studierenden oder Referendar:innen durchgeführt werden können, sind die Stichproben oft zu klein oder nicht repräsentativ für die anvisierte Population, über die Aussagen getroffen werden sollen, was die externe Validität der Ergebnisse beeinträchtigt. Zusätzlich ist es für Studierende oder Referendar:innen häufig nicht möglich, Störfaktoren, die im Forschungskontext nicht von Interesse sind, ausreichend zu kontrollieren, was die interne Validität beeinträchtigt. Studien, die solchen Limitationen unterliegen, sind aber nicht per se problematisch. Sie sind es nur, wenn die Forschenden die Limitationen nicht kenntlich machen und die Aussagekraft ihrer Ergebnisse (wissentlich oder unwissentlich) überschätzen. Studierende oder Referendar:innen sollten daher (z. B. in einem eigenen Kapitel der Arbeit, die sie anfertigen müssen) deutlich machen, welchen Limitationen die erzielten Ergebnisse unterliegen.

Wie wäre nun das Vorgehen? Wie auch bei kleineren Studien im Rahmen der rekonstruktiven oder auch der kategorisierenden Forschung sollte zuerst eine **Frage** innerhalb eines theoretischen Kontextes formuliert werden. Diese sollte sich in eine **Hypothese** übersetzen lassen. Zur Veranschaulichung führen wir das anhand eines einfachen Beispiels vor.

Studierende im Praxissemester oder Lehrende im Vorbereitungsdienst hospitieren viele Stunden. Für diese Hospitationsphasen ließe sich z. B. die Frage stellen, ob sich die Literaturgespräche, die von Studierenden geleitet werden, von Literaturgesprächen unterscheiden, die von Lehrer:innen geleitet werden. Als Unterschiedshypothese ließe sich formulieren: Die Gespräche von Studierenden unterscheiden sich von den Gesprächen von Lehrer:innen hinsichtlich eines Merkmals *z*. Die Studierenden und die Lehrer:innen ließen sich sinnigerweise als zwei Ausprägungen einer unabhängigen Variable bestimmen, die auf das Merkmal *z* als abhängige Variable Einfluss nimmt.

Die abhängige Variable wäre freilich noch zu spezifizieren. Oben wurde bereits ein Item aus einem Instrument zur Einschätzung der fachlichen Qualität von Literaturunterricht (vgl. Hesse 2024) vorgestellt, nämlich das Item *Bereitstellung von interaktivem Verstehenssupport* als Teil des übergeordneten Merkmals *Kognitiv-emotionale Aktivierung* (ebd., 107). Dieses und/oder andere Items aus dem umfassenden Instrument könnten genutzt werden, um das Gesprächsverhalten der Studierenden und der Lehrpersonen einzuschätzen. Zur Präzisierung des möglichen Rating-Vorgehens sei das Ratingmanual zitiert (vgl. ebd., Online-Anhang). Dieses gibt vor, wie das Item im Ratingprozess anzuwenden ist:

Tabelle 1: Auszug aus dem Ratingmanual von Hesse (2024, Online-Anhang, A 53)

Variablenname: *Bereitstellung von interaktivem Verstehenssupport*
Ratingstufen
4
Die Lehrperson setzt verstehensunterstützende Impulse stets passgenau in solchen Situationen ein, in denen sich andeutet, dass die Schüler:innen die Aufgabe nicht selbstständig lösen können. Durch den Verstehenssupport werden weder die Komplexität oder Mehrdeutigkeit des literarischen Textes noch der Schwierigkeitsgrad der Aufgabe unangemessen vereinfacht.
3
Die Lehrperson setzt verstehensunterstützende Impulse überwiegend passgenau ein. Nur stellenweise entsteht der Eindruck, dass Unterstützung ausbleibt, wo sie benötigt gewesen wäre, oder dass die Unterstützung zu einer Engführung des Gespräches führt. Ebenso gibt es hin und wieder Situationen, in denen die Lehrperson durch die eingesetzten Impulse die Komplexität des Textes oder den Schwierigkeitsgrad der Aufgabe unangemessen vereinfacht oder Deutungsspielräume unangemessen verengt.
2
Die Lehrperson setzt verstehensunterstützende Impulse selten passgenau ein. In vielen Situationen entsteht der Eindruck, dass Unterstützung ausbleibt, wo sie benötigt gewesen wäre, oder dass die Unterstützung zu einer Engführung des Gespräches führt. Ebenso gibt es des Öfteren Situationen, in denen die Lehrperson durch die eingesetzten Impulse die Komplexität des Textes oder den Schwierigkeitsgrad der Aufgabe unangemessen vereinfacht oder literarische Mehrdeutigkeit unangemessen reduziert.
1
Die Lehrperson setzt verstehensunterstützende Impulse gar nicht oder nicht passgenau ein. In der Unterrichtsstunde entsteht durchweg der Eindruck, dass Unterstützung ausbleibt, obwohl sie benötigt wird, oder dass lediglich solche Unterstützung gegeben wird, die zur Lösung des Problems nichts beiträgt bzw. dieses auf unangemessene Weise vereinfacht. Zudem werden Stunden mit Stufe 1 bewertet, bei denen Support deshalb nicht feststellbar ist, weil die gestellten Aufgaben durchweg geringe Anforderungen aufweisen, die von den Lernenden ohne Weiteres zu bewältigen sind.

Die Datenerhebung würde nun darin bestehen, mittels dieses oder eines daran angelehnten Manuals verschiedene Literaturgespräche von Studierenden und Lehrer:innen einzuschätzen. Pro beobachteter Stunde, in der Literaturgespräche vorkommen, wäre jeweils ein Wert pro Ratingvariable zu vergeben. So erhält man pro Gruppe verschiedene Datenpunkte, mit denen sich statistische Kennwerte für den Gruppenvergleich bilden lassen.

Damit ein Gruppenvergleich im Sinne eines hypothesenprüfenden Verfahrens sinnvoll durchgeführt werden kann, sind viele Datenpunkte erforderlich. Eine Möglichkeit, um eine solche Datengrundlage zu gewinnen, bestünde z. B. darin, Kommiliton:innen oder Mitreferendar:innen, die ebenso im Literaturunterricht hospitieren, zu bitten, analoge Werte zu sammeln. Der Aufwand, mittels einer Ratingvariable einen Wert pro Stunde zu vergeben, ist für Hospitierende vergleichsweise gering. So ließe sich mit Unterstützung anderer ein kleiner Datenpool aufbauen, der eventuell auch inferenzstatistische Auswertungen ermöglicht.

Wenn wir der Einfachheit halber annehmen, dass die Ausprägungsgrade der abhängigen Variable *Bereitstellung von interaktivem Verstehenssupport* die gleichen Abstände haben, dann lassen sich mit den Daten Mittelwerte und Standardabweichungen berechnen. Mit diesen Kennwerten lässt sich, wenn bestimmte Voraussetzungen erfüllt sind, ein sogenannter *t-Test* als ein die Unterschiedshypothese prüfendes Verfahren durchführen (vgl. Döring & Bortz 2016, 705 ff.).[23] Da der t-Test aber nur prüft, ob die Unterschiede zwischen den Gruppen überzufällig, also statistisch signifikant sind, aber nichts über die Größe der Unterschiede aussagt, wäre auch die Prüfung der Effektstärke sinnvoll (vgl. ebd., 668). Dabei handelt es sich um ein „Maß für die praktische Bedeutsamkeit eines gefundenen Zusammenhangs“ (Kuckartz et al. 2013, 154). Die Signifikanz allein kann täuschen. Denn je mehr Datenpunkte vorhanden sind, desto höher wird die statistische Wahrscheinlichkeit, dass auch minimale Unterschiede, die eigentlich nicht praktisch bedeutsam sind, signifikant werden. Es könnte z. B. sein, dass sich erfahrene Lehrpersonen und Praktikant:innen in ihrem Verhalten in Literaturgesprächen zwar signifikant unterscheiden, der Unterschied aber so minimal ist, dass er keinen Einfluss auf das Lerngeschehen nimmt. Insofern kann die Berechnung der Effektstärke, z. B. mittels des Effektstärkenmaßes *Cohens d*, ein wichtiger Zusatz sein (vgl. ebd., 820). Als Software zur Berechnung bietet sich insbesondere *SPSS* an.[24] Als einstiegsfreundliche Einführung, um entsprechende Berechnungen durchführen und Ergebnisse darstellen zu lernen, sei Eid und Schmidt (2014) empfohlen. Für eine vertiefende Auseinandersetzung mit den methodischen und methodologischen Grundlagen quantitativer Forschung eignen sich Bortz und Schuster (2010) sowie Döring und Bortz (2016).

Der Aufbau einer entsprechenden Arbeit, die an der Hochschule oder im Studienseminar einzureichen wäre, könnte wie folgt aussehen: Zunächst wird das Forschungsanliegen theoretisch begründet und im Rahmen des aktuellen Forschungsstands der

23 Der t-Test setzt allerdings voraus, dass die Daten der Gruppen, die verglichen werden, jeweils (!) näherungsweise normalverteilt sind und ähnliche Varianzen aufweisen. Sollten diese Voraussetzungen verletzt sein, kann man dennoch einen t-Test verwenden und argumentieren, dass diese Tests recht robust auf die Verletzung ihrer Voraussetzungen reagieren. Das ist insbesondere dann der Fall, „wenngleich große Stichproben aus ähnlichen, möglichst eingipflig-symmetrisch verteilten Grundgesamtheiten verglichen werden“ (Bortz & Schuster 2010, 122). Die Verwendung eines nichtparametrischen Tests wie dem *Mann-Whitney-U-Test*, der mit weniger Vorannahmen über die Daten auskommt, wäre ebenfalls denkbar (vgl. Döring & Bortz 2016, 916).

24 Für weiterführende Berechnungen empfehlen wir *RStudio*.

Disziplin erhellt. Dann folgt die Beschreibung von Design, Stichprobe, Instrumenten, Erhebungsverfahren und Auswertungsmethoden. Anschließend werden die Erkenntnisse präsentiert. Zum Schluss folgt die Reflexion der Erkenntnisse mit Blick auf das anfängliche Forschungsanliegen, auf die Limitationen der Studie sowie auf mögliche Implikationen für Forschung und Praxis.

Literatur

Abraham, Ulf (2020). Das literarische Gespräch als Modell einer kulturellen Praxis. In Felix Heizmann, Johannes Mayer & Marcus Steinbrenner (Hg.). *Das Literarische Unterrichtsgespräch. Didaktische Reflexionen und empirische Rekonstruktionen*, 31–47. Baltmannsweiler: Schneider.

Abraham, Ulf & Kepser, Matthis (2009). *Literaturdidaktik Deutsch. Eine Einführung* (3. Aufl.). Berlin: Erich Schmidt.

Äsop. *Der Löwe, der Fuchs und der Esel*. https://www.projekt-gutenberg.org/aesop/fabeln/chap062.html (Übersetzung: unbek.).

Albrecht, Christian (2022). *Literarästhetische Erfahrung und literarästhetisches Verstehen. Eine empirische Studie zu ästhetischer Kommunikation im Literaturunterricht (ÄSKIL)*. Berlin u. a.: Springer: J. B. Metzler. https://doi.org/10.1007/978-3-662-65672-3.

Alexander, Robin. J. (2004). *Towards dialogic teaching: Rethinking classroom talk*. York, UK: Dialogos.

Alexander, Robin. J. (2018). Developing dialogic teaching: Genesis, process, trial. *Research Papers in Education*, 33(5), 561–598. https://doi.org/10.1080/02671522.2018.1481140.

Alt, Peter-André (2018). *Franz Kafka. Der ewige Sohn. Eine Biographie* (3. Aufl.). München: C. H. Beck.

Applebee, Arthur N., Langer, Judith A., Nystrand, Martin & Gamoran, Adam (2003). Discussion-Based Approaches to Developing Understanding. Classroom Instruction and Student Performance in Middle and High School English. *American Educational Research Journal*, 40(3), 685–730. https://doi.org/10.3102/00028312040003685.

Aristoteles (2008). *Poetik*. Übersetzt und erläutert von Arbogast Schmitt. Darmstadt: Wissenschaftliche Buchgesellschaft.

Baltscheit, Martin & Schwarz, Christine (2013). *Das Gold des Hasen*. Weinheim/Basel: Beltz und Gelberg.

Baumgarten, Alexander 1750 (2009). *Ästhetik*. Übersetzt, mit einer Einführung, Anmerkungen und Registern herausgegeben von Dagmar Mirbach. Hamburg: Meiner.

Baumgarten, Alexander 1735 (1983). *Meditationes philosophicae de nonnullis ad poema pertinentibus*. Übersetzt und mit einer Einleitung herausgegeben von Heinz Paetzold. Hamburg: Meiner.

Baurmann, Jürgen (2017). Sprechen und Zuhören. Überblicksbeitrag. In Jürgen Baurmann, Clemens Kammler & Astrid Müller (Hg.). *Handbuch Deutschunterricht. Theorie und Praxis des Lehrens und Lernens*, 12–18. Seelze: Klett/Kallmeyer.

Baurmann, Jürgen, Brand, Tilman von, Menzel, Wolfgang, Spinner, Kaspar H. (2015): *Methoden des Deutschunterrichts. Exemplarische Lernwege für die Sekundarstufen I und II*. Seelze: Klett Kallmeyer.

Biere, Bernd U. (1989). *Verständlich-Machen: Hermeneutische Tradition – Historische Praxis – Sprachtheoretische Begründung*. Berlin: De Gruyter. https://doi.org/10.1515/9783111631844.

Billings, Laura & Fitzgerald, Jill (2002). Dialogic Discussion and the Paideia Seminar. *American Educational Research Journal*, 39(4), 907–941. https://doi.org/10.3102/00028312039004905.

Bortz, Jürgen & Schuster, Christoph (2010). *Statistik für Human- und Sozialwissenschaftler.* Berlin u. a.: Springer. https://doi.org/10.1007/978-3-642-12770-0.

Boyd, Maureen & Rubin, Don (2006). How Contingent Questioning Promotes Extended Student Talk: A Function of Display Questions. *Journal of Literacy Research*, 38(2), 141–169. https://doi.org/10.1207/s15548430jlr3802_2.

Brand, Tilmann von(2015). *Deutsch unterrichten. Einführung in die Planung, Durchführung und Auswertung in den Sekundarstufen* (4. Aufl.). Seelze: Kallmeyer/Klett.

Brandstätter, Ursula (2011). In jeder Sprache sitzen andere Augen" – Herta Müller. Grundsätzliche Überlegungen zur Thematik „Reden über die Künste". In Johannes Kirschenmann, Christoph Richter, Kaspar H Spinner (Hg.), *Reden über Kunst*, 29–43. München: kopaed.

Bräuer, Christoph (2013). Lesegespräche führen. In Ulf Abraham & Julia Knopf (Hg.), *Deutsch. Didaktik für die Grundschule*, 33–42. Berlin: Cornelsen.

Brüggemann, Jörn, Albrecht, Christian, Frederking, Volker & Gölitz, Dietmar (2017). Literarisches Lernen durch Unterrichtsgespräche. Ein Beitrag über Unterrichts- als Interventionsforschung und deren Herausforderung für eine empirische Literaturdidaktik. In Christian Dawidowski, Anna R. Hoffmann & Angelika R. Stolle (Hg.), *Lehrer- und Unterrichtsforschung in der Literaturdidaktik. Konzepte und Projekte*, 61–79. Frankfurt am Main : Peter Lang.

Brüggemann, Jörn, Frederking, Volker, Albrecht, Christian, Drewes, Jana, Henschel, Sofie & Gölitz, Dietmar (2015). Literarische Interpretations- und Kommunikationskulturen im Blick empirischer Forschung. In Marie Lessing-Sattari, Maike Löhden, Almuth Meissner & Dorothee Wieser (Hg.), *Interpretationskulturen*, 219–242. Frankfurt am Main: Peter Lang.

Brüggemann, Jörn, Gölitz, Dietmar (i. E.). Personale Effekte funktionaler Bildung. Befunde zur differenziellen Wirksamkeit von kognitiv-funktionalen und ästhetisch-personalen Gesprächen über Literatur. In Christian Albrecht, Jörn Brüggemann, Tabea Kretschmann, Axel Krommer & Christel Meier (Hg.), *Personale und funktionale Bildung im Deutschunterricht. Theoretische, empirische und praxisbezogene Perspektiven.* Stuttgart: Metzler. Erscheint Oktober 2024. .

Carl, Mark Oliver, Jörgens, Moritz, Schulze, Tina & Rosebrock, Cornelia (2020). Strategien von Studierenden im Umgang mit literarästhetischen Texten. *Leseräume*, 7(6), 49–64.

Carl, Mark-Oliver & Scherf, Daniel (2022). Über den angemessenen Umgang mit empirischen Erkenntnissen in der Literaturdidaktik. *SLLD (Z)*, 2(2), 1–25. https://doi.org/10.46586/SLLD.Z.2022.8894.

Chinn, Clark. A., Anderson, Richard. C. & Waggoner, Martha. A. (2001). Patterns of Discourse in Two Kinds of Literature Discussion. *Reading Research Quarterly*, 36(4), 378–411.

Christ, Hannelore, Fischer, Eva, Fuchs, Claudia, Merkelbach, Valentin & Reuschling, Gisela (1995). Vorwort. In dies. (Hg.), *„Ja aber es kann doch sein…" In der Schule literarische Gespräche führen*, 7–11. Frankfurt am Main u. a.: Peter Lang.

Christmann, Ursula & Schreier, Margit (2003). Kognitionspsychologie der Textverarbeitung und Konsequenzen für die Bedeutungskonstitution literarischer Texte. In Fortis Jannidis, Gerhard Lauer, Matías Martínez & Simone Winko (Hg.), *Regeln der Bedeutung. Zur Theorie der Bedeutung literarischer Texte*, 246–285. Berlin: De Gruyter. https://doi.org/10.1515/9783110907018.246.

Dawidowski, Christian (2019). Empirische Literaturdidaktik. In Christiane Lütge (Hg.), *Grundthemen der Literaturwissenschaft: Literaturdidaktik*, 471–490. Berlin: De Gruyter. https://doi.org/10.1515/9783110410709-024.

Döring, Nicola & Bortz, Jürgen (2016). *Forschungsmethoden und Evaluation in den Sozial- und Humanwissenschaften* (5. Aufl.). Berlin u. a.: Springer. https://doi.org/10.1007/978-3-642-41089-5.

Eco, Umberto (2008). Theorien interpretativer Kooperation. Versuch zur Bestimmung von Grenzen. In Tom Kindt & Tilmann Köppe (Hg.), *Moderne Interpretationstheorien. Ein Reader*, 102–129. Göttingen: Vandenhoeck & Ruprecht. Erstmals erschienen in Eco, Umberto (1987). *Streit der Interpretationen*. Übersetzung aus dem Englischen von Rolf Eichler. Konstanz: Philo Verlagsgesellschaft.

Eid, Michael & Schmidt, Katharina (2014). *Testtheorie und Testkonstruktion. Bachelorstudium Psychologie*. Göttingen: Hogrefe.

Fischer, Eva (1995). „…also der Mann will glaub ich den Jungen ablenken". „Nachts schlafen die Ratten doch" von Wolfgang Borchert in einer 7. Hauptschulklasse. In Hannelore Christ et al. (Hg.), *„Ja aber es kann doch sein…" In der Schule literarische Gespräche führen.*, 178–201. Frankfurt am Main u. a.: Peter Lang.

Flint, Amy S. (1999). Know-it-ahs, identifiers, defenders, and solidifiers (kids): Examining interpretive authority within literacy events. *Reading Research and Instruction*, 39(2), 119–134. https://doi.org/10.1080/19388070009558316.

Frank, Gerd, Stephan, Joachim (1979). *Der Schüler als Leser. Textrezeption und Literaturunterricht*. Freiburg: Herder.

Frank, Jessika & Lösener, Hans (2020): Staunen als Methode. Zur Funktion der Frage in forschenden Literaturgesprächen. In Ricarda Freudenberg & Marie Lessing-Sattari (Hg.), *Zur Rolle von Irritation und Staunen im Rahmen literarästhetischer Erfahrung. Theoretische Perspektiven, empiriebasierte Beobachtungen und praktische Implikationen*, 71–90. Berlin: Peter Lang.

Frank, Manfred (1987). *Das Sagbare und das Unsagbare. Studien zur deutsch-französischen Hermeneutik und Texttheorie*. Erweiterte Neuausgabe. Frankfurt am Main: Suhrkamp.

Frederking, Volker, Brüggemann, Jörn & Albrecht, Christian (2020). Ästhetische Kommunikation im Literaturunterricht. Quantitative und qualitative Zugänge zu einer besonderen Form personaler und funktionaler literarischer Bildung. In Felix Heizmann, Johannes Mayer & Marcus Steinbrenner (Hg.), *Das Literarische Unterrichtsgespräch. Didaktische Reflexionen und empirische Rekonstruktionen*, 295–324. Baltmannsweiler: Schneider.

Frederking, Volker & Henschel, Sofie (2016). Interdisziplinäre Forschung in der Deutschdidaktik am Beispiel des Projekts 'Literarästhetische Urteils- und Verstehenskompetenz' (LUK). In Iris Winkler & Frederike Schmidt (Hg.), *Interdisziplinäre Forschung in der Deutschdidaktik. „Fremde Schwestern" im Dialog*, S. 73–102. Frankfurt am Main u. a.: Peter Lang.

Freudenberg, Ricarda & Lessing-Sattari, Marie (Hg., 2020). *Zur Rolle von Irritation und Staunen im Rahmen literarästhetischer Erfahrung. Theoretische Perspektiven, empiriebasierte Beobachtungen und praktische Implikationen.* Berlin: Peter Lang. https://doi.org/10.3726/b16769.

Freudenberg, Ricarda (2014). „Arme, arme Schlange!" Ein Aufruf zur Ausbildung von Irritationsbereitschaft. *kjl&m*, 66(1), 60–68.

Fritzsche, Joachim (1994). *Zur Didaktik und Methodik des Deutschunterrichts (Bd. 3). Umgang mit Literatur.* Stuttgart: Klett.

Fuchs, Claudia (1995). „Weil sie ihn auch mag weil ehm * obwohl er sie so fertiggemacht hat". Ein Gespräch in einer 4. Klasse über die Verhältnisse zwischen den Geschlechtern („Ist ja auch nichts für Mädchen" von Gina Ruck-Pauquét). In Hannelore Christ et al. (Hg.), *„Ja aber es kann doch sein..." In der Schule literarische Gespräche führen*, 53–84. Frankfurt am Main: Peter Lang.

Fuhrmann, Catharina & Merklinger, Daniela (2015). Literarisches Lernen in Vorlesegesprächen. In Heike de Boer & Marina Bonanati (Hg.), *Lernen im Gespräch - Gespräche über Lernen*, 249–264. Wiesbaden: Springer VS. https://doi.org/10.1007/978-3-658-09696-0_14.

Great Books Foundation (2021). *An Introduction to Shared Inquiry.* Chicago: The Great Books Foundation.

Grzesik, Jürgen (2005). *Texte verstehen lernen. Neurobiologie und Psychologie der Entwicklung von Lesekompetenzen durch den Erwerb von textverstehenden Operationen.* Münster, New York: Waxmann.

Härle, Gerhard (2014). „... und am Schluss weiß ich trotzdem nicht, was der Text sagt". Grundlagen, Zielperspektiven und Methoden des Literarischen Unterrichtsgesprächs. In Marcus Steinbrenner, Johannes Mayer, Bernhard Rank & Gerhard Härle (Hg.), *„Seit ein Gespräch wir sind und hören voneinander". Das Heidelberger Modell des Literarischen Unterrichtsgesprächs in Theorie und Praxis* (2. Aufl.), 29–65. Baltmannsweiler: Schneider.

Härle, Gerhard (2004a). Lenken – Steuern – Leiten. Theorie und Praxis der Leitung literarischer Gespräche in Hochschule und Schule. In Gerhard Härle & Marcus Steinbrenner (Hg.), *Kein endgültiges Wort. Die Wiederentdeckung des Gesprächs im Literaturunterricht*, 107–139. Baltmannsweiler: Schneider.

Härle, Gerhard (2004b). Literarische Gespräche im Unterricht. Versuch einer Positionsbestimmung. In Gerhard Härle & Bernhard Rank (Hg.), *Wege zum Lesen und zur Literatur*, 137–168. Baltmannsweiler: Schneider.

Härle, Gerhard & Steinbrenner, Marcus (2014). Das literarische Gespräch im Unterricht und in der Ausbildung von Deutschlehrerinnen und -lehrern. Eine Einführung. In Gerhard Härle & Marcus Steinbrenner (Hg.), *Kein endgültiges Wort: die Wiederentdeckung des Gesprächs im Literaturunterricht* (3. Aufl.), 1–23. Baltmannsweiler: Schneider.

Härle, Gerhard & Steinbrenner, Marcus (2003). „Alles Verstehen ist ... immer zugleich ein Nicht-Verstehen." Grundzüge einer verstehensorientierten Didaktik des literarischen Unterrichtsgesprächs. *Literatur im Unterricht*, 4(2), 139–162.

Harwart, Miriam, Sander, Julia & Scherf, Daniel (2020). Adaptives Lehrerhandeln. Zu Modellierung, Nachweis und Wirkung eines potenziellen Qualitätsaspekts gesprächsförmigen Literaturunterrichts. In Felix Heizmann, Johannes Mayer & Marcus Steinbrenner (Hg.), *Das Literarische Unterrichtsgespräch. Didaktische Reflexionen und empirische Rekonstruktionen*, 255–276. Baltmannsweiler: Schneider.

Harwart, Miriam & Scherf, Daniel (2018). „Vielleicht muss man aber auch so damit leben können und es aushalten." Zur Bedeutung des Lehrerhandelns in schulischen ästhetischen Rezeptionsprozessen. In Daniel Scherf & Andrea Bertschi-Kaufmann (Hg.), *Ästhetische Rezeptionsprozesse in didaktischer Perspektive*, 149–163. Weinheim: Juventa.

Heath, Shirley B. (1982). What no bedtime story means. Narrative skills at home and school. *Language in Society*, 11(2), 49–76. https://doi.org/10.1017/S0047404500009039.

Heins, Jochen (2018). Was sind typische Problemsituationen im Literaturunterricht? Ein Rahmenmodell zur Systematisierung von Unterrichtssituationen für die Entwicklung von Vignetten. *Didaktik Deutsch*, 44, 27–43.

Heins, Jochen (2017). *Lenkungsgrade im Literaturunterricht: Zum Einfluss stark und gering lenkender Aufgabensets auf das Textverstehen*. Wiesbaden: Springer VS. https://doi.org/10.1007/978-3-658-17890-1.

Heins, Jochen (2015). Warum? Warum...nicht? Informationsvergabe und Figurenperspektiven in der Geschichte „Warum?" von Janne Teller. *Praxis Deutsch* 42 (249), S. 43–47.

Heizmann, Felix (2018). *Literarisches Lernen in der Grundschule. Eine qualitativ-rekonstruktive Studie zu den Praktiken und Orientierungen von Kindern in Literarischen Unterrichtsgesprächen über ästhetisch anspruchsvolle Literatur*. Baltmannsweiler: Schneider.

Heller, Vivien (2021a). Das Sprechen über Texte als kulturelle Praktik. *Der Deutschunterricht* (Themenheft Textkomplexität), 73(1), 54–63.

Heller, Vivien (2021b). Die sprachlich-diskursive Darstellung komplexer Zusammenhänge im Fach: Vertextungsverfahren des Erklärens und Argumentierens. In Uta Quasthoff, Vivien Heller & Miriam Morek (Hg.), *Diskurserwerb in Familie, Peergroup und Unterricht. Passungen und Teilhabechancen*, 303–346. Berlin: De Gruyter. https://doi.org/10.1515/9783110707168-011.

Hesse, Florian (2024). *Qualitäten von Literaturunterricht. Eine Videostudie im Praxissemester*. Berlin: J. B. Metzler. https://doi.org/10.1007/978-3-662-68775-8.

Hesse, Florian & Winkler, Iris (2022). Fachliche Qualität im Literaturunterricht. *SLLD-Z*, 2(2), 1–29. https://doi.org/10.46586/SLLD.Z.2022.9605.

Hesse, Florian & Winkler, Iris (2021). Textauswahl und Auswahlbegründungen von Lehrpersonen beim Einsatz von Ganzschriften im achten Jahrgang am Gymnasium. *Leseräume*, 8(7), 1–21.

Horkheimer, Max & Adorno, Theodor W. (1944/1971). *Dialektik der Aufklärung.* Frankfurt am Main: Fischer Taschenbuch.

Hurrelmann, Bettina (1987). Textverstehen im Gesprächsprozeß. Zur Empirie und Hermeneutik von Gesprächen über die „Geschlechtertausch"-Erzählungen. In Bettina Hurrelmann, Maria Kublitz & Brigitte Röttger (Hg.), *Man müsste ein Mann sein...?* 57–82. Düsseldorf: Schwann.

Hurrelmann, Bettina & Groeben, Norbert (2006). Textwissenschaftliche Grundlagen. In Norbert Groeben & Bettina Hurrelmann (Hg.), *Empirische Unterrichtsforschung: Literatur -und Lesedidaktik. Ein Weiterbildungsprogramm,* 31–51. Weinheim u. a.: Juventa.

Ivo, Hubert (1996). Über den Tag hinaus. Begriff einer allgemeinen Sprachdidaktik. *Didaktik Deutsch,* 1(1), 8–29.

Ivo, Hubert (1994). Reden über poetische Sprachwerke. Ein Modell sprachverständiger Intersubjektivität. In Hubert Ivo (Hg.), *Muttersprache, Identität, Nation,* 222–271. Opladen: Westdeutscher Verlag.

Jooß, Cornelia G. (2019). *Lesegespräche für Erstleser – eine qualitative Studie in Klasse 1 und 2.* Ludwigsburg: Dissertation, Pädagogische Hochschule Ludwigsburg.

Kafka, Franz (1919). Eine kaiserlische Botschaft. In ders., *Ein Landarzt,* 90 f. Leipzig: Kurt Wolff Verlag.

Kammler, Clemens & Knapp, Werner (2002). Einleitung. In Clemens Kammler & Werner Knapp (Hg.), *Empirische Wissensproduktion in der Deutschdidaktik,* 2–14. Baltmannsweiler: Schneider.

Kämper-van den Boogaart, Michael & Pieper, Irene (2008). Literarisches Lesen. *Didaktik Deutsch,* 13 (Sonderheft), 46–65.

Kant, Immanuel 1781 (2009). Kritik der reinen Vernunft. Hg. von Heiner Klemme. Hamburg: Meiner.

Kant, Immanuel 1790 (2009). Kritik der Urteilskraft. Hg. von Heiner Klemme. Hamburg: Meiner.

Kelle, Udo & Kluge, Susann (2010). *Vom Einzelfall zum Typus. Fallvergleich und Fallkontrastierung in der qualitativen Sozialforschung* (2. Aufl.). Wiesbaden: VS Verlag für Sozialwissenschaften. https://doi.org/10.1007/978-3-531-92366-6.

Kim, Min-Young & Wilkinson, Ian A. G. (2019). What is dialogic teaching? Constructing, deconstructing, and reconstructing a pedagogy of classroom talk. *Learning, Culture and Social Interaction,* 21, 70–86. https://doi.org/10.1016/j.lcsi.2019.02.003.

Kleinbub, Iris (2018). Kriteriengeleitetes Rating: Ein Datenerhebungsverfahren zur Einschätzung von Unterrichtsmerkmalen. In Jan Boelmann (Hg.), *Empirische Forschung in der Deutschdidaktik Band 2: Erhebungs- und Auswertungsverfahren,* 341–358. Baltmannsweiler: Schneider.

KM-BW (2016) = Ministerium für Kultus, Jugend und Sport Baden-Württemberg (2016). *Gemeinsamer Bildungsplan der Sekundarstufe I, Fachplan Deutsch.* https://www.bildungsplaene-bw.de/site/bildungsplan/get/documents/lsbw/export-pdf/depot-pdf/ALLG/BP2016BW_ALLG_SEK1_D.pdf.

KMK (2022) = Kultusministerkonferenz (2022): *Bildungsstandards für das Fach Deutsch. Erster Schulabschluss (ESA) und Mittlerer Schulabschluss (MSA)*. https://www.kmk.org/fileadmin/Dateien/veroeffentlichungen_beschluesse/2022/2022_06_23- Bista-ESA-MSA-Deutsch.pdf.

Köppe, Tilmann & Kindt, Tom (2014). *Erzähltheorie. Eine Einführung*. Stuttgart: Reclam.

Köster, Juliane (2016). *Aufgaben im Deutschunterricht. Wirksame Lernangebote und Erfolgskontrollen*. Seelze: Klett Kallmeyer.

Köster, Juliane (2014). Was Bildungsstandards leisten können. In Volker Frederking & Axel Krommer (Hg.), *Taschenbuch des Deutschunterrichts. Aktuelle Fragen der Deutschdidaktik*, Bd. 3, 209–222. Baltmannsweiler: Schneider.

Köster, Juliane (2003). Die Profilierung einer Differenz. Aufgaben zum Textverstehen in Lern- und Leistungsaufgaben. 7./8. Jahrgangsstufe. *Deutschunterricht* 56(5), 19–24.

Köster, Juliane & Lindauer, Thomas (2008). Zum Stand wissenschaftlicher Aufgabenreflexion aus deutschdidaktischer Perspektive. *Didaktik Deutsch*, 13(25), 148–161.

Kreft, Jürgen (1977). *Grundprobleme der Literaturdidaktik. Eine Fachdidaktik im Konzept sozialer und individueller Entwicklung und Geschichte*. Heidelberg: Quelle & Meiner.

Krelle, Michael & Neumann, Daniela (2014). Sprechen und Zuhören. In Ulrike Behrens, Albert Bremerich-Vos, Michael Krelle, Katrin Böhme & Susanne Hunger (Hg.), *Bildungsstandards für die Sekundarstufe 1: Deutsch konkret*, 14–45. Berlin: Cornelsen.

Kruse, Iris (2016). Gut vorlesen. Textpotentiale entfalten. Schulisches Bilderbuchvorlesen in der empirischen Überprüfung. In Anja Pompe (Hg.), *Literarisches Lernen im Anfangsunterricht. Theoretische Reflexionen – Empirische Befunde – Unterrichtspraktische Entwürfe*, 102–121. Baltmannsweiler: Schneider.

Kuckartz, Udo (2018). *Qualitative Inhaltsanalyse. Methoden, Praxis, Computerunterstützung* (4. Aufl.). Weinheim: Juventa.

Kuckartz, Udo, Rädiker, Stefan, Ebert, Thomas & Schehl, Julia (2013). *Statistik. Eine verständliche Einführung*. Wiesbaden: VS Verlag für Sozialwissenschaften. https://doi.org/10.1007/978-3-531-19890-3.

Kurbacher-Schönborn, Frauke Annegret (2006). Ästhetisches Urteil. In Achim Trebeß (Hg.), *Metzler Lexikon Ästhetik*, 38–39. Stuttgart: Metzler.

Lingnau, Beate & Preußer, Ulrike (2021). Literarische und sprachliche Lernmöglichkeiten im Vorlesegespräch am Beispiel von Mario Ramos' König sein. *Leseräume*, (8)7, 1–17.

Lösener, Hans (2022). *Grundlagen des forschenden Literaturgesprächs (FLG)*. Unveröffentlichtes Manuskript.

Lösener, Hans & Siebauer, Ulrike (2016). Die Frage nach dem Sinn. Zur Entwicklung von Frageperspektiven in literarischen Gesprächen. In Nikola Mitterer, Hajnalka Nagy & Werner Wintersteiner (Hg.), *Die Ansprüche der Literatur als Herausforderung für den Literaturunterricht. Theoretische Perspektiven der Literaturdidaktik*, 185–205. Frankfurt am Main u. a.: Peter Lang.

Lösener, Hans & Siebauer, Ulrike (2011). *hochform@lyrik. Konzepte und Ideen für einen erfahrungsorientierten Lyrikunterricht*. Regensburg: vulpes.

Lösener, Hans & Vellusig, Robert (i. E.). *Literarische Erfahrung. Stuttgart*: Reclam. Erscheint November 2024. (Manuskriptfassung, Stand: 20.12.2023).

Loska, Rainer (1995): *Lehren ohne Belehrung. Leonard Nelsons neosokratische Methode der Gesprächsführung*. Bad Heilbrunn: Klinkhardt.

Lotz, Miriam (2013). Die Kodierung der Sozialformen. In Miriam Lotz, Frank Lipowsky & Gabriele Faust (Hg.), *Materialien zur Bildungsforschung: 23/3. Dokumentation der Erhebungsinstrumente des Projekts "Persönlichkeits- und Lernentwicklung von Grundschulkindern" (PERLE): 3. Technischer Bericht zu den PERLE-Videostudien*, 123–142. Frankfurt am Main: GFPF.

Magirius, Marco (2023). Vom Bann des Bartes. Lernunterstützung in digitalen Schreibgesprächen über „Der gigantische Bart, der böse war". *Deutsch 5–10*, 75, S. 24–32.

Magirius, Marco (2019). Constructivism in Literary Education – Focus on Teachers' Beliefs and Practices. *L1 – Educational Studies in Language and Literature*, 18(1), 1–13. https://doi.org/10.17239/L1ESLL-2018.18.05.01.

Magirius, Marco & Führer, Carolin (2023). Evaluative ästhetische Rezeption und Bildung. In Marco Magirius, Christel Meier, Silke Kubik & Carolin Führer (Hg.), *Evaluative ästhetische Rezeption als Grundlage literarischen Verstehens und Lernens – Theorie und Empirie*, 7–24. München: kopaed.

Magirius, Marco, Scherf, Daniel & Steinmetz, Michael (2024). Mehrdeutigkeit im Literaturgespräch gelingend bearbeiten: Beobachtungen zum Unterricht zu Bronskys Scherbenpark in vier Lerngruppen der Sekundarstufe 1. *Leseräume*, 10(9), 1–19.

Magirius, Marco, Scherf, Daniel & Steinmetz, Michael (2023a). Unterrichtliches Handeln mit Literatur (in der Sekundarstufe I) – Didaktische Konzepte und schulische Praxis. *kjl&m*, 75(4), 76–83.

Magirius, Marco, Scherf, Daniel & Steinmetz, Michael (2023b). Instructive Dialogues on Literary Texts. A Framework for Dialogic Teaching promoting Highlevel Comprehension in the Literature Classroom. *L1 – Educational Studies in Language and Literature*, 23(2), S. 1–27, https://doi.org/10.21248/l1esll.2023.23.2.584.

Magirius, Marco, Scherf, Daniel & Steinmetz, Michael (2022). Lernunterstützung im Literaturgespräch: Nachweis und Wirkung eines potenziellen Qualitätsaspekts gesprächsförmigen Literaturunterrichts. *SLLD(Z)*, Bd. 3, Kollektion „Interaktionen im Fachunterricht lernförderlich gestalten", S. 1–29, https://doi.org/10.46586/SLLD.Z.2022.9552.

Magirius, Marco, Scherf, Daniel & Steinmetz, Michael (2021). Lernunterstützung im Literaturgespräch. Modellierung qualitätsvollen Gesprächshandelns von Lehrerinnen und Lehrern. *Leseräume*, 8(7), 1–21.

Magirius, Marco & Wiez, Fabian (2023). Zum Bewerten von Interpretationen im Deutschabitur. In Carolin Führer, Marco Magirius, Fahimah Ulfat, Bernd-Stefan Grewe, Wolfgang Polleichtner & Thorsten Bohl (Hg.). *Relativität und Normativität von Beurteilungen*, 77–84. Tübingen: Tübingen Library Press.

Marinić, Jagoda (2001). *Eigentlich ein Heiratsantrag. Geschichten*. Berlin: Suhrkamp.

Matuschek, Stefan (2013). Was heißt: „Literatur lesen lernen"? In Helmuth Feilke, Juliane Köster & Michael Steinmetz (Hg.). *Textkompetenzen in der Sekundarstufe II*, 63–73. Stuttgart: Fillibach bei Klett.

Matusov, Eugene. (2009). *Journey into dialogic pedagogy*. New York, NY: Nova Science Publishers.

Mayer, Johannes (2017). *Wege literarischen Lernens. Eine qualitativ-empirische Studie zu literarischen Erfahrungen und literarischem Lernen von Studierenden in literarischen Gesprächen*. Baltmannsweiler: Schneider.

Mempel, Caterina (2023). Das weiß ich von jener Hexe. Peerinteraktive Bedeutungsaushandlung im Vorlesegespräch. In Beate Lingnau & Ulrike Preußer (Hg.), *Anschluss- und Begleitkommunikation zu literarischen Texten*, SLLD-B, 10, 94–117. https://doi.org/10.46586/SLLD.263.

Merkelbach, Valentin (1995a). Zur Theorie und Didaktik des literarischen Gesprächs. In Hannelore Christ et al. (Hg.), *„Ja aber es kann doch sein..." In der Schule literarische Gespräche führen*, 12–52. Frankfurt am Main u. a.: Peter Lang.

Merkelbach, Valentin (1995b): „Also die Geschichte ist etwas kompliziert." „Nachts schlafen die Ratten doch" von Wolfgang Borchert in einer 6. Realschulklasse. In Hannelore Christ et al. (Hg.), *„Ja aber es kann doch sein..." In der Schule literarische Gespräche führen*, 129–145. Frankfurt am Main u. a.: Peter Lang.

Merklinger, Daniela (2015). Sprachformen für Unbestimmtheit & Ungewissheit. Literarisches Lernen im Vorlesegespräch. In Claudia Müller, Linda Stark & Eva Gressnich (Hg.), *Lernen durch Vorlesen: Sprach- und Literaturerwerb in Familie, Kindergarten und Schule*, 143–159. Tübingen: Narr Francke Attempto.

Mirbach, Dagmar (2007). Einführung. Zur fragmentarischen Ganzheit von Alexander Gottlieb Baumgartens Aesthetica (1750/58) In dies. (Hg.), *Baumgarten, Alexander 1750: Ästhetik*, XV–LXXX. Hamburg: Meiner.

Möbius, Thomas (2019). Gesprächsorientierte Methoden. In Thomas Möbius & Michael Steinmetz (Hg.), *Methoden des literarischen Lernens*, 273–315. Braunschweig: Westermann.

Möbius, Thomas (2008). Das „literarische Sehgespräch" als sprachlich-kommunikative Vermittlungsweise bilddominierter Medienangebote. In Volker Frederking & Matthis Kepser (Hg.), *Log in! Kreativer Deutschunterricht und neue Medien*, 141–156. München: kopaed.

Morek, Miriam & Heller, Vivien (2023). Diskursive Praktiken der Verständigung über Textverstehen. Anforderungen und Lernpotenziale von Anschlusskommunikation über literarische Texte im Deutschunterricht. In Ulrike Preußer & Beate Lingnau (Hg.), *Anschluss- und Begleitkommunikation zu literarischen Texten* (SLLD-B), 138–159. https://doi.org/10.46586/SLLD.263.

Mortimer, Eduardo F. & Scott, Philip H. (2003). *Meaning making in secondary science classrooms*. Buckingham: Open University Press.

Murphy, P. Karen, Greene, Jeffrey A., Firetto, Carla M., Hendrick, Brendan D., Mengyi Li, Montalbano, Christin & Wei, Liwei (2018). Quality talk: Developing students' discourse to promote high-level comprehension. *American Educational Research Journal*, 55(5), 1113–1160. https://doi.org/10.3102/0002831218771303.

Murphy, Karen P., Wilkinson, Ian. A., Soter, Anna u. a. (2009). Examining the Effects of Classroom Discussion on Students' Comprehension of Text: A Meta-Analysis. *Journal of Educational Psychology*, 101, 740–764. https://doi.org/10.1037/a0015576.

Nickel-Bacon, Irmgard (2014). Fabeln und Parabeln in Literaturwissenschaft und -didaktik. In Kurt Erlemann, Irmgard Nickel-Bacon & Anika Loose (Hg.), *Gleichnisse – Fabeln – Parabeln*, 72–83. Tübingen: Francke.

Nystrand, Martin (1997). Dialogic Instruction: When Recitation Becomes Conversation. In Martin Nystrand, Adam Gamoran, Robert Kachur & Catherine Prendergast (Hg.), *Opening Dialogue. Understanding the Dynamics of Language and Learning in the English Classroom*, 1–29. New York: Teachers College Press.

Nystrand, Martin, & Gamoran, Aadam (1997). The Big Picture: Language and Learning in Hundreds of English Lesson. In Martin Nystrand, Adam Gamoran, Robert Kachur & Catherine Prendergast (Hg.), *Opening Dialogue. Understanding the Dynamics of Language and Learning in the English Classroom*, 30–74. New York: Teachers College Press. https://doi.org/10.2307/417942.

Ohlsen, Nele (2014). „Zwischen Stolper- und Meilensteinen." Chancen und Probleme literarischer Gespräche in der Grundschule. In Marcus Steinbrenner, Gerhard Härle, Johannes Mayer et al. (Hg.) *„Seit ein Gespräch wir sind und hören voneinander". Das Heidelberger Modell des Literarischen Unterrichtsgesprächs in Theorie und Praxis*, 337–360. Baltmannsweiler: Schneider.

Olsen, Ralph (2011). Mut zur Lenkung: neosokratische Impulse beim Reden über Kunst. (Mit Anmerkungen zum Heidelberger Modell). In Johannes Kirschenmann, Christoph Richter & Kaspar H. Spinner (Hg.), *Reden über Kunst. Fachdidaktisches Forschungssymposium in Literatur, Kunst und Musik*. München: kopaed, 163–180.

Paefgen, Elisabeth (1996). Reicher Materialfundus. *Praxis Deutsch*, 135, 13–15.

Pflugmacher, Torsten (2017). Sequenzanalytische Unterrichtsrekonstruktion als literaturdidaktische Grundlagenforschung. Eine Fallanalyse zur literarischen Textschwierigkeit im Handlungsfeld Deutschunterricht und ihre Bedeutung für eine literatur-pädagogisch-professionalisierende Lehrerausbildung. In Christian Dawidowski, Anna R. Hoffmann & Angelika R. Stolle (Hg.), *LehrerInnen- und Unterrichtsforschung in der Literaturdidaktik*, 13–33. Frankfurt am Main: Peter Lang.

Pieper, Irene (2023). „Die Perspektive der Geschichte, da müssten wir noch n' Wort drüber verlieren": Zur Fachlichkeit des Literaturunterrichts. *Didaktik Deutsch*, 28(54), 3–16. https://doi.org/10.21248/dideu.664.

Pieper, Irene (2016a). Wissen im Zwischenraum: Zur Spezifik der Frage nach verstehensrelevantem Wissen im literaturdidaktischen Reflexionsraum. In Thomas Möbius & Michael Steinmetz (Hg.), *Wissen und literarisches Lernen*, 129–152. Frankfurt am Main u. a.: Peter Lang.

Pieper, Irene (2016b). Literarische Gespräche im Literaturunterricht: Das Vorlesegespräch. In Hanna Roose & Elisabeth E. Schwarz (Hg.), *Jahrbuch für Kindertheologie. Bd. 15: „Da muss ich dann auch alles machen, was er sagt". Kindertheologie im Unterricht*, 75–93. Stuttgart: Calwer.

Porps, Lisa (2023). hallo kleiner BÄR – Real-fiktive Gespräche zwischen Kindern und den Figuren aus textlosen Bilderbüchern und ihr Potenzial für die Anbahnung literarischer Fähigkeiten im Vorschulalter. In Beate Lingnau & Ulrike Preußer (Hg.), *Anschluss- und Begleitkommunikation zu literarischen Texten*, SLLD-B ,10, 38–55. https://doi.org/10.46586/SLLD.263.

Preußer, Ulrike (2014). Literarisches Lernen am Bösen. Das Bilderbuch Das Gold des Hasen als irritierende Erfahrung von Raffgier, Angst und Täuschung. In *kjl&m extra*, 41–52.

Przyborski, Aglaja & Wohlrab-Sahr, Monika (2021). *Qualitative Sozialforschung. Ein Arbeitsbuch* (5. Aufl.). Berlin: De Gruyter Oldenbourg. https://doi.org/10.1515/9783110710663.

Raphael, Taffy E. & McMahon, Susan I. (1994). Book Club: An alternative framework for reading instruction. *The Reading Teacher*, 48(2), 102–116. https://doi.org/10.1598/RT.48.2.1.

Reichertz, Jo (2016). *Qualitative und interpretative Sozialforschung: Eine Einladung*. Wiesbaden: Springer VS. https://doi.org/10.1007/978-3-658-13462-4.

Resnick, Lauren B., Asterhan, Christa & Clarke, Sherice (2018). Accountable Talk: Instructional dialogue that builds the mind. Educational Practices Series 29. *International Academy of Education (IAE) and International Bureau of Education (IBE).*

Rist, Katharina (2022). *Rezeptionsprozesse im Umgang mit den Leer- und Unbestimmtheitsstellen eines visuell erzählenden Bilderbuchs. Eine qualitativ-empirische Studie mit Leseanfänger*innen.* Wiesbaden: Springer VS. https://doi.org/10.1007/978-3-658-39611-4.

Ritz-Fröhlich, Gertrud (1977). *Das Gespräch im Unterricht. Anleitung – Phasen – Verlaufsformen.* Bad Heilbrunn: Klinkhardt.

Rosebrock, Cornelia (2018). Strategien des ästhetischen Lesens. Literarisches Lernen in rezeptionsästhetischer Perspektive". In Daniel Scherf & Andrea Bertschi-Kaufmann (Hg.), *Ästhetische Rezeptionsprozesse in didaktischer Perspektive*, 4–28. Weinheim: Juventa.

Rosebrock, Cornelia (2019). Eine literarische Lesehaltung einnehmen, demonstrieren, entwickeln: Baustein der literaturdidaktischen Professionalisierung. *Didaktik Deutsch*, 24(46), 32–46.

Rosebrock, Cornelia (2013). „Voll Verdienst, doch dichterisch wohnet/Der Mensch." Über Sinn und Unsinn des didaktischen Denkens in Kompetenzen. In Carola Rieckmann & Jessica Gahn (Hg.), *Poesie verstehen – Literatur unterrichten*, 35–50. Baltmannsweiler: Schneider.

Rosebrock, Cornelia & Scherf, Daniel (2019). *Was ist und wozu braucht man Lese- und Literaturdidaktik? Zwei Dutzend Fragen für Einsteiger.* Baltmannsweiler: Schneider.

Rössner, Lutz (1967). *Gespräch, Diskussion und Debatte im Unterricht der Grund- und Hauptschule.* Frankfurt am Main: Diesterweg.

Scherf, Daniel (2016). Zur Bedeutung des Wissens, wie man Literarisches versteht und über Verstandenes verhandelt. In Thomas Möbius & Michael Steinmetz (Hg.), *Wissen und literarisches Lernen*, 95–111. Frankfurt am Main u. a: Peter Lang.

Schilcher, Anita & Pissarek, Markus (Hg., 2015). *Auf dem Weg zur literarischen Kompetenz. Ein Modell literarischen Lernens auf semiotischer Grundlage* (3. Aufl.). Baltmannsweiler: Schneider.

Schmidt, Annika (2020). Wenn Sechstklässler über Kunstwerke reden. Ästhetische Erfahrung in Gesprächen über Kunst. In Felix Heizmann, Johannes Mayer & Marcus Steinbrenner (Hg.), *Das Literarische Unterrichtsgespräch. Didaktische Reflexionen und empirische Rekonstruktionen*, 235–253.

Schmidt, Siegfried (1991). *Grundriss der empirischen Literaturwissenschaft*. Frankfurt am Main u. a.: Suhrkamp.

Seel, Martin (2019). *Ästhetik des Erscheinens* (6. Aufl.). Frankfurt am Main u. a.: Suhrkamp.

Seel, Martin (2011). Dialoge über Kunst. In Johannes Kirschenmann, Christoph Richter & Kaspar H. Spinner (Hg.), *Reden über Kunst*, 15–27. München: kopaed.

Soter, Anna O., Wilkinson, Ian A., Murphy, P. Karen et al. (2008). What the discourse tells us: Talk and indicators of high-level comprehension. *International Journal of Educational Research*, 47, 372–391. https://doi.org/10.1016/j.ijer.2009.01.001.

Spinner, Kaspar H. (2017). Literarisches Lernen in Verbindung mit literarischen Kompetenzen. In Jürgen Baurmann, Clemens Kammler & Astrid Müller (Hg.), *Handbuch Deutschunterricht. Theorie und Praxis des Lehrens und Lernens*, 143–146. Hannover: Klett Kallmeyer.

Spinner, Kaspar H. (2010). Methoden des Literaturunterrichts. In Michael Kämper-van den Boogaart & Kaspar H. Spinner (Hg.), *Lese- und Literaturunterricht. Kompetenzen und Unterrichtsziele. Methoden und Unterrichtsmaterialien. Gegenwärtiger Stand der empirischen Unterrichtsforschung*, Bd. 11/2, 190–242. Baltmannsweiler: Schneider.

Spinner, Kaspar H. (2006). Literarisches Lernen. *Praxis Deutsch*, 33(200), 6–16.

Spinner, Kaspar H. (2004). Gesprächseinlagen beim Vorlesen. In Gerhard Härle & Marcus Steinbrenner (Hg.), *Kein endgültiges Wort. Die Wiederentdeckung des Gesprächs im Literaturunterricht*, 291–307. Baltmannsweiler: Schneider.

Spinner, Kaspar H. (1992): Sokratisches Lehren und die Dialektik der Aufklärung. Zur Kritik des fragend-entwickelnden Unterrichtsgesprächs. *Diskussion Deutsch*, 23(126), 309–321.

Steinbrenner, Marcus & Wiprächtiger-Geppert, Maja (2006). Verstehen und Nicht-Verstehen im Gespräch. Das Heidelberger Modell des Literarischen Unterrichtsgesprächs. *Literatur im Unterricht*, 7(3), 227–241.

Steinbrenner, Marcus & Wiprächtiger-Geppert, Maja (2010). Verstehen und Nicht-Verstehen im Gespräch. Das Heidelberger Modell des Literarischen Unterrichtsgesprächs. *leseforum.ch*, 1–15. https://www.leseforum.ch/myUploadData/files/2010_3_steinbrenner_wipraechtiger.pdf.

Steinhauer, Lydia (2010). *Involviertes Lesen. Eine empirische Studie zum Begriff und seiner Wechselwirkung mit literarästhetischer Urteilskompetenz*. Freiburg Breisgau: Fillibach.

Steinhauser, Mirijam (Zuletzt aktualisiert am: 13.11.2021). Das Gold des Hasen. In *KinderundJugendmedien.de*. Erstveröffentlichung: 12.03.2013. Verfügbar unter: https://www.kinderundjugendmedien.de/kritik/bilderbuchkritiken/598-baltscheit-martin-schwarz-christine-das-gold-des-hasen. (Zugriff am: 18.12.2023).

Steinke, Ines (2013). „Gütekriterien qualitativer Forschung." In Uwe Flick, Ernst von Kardoff & Ines Steinke (Hg.), *Qualitative Forschung. Ein Handbuch*, 319–331. Hamburg: Rowohlt Taschenbuch.

Steinmetz, Michael (2020). *Verstehenssupport im Literaturunterricht. Theoretische und empirische Fundierung einer literaturdidaktischen Aufgabenorientierung*. Wiesbaden: Springer VS. https://doi.org/10.1007/978-3-658-28378-0.

Steinmetz, Michael & von Heynitz, Martina (2023). Die Konstruktion stärken. Einführung. In Martina von Heynitz & Michael Steinmetz (Hg.), *Die Konstruktion stärken. Ein Handlungsfeld der Deutschdidaktik neu betrachtet*, 9–25. Berlin u. a.: Peter Lang. https://doi.org/10.3726/b20631.

Strasen, Sven (2008). *Rezeptionstheorien: Literatur-, Sprach- und Kulturwissenschaftliche Ansätze und Kulturelle Modelle*. Trier: WVT.

Sudau, Ralf (2019). *Frank Kafka: Erzählungen. 16 + 1 Interpretationen*. Selbstveröffentlichung.

Thäle, Angelika & Riegert, Judith (2014). Literarisches Lernen im inklusiven Deutschunterricht. Zur Bedeutung von Textzugängen. In Johannes Hennies & Michael Ritter (Hg.), *Deutschunterricht in der Inklusion. Auf dem Weg zu einer inklusiven Deutschdidaktik*, 195–208. Stuttgart: Fillibach bei Klett.

Thiel, Roger (2006). Ästhetisches Objekt. In Achim Trebeß (Hg.), *Metzler Lexikon Ästhetik*, 73–74. Stuttgart: Metzler.

Todorov, Tzvetan (1992). *Einführung in die fantastische Literatur*. Frankfurt am Main: Ascher Taschenbuch-Verlag.

Traxler, Hans (2013). Die Nacht, in der ich fliegen konnte. In Michael Krüger (Hg.): *Folge deinem Traum. Geschichten, Bilder, Gedichte für wache Kinder jeden Alters*, 121–125. München: Hanser.

Vach, Karin (2016): Geiz macht einsam. „Das Gold des Hasen" von Baltscheit & Schwarz. *Grundschule Deutsch*, 50, 35–37.

Vach, K., Sansour, T., Janz, F. et al (2023). „Das ist doof. Das ist halt Fremdgehen. Und das will man einfach nicht." Bedeutungskonstruktionen von Schüler*innen bei der Rezeption literarischer Texte und Implikationen für Gespräche über Literatur im (inklusiven) Deutschunterricht. In Beate Lingnau & Ulrike Preußer (Hg.), *Anschluss- und Begleitkommunikation zu literarischen Texten*, SLLD-B, 10, 160–177. https://doi.org/10.46586/SLLD.263.

Van Dijk, Teun A. & Kintsch, Walter (1983). *Strategies of discourse comprehension*. New York: Academic Press.

Volkelt, Johannes (1927). *Grundlegung der Ästhetik*. München: Beck.

Wagner, Benno (2010). Beim Bau der chinesischen Mauer. In Manfred Engel & Bernd Auerochs (Hg.), *Kafka Handbuch. Leben – Werk – Wirkung*, 250–260. Stuttgart: J. B. Metzler.

Waldt, Kathrin (2003). *Literarisches Lernen in der Grundschule. Herausforderung durch ästhetisch-anspruchsvolle Literatur*. Baltmannsweiler: Schneider.

Wegerif, Rupert (2013). *Dialogic: Education for the internet age*. London: Routledge. https://doi.org/10.4324/9780203111222.

Wegerif, Rupert (2011). Towards a dialogic theory of how children learn to think. *Thinking Skills and Creativity*, 6(3), 179–190. https://doi.org/10.1016/j.tsc.2011.08.002.

Welsch, Wolfgang (2010). *Ästhetisches Denken* (7. Aufl.). Stuttgart: Reclam.

Werner, Johannes (1996): *Literatur im Unterrichtsgespräch - die Struktur des literaturrezipierenden Diskurses.* München: Vögel.

Westermann, Rainer (2000). *Wissenschaftstheorie und Experimentalmethodik. Ein Lehrbuch zur Psychologischen Methodenlehre.* Göttingen: Hogrefe.

Wieler, Petra (2023). Vorlesegespräche und andere Rezeptionsweisen in der Begegnung mit fiktionalen Geschichten (auch) als Erwerb schriftsprachlicher Textualität. In Beate Lingnau & Ulrike Preußer (Hg.), *Anschluss- und Begleitkommunikation zu literarischen Texten*, SLLD(B), 10, 79–93. https://doi.org/10.46586/SLLD.263.

Wieler, Petra (1998). Gespräche über Literatur im Unterricht. Aktuelle Studien und ihre Perspektiven für eine verständigungsorientierte Unterrichtspraxis. *Der Deutschunterricht*, 50(1), 26–37.

Wieler, Petra (1997). *Vorlesen in der Familie. Fallstudien zur literarisch-kulturellen Sozialisation von Vierjährigen.* Weinheim u. a.: Juventa.

Wieler, Petra (1989). *Sprachliches Handeln im Literaturunterricht als didaktisches Problem.* Frankfurt am Main u. a.: Peter Lang.

Wiezorek, Christine (2017). Vermittlungshandeln und Aneignungsprozesse im Literaturunterricht rekonstruktiv erforschen. Ein Kommentar aus erziehungswissenschaftlicher Perspektive. In Daniel Scherf (Hg.), *Inszenierungen literalen Lernens: kulturelle Anforderungen und individueller Kompetenzerwerb*, 126–144. Baltmannsweiler: Schneider.

Wilkinson, Ian A. G., Soter Anna O. & Murphy P. Karen (2010). Developing a model of Quality Talk about literary text. In Margaret McKeown & Linda Kucan (Hg.), *Bringing reading research to life*, 142–169. New York: Guilford Press.

Winkler, Iris (2018). Aufgaben. In Jan M. Boelmann (Hg.), *Empirische Forschung in der Deutschdidaktik*, Bd. 3: Forschungsfelder, 26–41. Baltmannsweiler: Schneider.

Winkler, Iris (2011). *Aufgabenpräferenzen für den Literaturunterricht. Eine Erhebung unter Deutschlehrkräften.* Wiesbaden: VS Verlag für Sozialwissenschaften. https://doi.org/10.1007/978-3-531-92698-8.

Wiprächtiger-Geppert, Maja (2009). *Literarisches Lernen in der Förderschule. Eine qualitativ-empirische Studie zur literarischen Rezeptionskompetenz von Förderschülerinnen und -schülern in Literarischen Unterrichtsgesprächen.* Baltmannsweiler: Schneider.

Zabka, Thomas (2024). Konzeptionelle Überlegungen zu einer Didaktik der Mehrdeutigkeit, *Leseräume*, 11(10), 1–15.

Zabka, Thomas (2020). Ins Offene gekommen, in die Enge geführt. Ein Versuch, Kategorien der Aufgabenanalyse für die Gesprächsanalyse zu nutzen. In Felix Heizmann, Johannes Mayer & Marcus Steinbrenner (Hg.), *Das Literarische Unterrichtsgespräch. Didaktische Reflexionen und empirische Rekonstruktionen*, 113–132. Baltmannsweiler: Schneider.

Zabka, Thomas (2015a). Konversation oder Interpretation? Überlegungen zum Gespräch im Literaturunterricht. *Leseräume*, 2(2), 169–187.

Zabka, Thomas (2015b). Was ist Hochschulreife im Umgang mit Literatur? *Didaktik Deutsch*, 20(38), 137–152.

Zabka, Thomas (2012). Analyserituale und Lehrerüberzeugungen. Theoretische Untersuchung vermuteter Zusammenhänge. In Irene Pieper & Dorothee Wieser (Hg.), *Fachliches Wissen und literarisches Verstehen. Studien zu einer brisanten Relation*, 35–52. Frankfurt am Main: Peter Lang.

Zabka, Thomas (2010). Ästhetische Bildung. In Volker Frederking u. a. (Hg.), *Taschenbuch des Deutschunterrichts* (Bd. 2). 452–468. Baltmannsweiler: Schneider.

Zabka, Thomas (2006). Typische Operationen literarischen Verstehens. Zu Martin Luther „Vom Raben und Fuchs" (5./6. Schuljahr). In Clemens Kammler (Hg.), *Literarische Kompetenzen – Standards im Literaturunterricht. Modelle für die Primar- und Sekundarstufe*, 80–101. Seelze: Klett Kallmeyer.

Zabka, Thomas (2005). *Pragmatik der Literaturinterpretation. Theoretische Grundlagen – kritische Analysen*. Tübingen: Niemeyer. https://doi.org/10.1515/9783110924732.

Zabka, Thomas (2004b). Wie? – Was?: Formanalyse und Inhaltsangabe als Bestandteile und Probleme ästhetischer Bildung. In Hartmut Jonas & Petra Josting (Hg.), *Medien – Deutschunterricht – Ästhetik*, 251–262. München: kopaed.

Zabka, Thomas (2004a). Was bedeutet „Verständigung" im schulischen Interpretationsgespräch? In Gerhard Härle & Marcus Steinbrenner (Hg.), *Kein engültiges Wort. Die Wiederentdeckung des Gesprächs im Literaturunterricht*, 75–96. Baltmannsweiler: Schneider Hohengehren,

Zabka, Thomas (1999). Subjektive und objektive Bedeutung. Vorschläge zur Vermeidung eines konstruktivistischen Irrtums in der Literaturdidaktik. *Didaktik Deutsch*, 4(7), 4–23.

Zabka, Thomas, Winkler, Iris, Wieser, Dorothee & Pieper, Irene (2022). *Studienbuch Literaturunterricht. Unterrichtspraxis analysieren, reflektieren und gestalten*. Hannover: Klett Kallmeyer.